Thierry Mille

Je me lance! avec Windows® XP

Micro Application

1ère Édition - Octobre 2004

Auteur Thierry MILLE

ISBN : 2-7429-3756-0

MICRO APPLICATION
20-22, rue des Petits-Hôtels - 75010 PARIS
Tél : 01 53 34 20 20 - Fax : 01 53 34 20 00
http://www.microapp.com

Support technique :
disponible sur www.microapp.com

Avant-propos

Conçue spécialement pour les parfaits néophytes, la collection *Je me lance !* permet de s'initier progressivement et en toute sérénité à un logiciel, un nouveau matériel ou une technologie informatique.

Basés sur une méthode 100% visuelle, les ouvrages de cette collection vous guident étape par étape dans votre découverte et votre maîtrise du sujet.

Aucune connaissance technique ou matérielle n'est requise pour débuter : vous progressez à votre rythme grâce à de très nombreux exemples pratiques, qui vous seront d'une grande utilité dans votre quotidien.

Retrouvez dans chaque ouvrage :

- Des fiches pratiques, pour acquérir rapidement les bases à connaître et reproduire facilement les manipulations.
- Des cas concrets pour vous exercer immédiatement avec le logiciel ou la technologie étudiée.
- Une mise en page entièrement en couleur, avec de grandes captures d'écran, pour un meilleur confort de lecture.
- Des informations, des définitions et des astuces pour retenir les points clés et progresser rapidement.

Toute l'équipe éditoriale de Micro Application vous souhaite une lecture fructueuse et une réussite dans tous vos projets !

Conventions typographiques

Afin de faciliter la compréhension des techniques décrites, nous avons adopté les conventions typographiques suivantes :

➔ **Gras :** menu, commande, boîte de dialogue, bouton, onglet.

➔ *Italique :* zone de texte, liste déroulante, case à cocher, bouton radio.

➔ `Police bâton` : programme, texte à saisir.

Sommaire

Chapitre 1 Ouvrir une session 9

Fiche 1 • Ouvrir une session locale 10
Fiche 2 • Domestiquer la souris 11-15
Fiche 3 • Changer d'utilisateur 16
Fiche 4 • Fermer sa session 17
Fiche 5 • Arrêter l'ordinateur 18

Chapitre 2 Utiliser Windows XP 19

Fiche 6 • Le Bureau 20
Fiche 7 • Le menu démarrer 21
Fiche 8 • La barre des tâches 22
Fiche 9 • Ouvrir les fenêtres 23-24
Fiche 10 • Agrandir, réduire, restaurer et fermer les fenêtres 25-28
Fiche 11 • Déplacer une fenêtre 29
Fiche 12 • Modifier les dimensions d'une fenêtre 30
Fiche 13 • Basculer entre les fenêtres 31-32
Fiche 14 • Réorganiser les fenêtres automatiquement 33

Chapitre 3 Utiliser Wordpad et Paint 35

Fiche 15 • Saisir du texte avec Wordpad 36-38
Fiche 16 • Enregistrer son travail 39-40
Fiche 17 • Ouvrir un document existant 41
Fiche 18 • Sélectionner du texte 42
Fiche 19 • Mettre en forme du texte 43
Fiche 20 • Déplacer des mots 44
Fiche 21 • La méthode du copier-coller 45
Fiche 22 • La méthode du couper-coller 46

Fiche 23 • Dessiner avec Paint 47-48
Fiche 24 • Dessiner des traits 49
Fiche 25 • Remplir une forme fermée 50
Fiche 26 • Dessiner une ellipse 51
Fiche 27 • Dessiner un rectangle 52
Fiche 28 • Dessiner une courbe 53
Fiche 29 • Dupliquer une forme 54
Fiche 30 • Utiliser l'aérographe 55
Fiche 31 • Enregistrer le dessin 56
Fiche 32 • Insérer un dessin dans le texte 57-58

Chapitre 4 Gérer ses dossiers et ses fichiers 59

Fiche 33 • Créer un dossier 60
Fiche 34 • Renommer un dossier 61-62
Fiche 35 • Sélectionner un ou plusieurs dossiers ou fichiers 63
Fiche 36 • Copier un dossier ou un fichier 64-66
Fiche 37 • Déplacer un dossier ou un fichier 67-68
Fiche 38 • Visualiser tous vos dossiers 69-70
Fiche 39 • Créer un raccourci 71-72
Fiche 40 • Comprendre et afficher les extensions 73-74
Fiche 41 • Rechercher ses fichiers égarés 75-76
Fiche 42 • Créer un dossier compressé 77-78
Fiche 43 • Extraire des fichiers contenus dans un dossier compressé 79-80
Fiche 44 • Partager ses documents avec d'autres utilisateurs de l'ordinateur 81-82
Fiche 45 • Supprimer des éléments inutiles 83
Fiche 46 • Restaurer des éléments 84
Fiche 47 • Vider la Corbeille 85-86

Chapitre 5 Conquérir Internet 87

Fiche 48 • Naviguer sur le Web avec Internet Explorer 88-90
Fiche 49 • Trouver avec Google 91-93
Fiche 50 • Utiliser les favoris d'Internet Explorer 94-95
Fiche 51 • Envoyer un message 96-98
Fiche 52 • Attacher une pièce jointe 99-100
Fiche 53 • Envoyer une image par courrier électronique 101-102
Fiche 54 • Lire ses messages et détacher les pièces jointes 103-105

Fiche 55 • Répondre à ses messages *106*
Fiche 56 • Supprimer un courrier électronique reçu *107-108*
Fiche 57 • Lire les groupes de discussion *109-110*
Fiche 58 • Poser une question dans les groupes de discussion *111-112*
Fiche 59 • Répondre aux groupes de discussion *113-114*
Fiche 60 • S'abonner et synchroniser les groupes de discussion *115-118*
Fiche 61 • Créer un compte Passport *119*
Fiche 62 • Configurer Windows Messenger pour la première fois *120-122*
Fiche 63 • Discuter en temps réel *123*
Fiche 64 • Paramétrer son état de présence *124-125*
Fiche 65 • Se parler et se voir à travers Internet *126*

Chapitre 6 *Découvrir le monde numérique 127*

Fiche 66 • Scanner un document *128-131*
Fiche 67 • Créer un diaporama *132-133*
Fiche 68 • Imprimer ses photos *134-136*
Fiche 69 • Commander des photos en ligne *137-138*
Fiche 70 • Faire développer ses photos *139-140*
Fiche 71 • Lire des CD audio ou des WMA ou des MP3 .... *141-143*
Fiche 72 • Copier des CD dans votre ordinateur *144-145*
Fiche 73 • Écouter des radios exotiques *146-147*
Fiche 74 • Regarder un DVD *148-149*
Fiche 75 • Connecter son Caméscope à l'ordinateur *150-151*
Fiche 76 • Acquérir les vidéos *152-154*
Fiche 77 • Importer des vidéos, des images et des bandes-son *155-158*
Fiche 78 • Monter les vidéos *159-160*
Fiche 79 • Ajouter des transitions *161-162*
Fiche 80 • Ajouter des effets *163-164*
Fiche 81 • Ajouter un titre, un titre de chapitre ou un générique de fin *165-166*
Fiche 82 • Ajouter du son *167-169*
Fiche 83 • Créer et diffuser sa vidéo *170-172*

Chapitre 7 *Configurer et maintenir son ordinateur 173*

Fiche 84 • Régler la date et l'heure *174*
Fiche 85 • Changer l'image du Bureau *175*
Fiche 86 • Changer l'écran de veille *176-177*
Fiche 87 • Modifier les couleurs de Windows *178-179*

Fiche 88 • Modifier la résolution et le nombre de couleurs *180-181*
Fiche 89 • Configurer le menu Démarrer *182-185*
Fiche 90 • Configurer la barre des tâches *186-187*
Fiche 91 • Se protéger des intrus avec le pare-feu Windows *188-189*
Fiche 92 • Se protéger avec un antivirus *190-194*
Fiche 93 • Mettre son ordinateur régulièrement à jour *195-197*
Fiche 94 • Rendre une application compatible pour Windows XP *198*
Fiche 95 • Créer un mot de passe *199*
Fiche 96 • Modifier le portrait *200*
Fiche 97 • Ajouter un compte utilisateur *201*
Fiche 98 • Modifier le type d'un compte utilisateur *202*
Fiche 99 • Empêcher un mot de passe oublié *203-204*
Fiche 100 • Supprimer un compte utilisateur *205*
Fiche 101 • Configurer sa connexion Internet par modem *206-207*
Fiche 102 • Configurer sa connexion Internet ADSL *208-209*
Fiche 103 • Configurer un compte de messagerie avec Outlook Express *210-211*
Fiche 104 • Configurer les groupes de discussion avec Outlook Express *212-213*

Cas 01 *Imprimer ses cartes de vœux 214*

Cas 02 *Créer sa compilation sur un CD audio 220*

Cas 03 *Ajouter une imprimante USB 224*

Cas 04 *Classer ses courriers et utiliser les règles dans Outlook Express 228*

Cas 05 *Entretenir l'ordinateur 232*

Index *237*

Chapitre 1

Ouvrir une session

Windows XP Service Pack 2 est le dernier né des systèmes d'exploitation grand public chez Microsoft. C'est aussi le système le plus convivial, le plus sécurisé et le plus fiable parmi tous ses prédécesseurs.
Dans ce premier chapitre, vous allez apprendre à ouvrir votre session, c'est-à-dire vous identifier pour utiliser Windows XP édition familiale. Puis vous apprendrez à utiliser la souris pour devenir le virtuose du double-clic et du cliquer-glisser. Vous verrez également comment fermer votre session. Cela permettra à un autre membre de votre famille d'utiliser l'ordinateur en votre absence.
Enfin, vous suivrez la procédure pour arrêter correctement votre ordinateur et ainsi lui assurer une existence paisible.

Fiche 1 • Ouvrir une session locale *10*
Fiche 2 • Domestiquer la souris *11-15*
Fiche 3 • Changer d'utilisateur *16*
Fiche 4 • Fermer sa session *17*
Fiche 5 • Arrêter l'ordinateur *18*

Ouvrir une session locale

Pour démarrer votre ordinateur, appuyez sur le plus gros des boutons situés sur l'unité centrale (l'ordinateur). Après quelques secondes, le moniteur (l'écran) doit s'allumer. Vous voyez défiler des informations techniques concernant le fonctionnement de l'ordinateur : n'en tenez pas compte. Les composants matériels (microprocesseur, mémoire vive, carte vidéo, disque dur…) sont inspectés.

Une fois toutes ces vérifications réalisées, Windows XP démarre ; vous voyez alors l'écran d'ouverture de session, si au moins deux utilisateurs ont été créés.

information

Pas d'authentification nécessaire ?

S'il n'existe qu'un seul compte utilisateur, le Bureau s'affiche directement. Vous pouvez passer de suite à la fiche suivante.

Pour ouvrir une session :

1 Cliquez sur votre portrait.

Si nécessaire, reportez-vous à la fiche suivante (Domestiquer la souris) pour apprendre à cliquer.

2 Au besoin, saisissez votre mot de passe. Un petit rond s'affiche à chaque fois que vous appuyez sur une touche de votre clavier. Puis cliquez sur la flèche verte ou appuyez sur la touche Entrée.

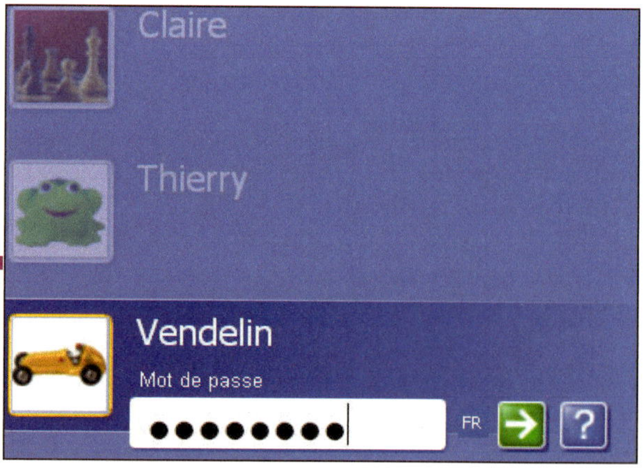

3 La session est ouverte. Vous pouvez dès maintenant utiliser tous les programmes présents dans l'ordinateur.

Domestiquer la souris

La souris permet de rendre la micro-informatique plus conviviale et accessible avec un minimum de connaissances. Dans cette fiche, vous allez commencer par acquérir le vocabulaire relatif à la souris.

Cliquer

Cliquer consiste à faire une pression brève sur le bouton gauche de la souris, sans la déplacer. Pour cliquer sur le bouton **démarrer** :

1. Positionnez la pointe de la flèche (le curseur) sur le bouton **démarrer**.

2. Appuyez une fois sur le bouton gauche de la souris : vous avez cliqué !

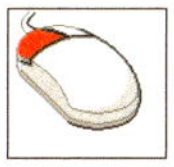

3. Pour faire disparaître le menu **Démarrer**, cliquez sur un espace vide du Bureau.

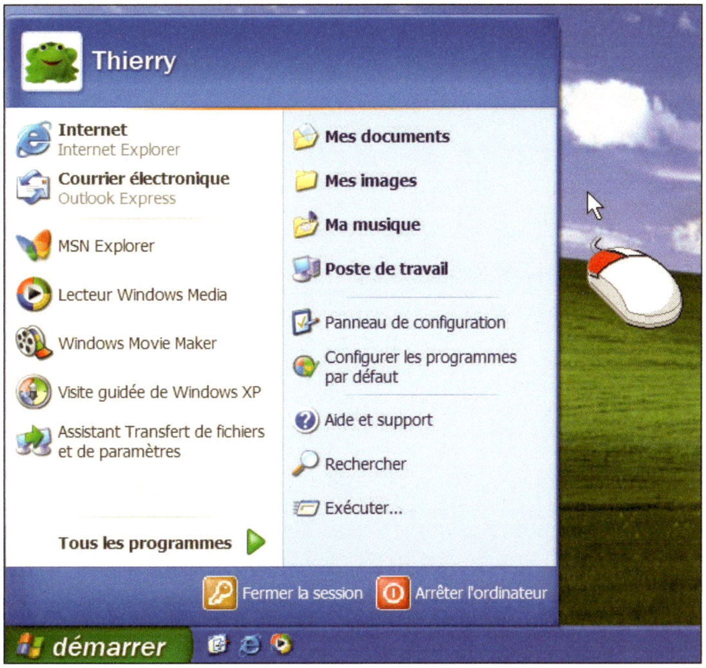

définition

Le curseur

Le curseur est un indicateur visuel qui se déplace à l'écran en même temps que vous déplacez votre souris sur son tapis. Il pourrait être représenté par un point unique ; cependant, celui-ci deviendrait invisible si vous survoliez une zone de même couleur que ce point. Aussi, un habillage graphique a été créé autour du curseur. Généralement, il prend la forme d'une flèche blanche, mais il peut changer d'apparence selon la zone survolée par la souris.

Pointer

Pointer signifie positionner la souris sur une partie de l'écran sans cliquer (sans appuyer sur un des boutons de la souris) :

1. Repérez en bas à droite de l'écran une horloge numérique indiquant l'heure.
2. Pointez sur l'heure.
3. La date du jour apparaît sous forme d'une info-bulle.

Double-cliquer

Double-cliquer ou réaliser un double-clic consiste à appuyer deux fois de suite, de façon brève, sur le bouton gauche (en prenant garde à ne pas déplacer la souris entre les deux clics rapprochés). Notez qu'il n'existe pas de double-clic du bouton droit dans Windows. Le double-clic permet généralement d'ouvrir un objet, c'est-à-dire d'en afficher son contenu :

1. Pointez sur l'icône de la Corbeille : une info-bulle apparaît.

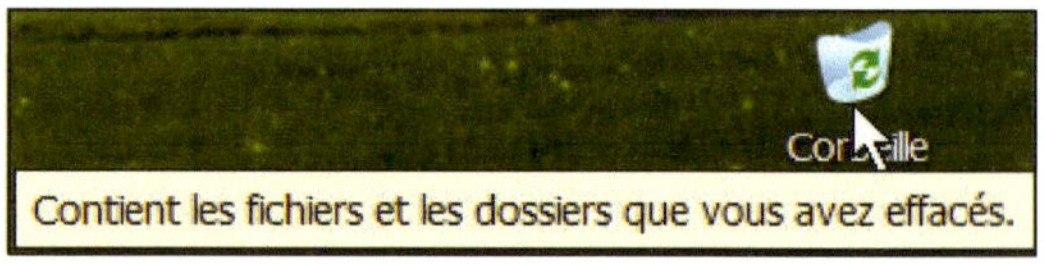

2 Double-cliquez sur l'icône : une fenêtre s'ouvre.

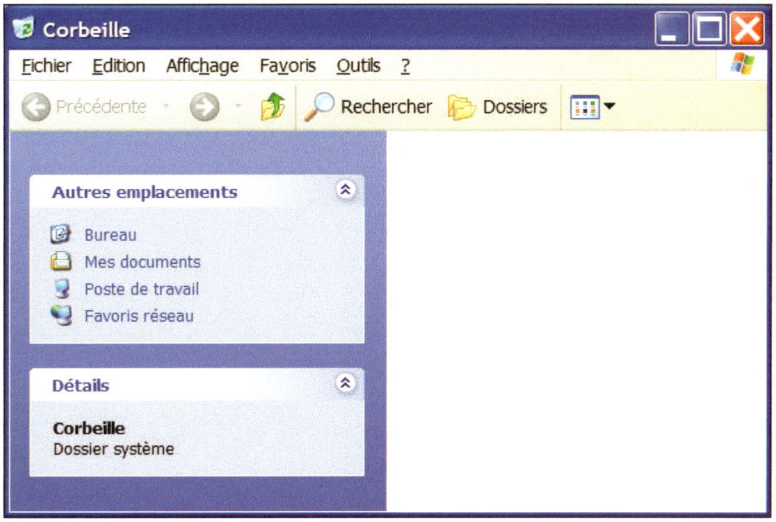

3 Cliquez sur la croix située en haut à droite de la fenêtre. La fenêtre est alors fermée.

Information

Triple-clic

Le triple-clic est plus rare. Vous serez amené à l'utiliser pour sélectionner l'ensemble d'un texte dans un programme de traitement de texte, par exemple.

Cliquer du bouton droit

Lorsque vous cliquez sur le bouton droit de la souris, un menu contextuel apparaît. Le contenu de menu change selon l'endroit où vous avez réalisé le clic du bouton droit. Ce menu a l'avantage de vous présenter uniquement les commandes les plus utiles sans avoir à parcourir les nombreux éléments de la barre de menus.

1 Cliquez du bouton droit sur un espace vide du Bureau.

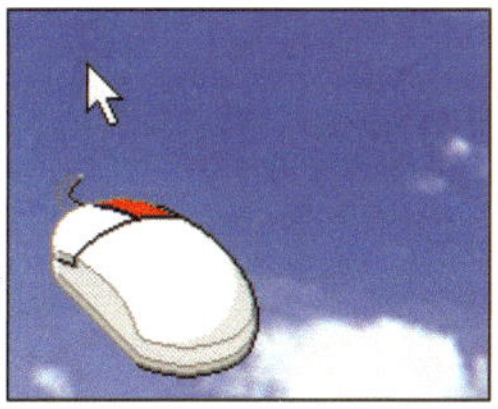

2 Un menu s'affiche : cliquez (sous-entendu du bouton gauche) sur la commande **Propriétés**.

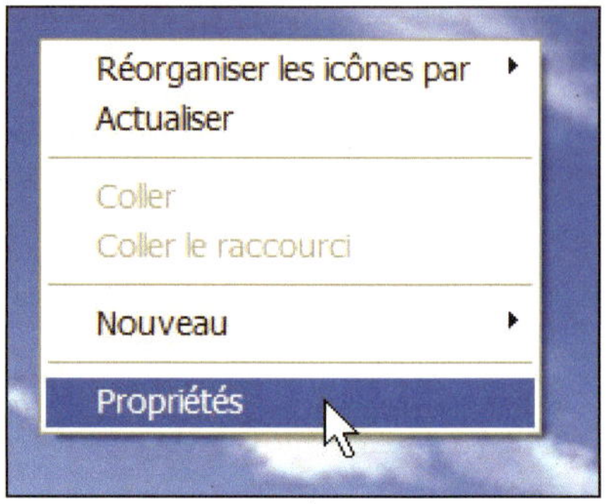

3 La boîte de dialogue **Propriétés de Affichage** apparaît.

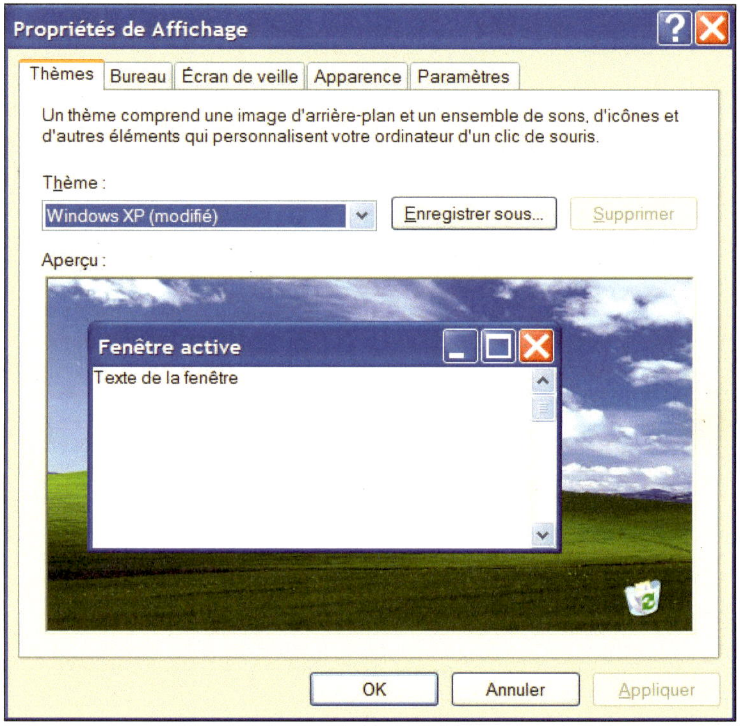

4 Cliquez sur le bouton OK.

Cliquer-glisser

Le cliquer-glisser peut être réalisé du bouton gauche ou du bouton droit de la souris. S'il s'agit du bouton droit, cela est toujours clairement indiqué. Le cliquer-glisser permet de prendre un objet et de le déplacer comme vous le feriez avec votre propre main. Vous allez déplacer l'icône de la Corbeille :

1 Pointez sur l'icône de la Corbeille.

2 Cliquez et maintenez le bouton gauche de la souris enfoncé.

3 Tout en maintenant le bouton enfoncé, déplacez la souris jusqu'à l'endroit où vous souhaitez déplacer l'icône.

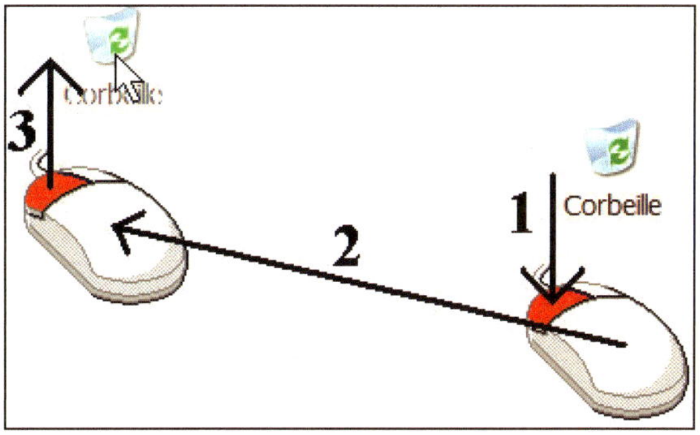

4 Relâchez le bouton gauche de la souris, l'icône est alors déplacée.

Information

Et du bouton droit ?

Si vous aviez conduit l'opération en utilisant le bouton droit, en relâchant le bouton de la souris un menu serait apparu. Ce menu proposant, en l'occurrence, de créer un raccourci ou d'annuler (l'opération).

Changer d'utilisateur

Vous pouvez ouvrir plusieurs sessions simultanément sur votre ordinateur. Néanmoins, un seul utilisateur peut accéder à sa session à un instant donné.

Prenons l'exemple d'une famille dans laquelle Vendelin, le fils, s'amuse avec ses jeux sur l'ordinateur. Sa maman, Claire, a justement besoin de l'ordinateur pour envoyer un courrier électronique. Vendelin va pouvoir laisser l'ordinateur à sa maman sans fermer sa session.

1 Depuis la session de l'utilisateur actuellement connecté (Vendelin), cliquez dans le menu **Démarrer** sur la commande **Fermer la session**.

2 Cliquez ensuite sur le bouton **Changer d'utilisateur**.

astuce

Raccourci par le clavier

Appuyez simultanément sur les touches [Windows]+[L], la session est automatiquement fermée.

3 L'autre utilisateur (Claire) peut maintenant ouvrir une nouvelle session, alors que les programmes du premier utilisateur (Vendelin) poursuivent leur exécution.

Pour que le premier utilisateur (Vendelin) retrouve ses jeux, le second (Claire) doit fermer sa session à son tour (il peut également choisir de changer d'utilisateur).

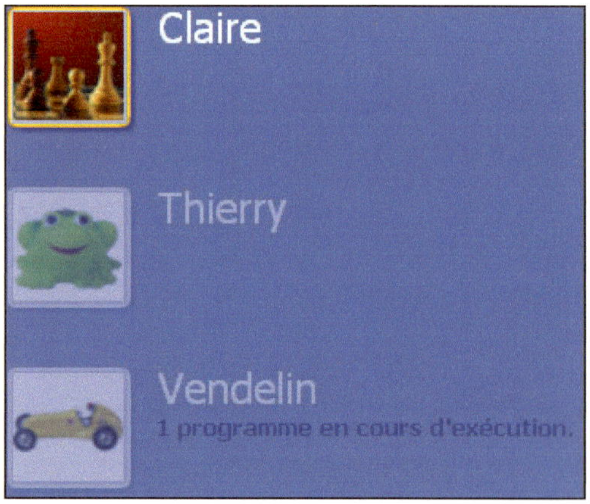

Fermer sa session

Si votre ordinateur est configuré pour plusieurs utilisateurs et que vous souhaitiez le laisser disponible pour un autre, vous devez fermer votre session.

1 Enregistrez tous vos documents ouverts. Fermez toutes les fenêtres puis, dans le menu **Démarrer**, cliquez sur la commande **Fermer la session**.

Pour apprendre à fermer une fenêtre, consultez la fiche Agrandir, restaurer, réduire et fermer une fenêtre.

2 Cliquez sur le bouton **Fermer la session**.

3 Depuis l'écran d'accueil, un autre utilisateur peut se servir de l'ordinateur ou l'arrêter.

Arrêter l'ordinateur

Il est important d'arrêter Windows en suivant cette fiche. En effet :

1 Avant d'arrêter votre ordinateur, veillez à ce que tous les programmes soient fermés : il ne doit plus y avoir de tâches en cours d'exécution.

2 Dans le menu **Démarrer**, cliquez sur la commande **Arrêter l'ordinateur**.

3 Confirmez ensuite en cliquant sur le bouton **Arrêter**.

Patientez quelques secondes. Si votre ordinateur est récent, l'alimentation électrique est coupée automatiquement. À défaut, appuyez sur le bouton de mise sous tension lorsque vous voyez apparaître le logo de Windows XP et le message : « Vous pouvez maintenant éteindre votre ordinateur »

information

Autres boutons

Le bouton **Mettre en veille** permet d'économiser de l'énergie. À la reprise, vous le retrouverez comme vous l'aviez laissé. Vous pouvez aussi le mettre en veille prolongée : cela l'arrêtera complètement sans perdre le travail en cours. Depuis le Panneau de configuration, dans **Options d'alimentation**, activez la mise en veille prolongée sous l'onglet **Mise en veille prolongée**. Pour mettre en veille de façon prolongée votre ordinateur, vous devrez appuyer sur la touche Maj pendant cet écran d'arrêt. Cette possibilité est rarement utilisée.
Le bouton **Redémarrer** peut être utile en cas de modifications importantes sur le système.

Chapitre 2

Utiliser Windows XP

Dans ce chapitre, appliquez-vous à faire des exercices sur la gestion des fenêtres : les agrandir, les réduire, les restaurer, en changer les dimensions, les déplacer ou encore les fermer. La manipulation des fenêtres est l'un des fondamentaux nécessaires au quotidien pour maîtriser Windows.

Fiche 6 • Le Bureau *20*
Fiche 7 • Le menu démarrer *21*
Fiche 8 • La barre des tâches *22*
Fiche 9 • Ouvrir les fenêtres *23-24*
Fiche 10 • Agrandir, réduire, restaurer et fermer les fenêtres *25-28*
Fiche 11 • Déplacer une fenêtre *29*
Fiche 12 • Modifier les dimensions d'une fenêtre *30*
Fiche 13 • Basculer entre les fenêtres *31-32*
Fiche 14 • Réorganiser les fenêtres automatiquement *33*

Le Bureau

Après l'ouverture de session, vous voyez apparaître de belles collines verdoyantes. Il s'agit de l'image de fond du Bureau de Windows. Comme son nom l'indique, le Bureau est un espace qui s'apparente à un bureau comme celui sur lequel vous allez ouvrir vos documents papier. Comme dans un vrai bureau, vous trouverez l'icône de la Corbeille dans l'angle inférieur droit. Il s'agit de la seule icône positionnée par défaut.

Pour ajouter d'autres icônes sur votre Bureau, consultez la fiche ***Créer un raccourci****.*

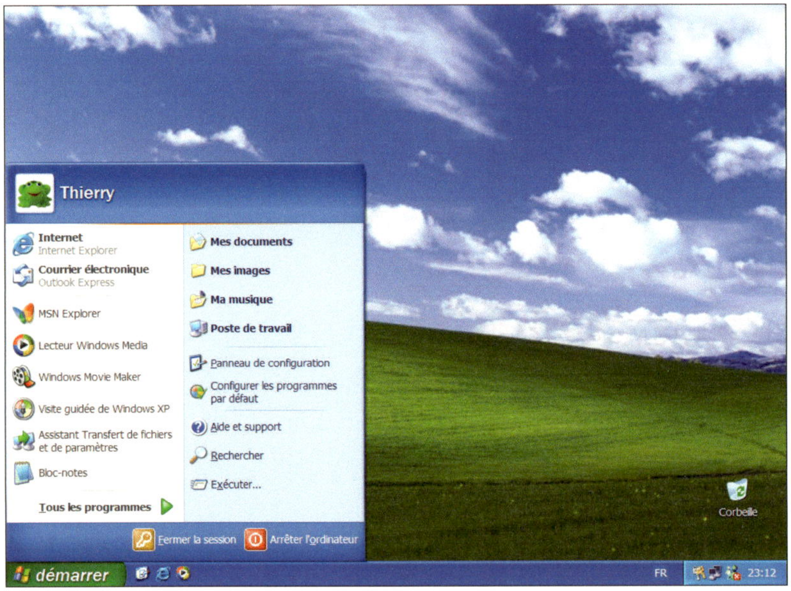

définition

Une icône

Une icône est un logo représentant quelque chose qui se rapporte à la réalité. Son apparence dépend du type d'élément auquel elle fait référence.

En bas de l'écran se trouve le tableau de bord de Windows XP avec, à gauche, le menu **Démarrer** et, à sa droite, une longue barre bleue appelée barre des tâches.

Le menu démarrer

Le menu **démarrer** est le centre de contrôle de Windows XP. C'est le cœur de l'environnement de travail.

Le menu **Démarrer** est divisé en quatre grandes parties ; pour les découvrir, cliquez sur le bouton **démarrer** :

- En haut et à gauche (la liste des éléments ajoutés) se trouve la partie Internet. En effet, aujourd'hui, l'ordinateur sert régulièrement à surfer sur le Web (Internet Explorer) et à consulter sa messagerie électronique (Outlook Express). Vous pouvez y ajouter d'autres éléments en cliquant du bouton droit sur un de ces éléments, puis en choisissant la commande **Ajouter au menu Démarrer**.
- En dessous et à gauche (la liste des programmes les plus fréquemment utilisés), vous retrouvez une liste mise à jour au fur et à mesure selon votre utilisation de l'ordinateur. Windows XP repère vos habitudes pour adapter la liste des programmes les plus utilisés en les plaçant en haut de la liste.
- En bas et à gauche, si vous cliquez sur **Tous les programmes**, vous voyez apparaître les différents programmes installés sur votre ordinateur. N'hésitez pas à fouiller dans les sous-menus pour voir de quels outils vous disposez.
- Dans la partie droite se trouvent les raccourcis permettant d'accéder directement à vos documents, à vos images, à votre musique et à tous les lieux de stockage de l'information ou de la configuration de Windows XP.

La barre des tâches

En bas et à droite du menu **Démarrer** se situe la barre des tâches. Son rôle consiste à vous indiquer quels sont les programmes démarrés. Cette barre des tâches est importante, car elle vous permet également de basculer entre les programmes.

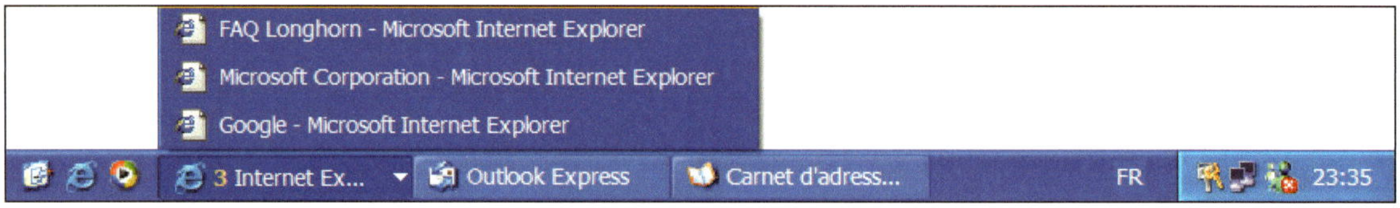

Sur la barre des tâches, on peut voir que l'utilisateur a démarré :

- trois fois Internet Explorer ;
- Outlook Express ;
- le carnet d'adresses de Windows.

Après avoir démarré toutes ces tâches, vous pouvez passer d'un programme à l'autre en cliquant sur la tâche à poursuivre.

information

Jeter un coup d'œil à la barre des tâches avant de quitter Windows XP

Avant de quitter Windows XP, assurez-vous de ne plus avoir de tâches en cours de fonctionnement. Sinon vous risquez la perte des données non sauvegardées.

À l'extrême droite de la barre des tâches, la zone de notification affiche des icônes en fonction des programmes installés sur l'ordinateur.

Ouvrir les fenêtres

Démarrez un programme, par exemple la calculatrice de Windows :

1 Cliquez sur le bouton **démarrer**.

2 Pointez sur **Tous les programmes**, puis faites glisser bien horizontalement la souris dans le second menu.

3 Remontez verticalement jusqu'au menu **Accessoires**. Un troisième menu apparaît. Faites glisser la souris horizontalement dans celui-ci (toujours sans cliquer).

4 Glissez jusqu'à la calculatrice qui apparaît dans la liste des programmes, et cliquez dessus. La calculatrice s'affiche sur votre Bureau.

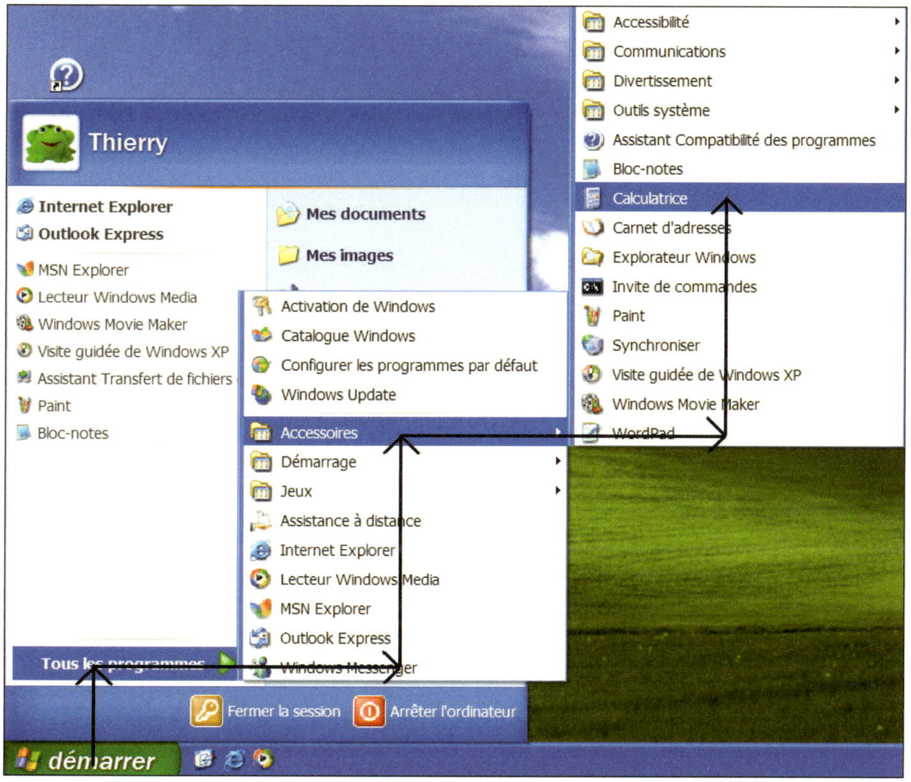

5 Une fois la calculatrice démarrée, vous pouvez réaliser quelques calculs à l'aide des touches ou même à l'aide du pavé numérique de votre clavier. Essayez par exemple `2932 / 3`. Vous devriez trouver : *977,33333333333333333333333333333*.

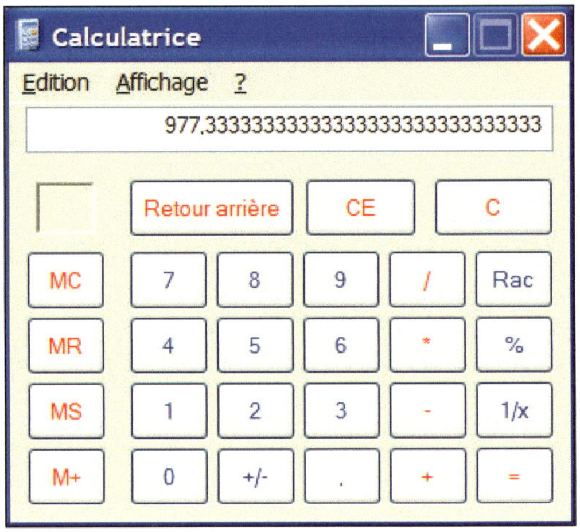

astuce

Besoin d'un cosinus ?

La calculatrice dispose aussi d'un mode de calcul scientifique ; pour l'utiliser, cliquez dans le menu **Affichage**, puis sur la commande **Scientifique**.

6 Pour quitter la calculatrice, cliquez sur la croix en haut et à droite de la fenêtre.

Entraînez-vous maintenant à démarrer d'autres programmes, tels que *Wordpad*, *Paint* ou des jeux comme le Démineur, le Solitaire, la Dame de pique, le flipper (*Pinball*), etc.

astuce

Démarrer ses programmes plus rapidement

Si vous démarrez fréquemment un programme, il se positionnera automatiquement dans la liste des programmes du menu **Démarrer**. Dans le menu **Démarrer**, cliquez directement sur son raccourci.

Agrandir, réduire, restaurer et fermer les fenêtres

« Windows » signifie les fenêtres. Lorsque vous démarrez un programme (une calculatrice, un programme de dessin, un jeu, etc.), celui-ci s'ouvre dans une fenêtre, c'est-à-dire un rectangle délimité par des bordures. Commencez par démarrer un programme comme Wordpad (traitement de texte) :

1. Cliquez sur le bouton **démarrer**.
2. Pointez vers **Tous les programmes**.
3. Horizontalement, passez dans le second menu.
4. Remontez bien verticalement jusqu'à **Accessoires**.
5. Glissez horizontalement dans le dernier menu.
6. Glissez verticalement et cliquez sur **Wordpad**.

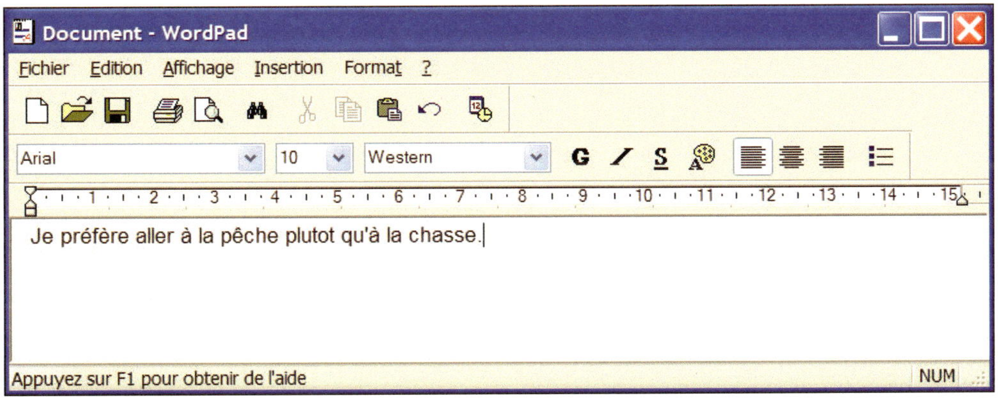

La caractéristique commune à toutes les fenêtres est que vous retrouverez une grande barre horizontale (bleue par défaut), appelée barre de titre. Cette barre contient le nom du programme en cours d'exécution et parfois du document en cours d'édition.

En haut et à droite de la fenêtre, dans la barre de titre, vous voyez les trois boutons suivants : 

Si le bouton du milieu a l'apparence suivante :  dans ce cas, la fenêtre est restaurée. Le bouton se nomme **Agrandir**. Vous verrez dans les fiches suivantes que, dans cette configuration, la fenêtre peut être redimensionnée ou déplacée à l'aide de la souris.

Si vous cliquez sur le bouton, la fenêtre prend alors tout l'espace disponible sur le Bureau.

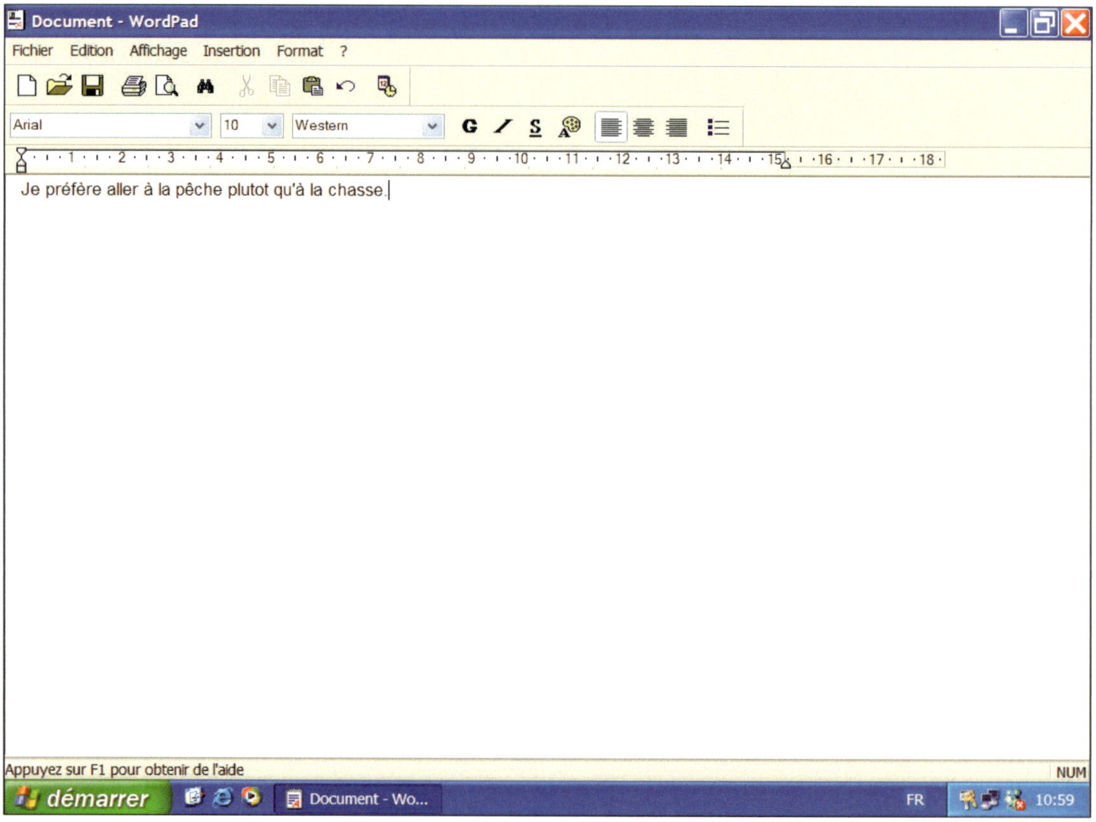

Remarquez que le bouton du milieu a changé d'apparence .

La fenêtre est agrandie. Si vous cliquez sur le bouton du milieu, la fenêtre est restaurée, c'est-à-dire qu'elle reprend sa taille d'origine.

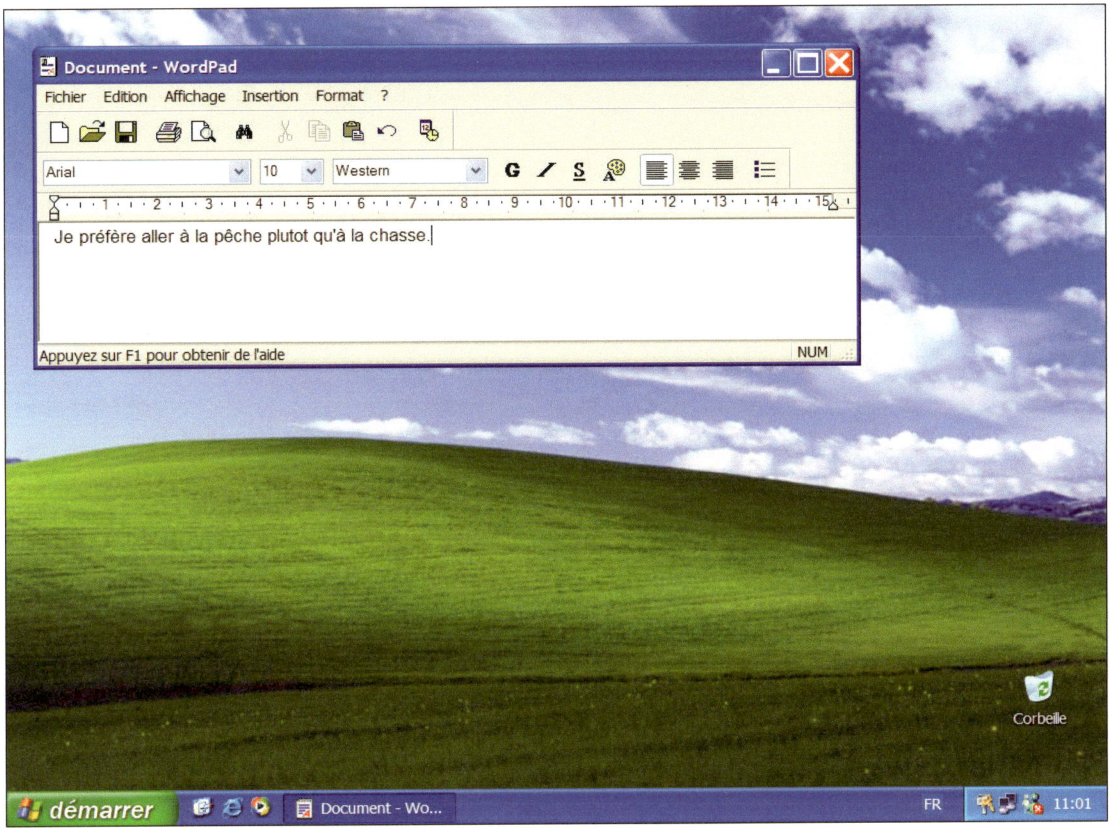

astuce

Agrandir et restaurer

Pour aller plus vite, plutôt que cliquer sur le bouton du milieu pour agrandir ou restaurer les fenêtres, double-cliquez sur la barre de titre.

Le bouton situé à gauche du bouton décrit précédemment est représenté par un signe négatif . Il permet de réduire la fenêtre. Celle-ci disparaît de l'écran (le Bureau), mais elle reste dans la barre des tâches. Les données en cours de traitement (le texte dans notre cas) ne sont donc pas perdues. Le programme reste en mémoire vive. À tout instant, vous pouvez restaurer la fenêtre en la sélectionnant dans la barre des tâches.

astuce

Réduire une fenêtre par la barre des tâches ou le clavier

Si, depuis la barre des tâches, vous cliquez sur la tâche d'une fenêtre agrandie ou restaurée, celle-ci sera réduite. Pour réduire toutes les fenêtres, utilisez le raccourci clavier Windows+M. Pour restaurer toutes les fenêtres réduites, utilisez le raccourci clavier Windows+Maj+M.

Le bouton situé à droite qui représente une croix blanche sur fond rouge permet de quitter le programme, c'est-à-dire de fermer la fenêtre ☒. Par sécurité, le programme vous proposera d'enregistrer les dernières modifications avant de s'arrêter. Pour le redémarrer, passez par le menu **Démarrer**, ou par un raccourci du Bureau, ou encore par la barre de lancement rapide.

attention

S'exercer

Il est important que vous procédiez à des essais avec des programmes comme Paint, Wordpad ou des jeux comme le flipper (*Pinball*), le Démineur, Freecell… Le contenu des fenêtres ne doit pas être votre préoccupation à ce stade. Ces manipulations, bien que simples, constituent la base de l'utilisation de Windows. Il est indispensable d'avoir assimilé toutes ces opérations de base.

Déplacer une fenêtre

Pour déplacer une fenêtre, veillez à ce que le bouton du milieu soit en position **Agrandir** (c'est-à-dire que la fenêtre soit restaurée).

Reportez-vous à la fiche précédente, Agrandir, réduire, restaurer et fermer les fenêtres.

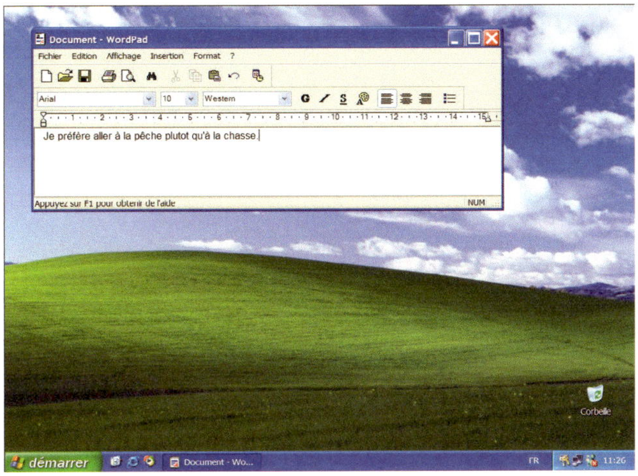

Ensuite, cliquez sur la barre de titre (bleue, par défaut) et, tout en maintenant le bouton gauche enfoncé, faites glisser la fenêtre sur votre Bureau. Elle se déplace puis s'immobilise lorsque vous relâchez le bouton de la souris.

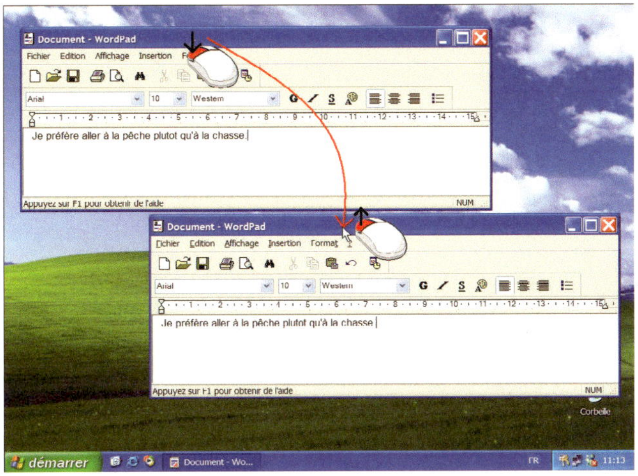

Modifier les dimensions d'une fenêtre

Les dimensions des fenêtres sont ajustables. Avant de redimensionner une fenêtre, assurez-vous que le bouton du milieu soit en position **Agrandir** .

Positionnez le curseur de la souris dans l'angle inférieur droit de la fenêtre. Le curseur prend alors la forme d'une double flèche noire. À cet instant, cliquez et faites glisser le curseur de la souris pour ajuster la dimension de la fenêtre horizontalement et/ou verticalement. La fenêtre change de taille.

Une fois à l'aise avec l'angle inférieur droit de la fenêtre, recommencez sur n'importe lequel des quatre coins ou sur une des bordures de la fenêtre. Cela demande plus de précision ! Veillez à bien vous positionner sur la bordure la plus externe de la fenêtre.

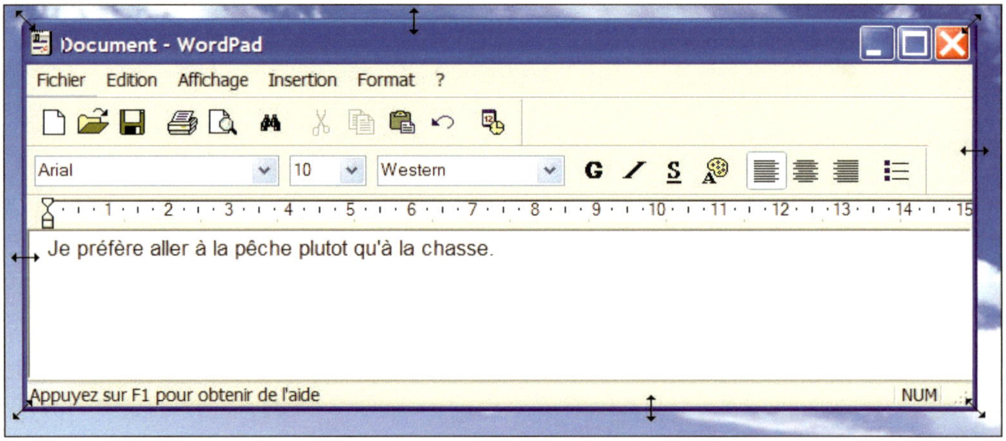

Basculer entre les fenêtres

Lorsque plusieurs programmes (ou tâches) sont démarrés simultanément et que vous tapez sur les touches de votre clavier, les caractères saisis ne seront affichés que dans l'un de ces programmes. Il s'agit de celui dont la fenêtre est active. Pour repérer quelle est la tâche ou la fenêtre active, vous disposez de deux solutions :

- Regardez quel bouton dans la barre des tâches est d'un bleu plus foncé que les autres.

- Regardez quelle est la barre de titre la plus colorée.

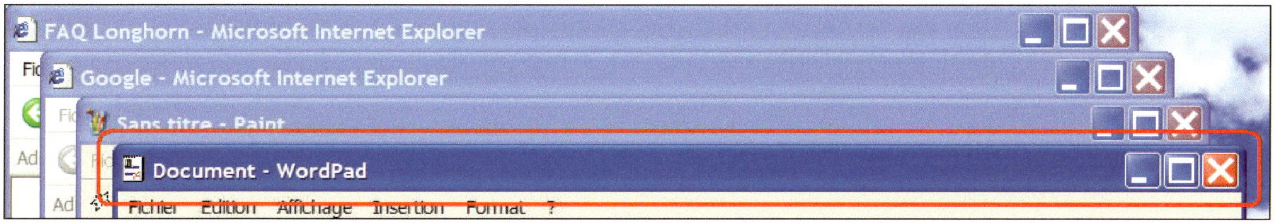

Si la fenêtre est visible à l'écran, cliquez dessus, elle s'activera.

Si elle n'est pas visible (réduite ou masquée par une autre), passez par la barre des tâches. Vous pouvez activer la fenêtre en cliquant sur sa tâche.

S'il existe plusieurs fenêtres pour une tâche, cliquez d'abord sur la tâche, puis remontez jusqu'à la fenêtre que vous désirez ouvrir.

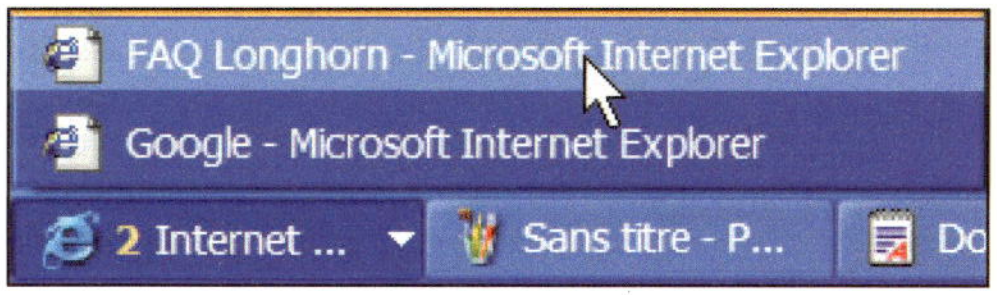

Astuce

Basculement à l'aide du clavier

Vous pouvez aussi utiliser la combinaison de touches Alt+Tab pour basculer entre des tâches. Maintenez la touche Alt enfoncée et appuyez sur la touche Tab (deux flèches de direction opposée, situées l'une sur l'autre et arrêtées toutes deux par une barre verticale) pour changer de programme.

N'hésitez pas à vous exercer ! Supposons par exemple que vous composiez un rapport intégrant deux calculs différents tout en écoutant de la musique. Vous afficherez simultanément trois fenêtres : une pour le programme de traitement de texte et deux autres pour les calculatrices, la fenêtre du lecteur Windows Media (musique) restant réduite. Reproduisez l'organisation suivante des fenêtres sur votre Bureau.

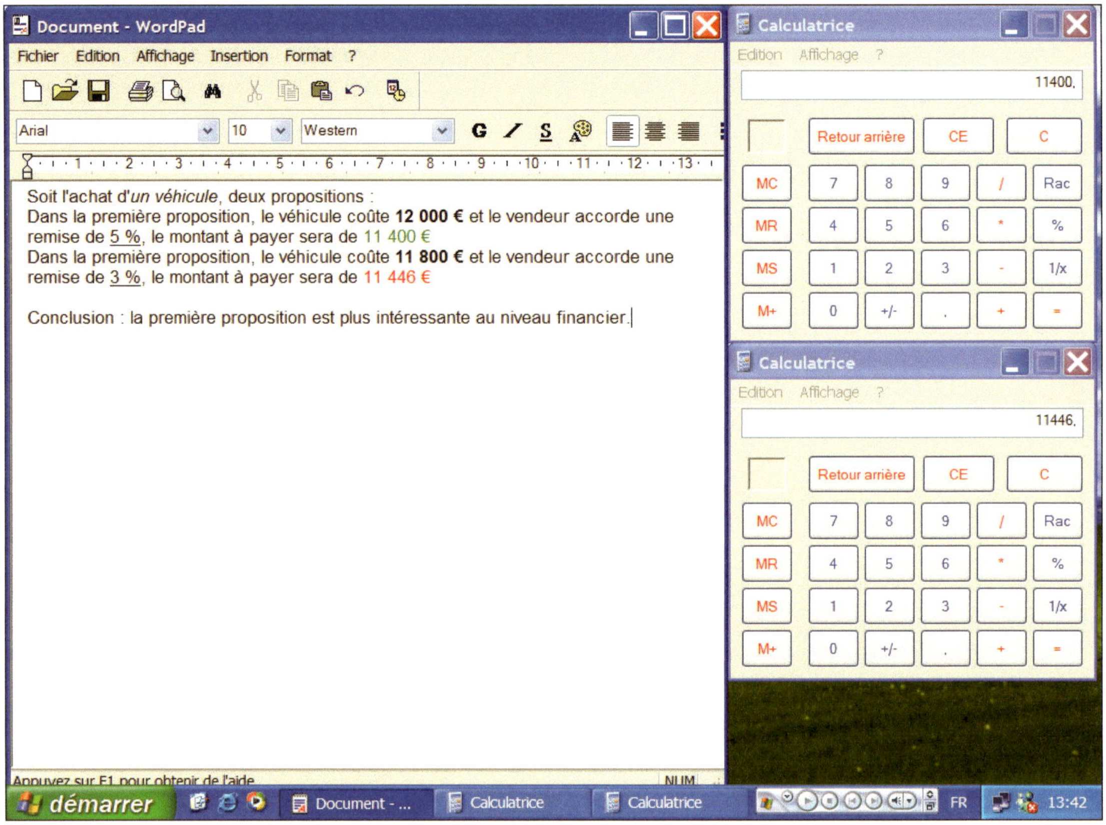

Réorganiser les fenêtres automatiquement

Si vous souhaitez arranger vos fenêtres agrandies ou restaurées rapidement, Windows peut vous aider :

1 Cliquez du bouton droit sur l'heure dans la zone de notification.

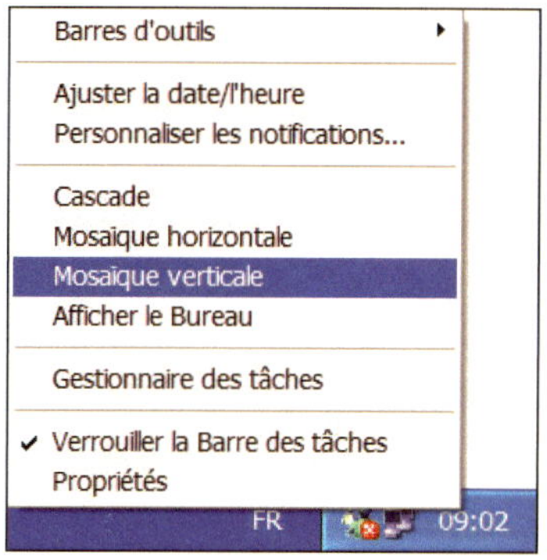

2 Cliquez sur l'une des commandes suivantes :

- **Cascade**. Toutes les fenêtres seront superposées en laissant les barres de titre visibles.
- **Mosaïque horizontale**. Toutes les fenêtres verront leur hauteur ajustée afin d'être superposées.
- **Mosaïque verticale**. Toutes les fenêtres verront leur largeur ajustée afin d'être mises côte à côte. C'est généralement la commande la plus utile.

Certaines fenêtres ne sont pas réorganisées

Les fenêtres réduites ne sont pas prises en compte dans la réorganisation automatique. Vous devez les restaurer si vous souhaitez les réorganiser.

Chapitre 3

Utiliser Wordpad et Paint

Windows XP dispose en standard de deux logiciels : Wordpad pour le traitement de texte et Paint pour les images. Sans égaler des logiciels phares tels que Word par exemple, ils vous permettront de réaliser des documents rapidement et simplement. Nous allons voir dans ce chapitre comment les utiliser.

Fiche 15 • Saisir du texte avec Wordpad *36-38*
Fiche 16 • Enregistrer son travail *39-40*
Fiche 17 • Ouvrir un document existant *41*
Fiche 18 • Sélectionner du texte *42*
Fiche 19 • Mettre en forme du texte *43*
Fiche 20 • Déplacer des mots *44*
Fiche 21 • La méthode du copier-coller *45*
Fiche 22 • La méthode du couper-coller *46*
Fiche 23 • Dessiner avec Paint *47-48*
Fiche 24 • Dessiner des traits *49*
Fiche 25 • Remplir une forme fermée *50*
Fiche 26 • Dessiner une ellipse *51*
Fiche 27 • Dessiner un rectangle *52*
Fiche 28 • Dessiner une courbe *53*
Fiche 29 • Dupliquer une forme *54*
Fiche 30 • Utiliser l'aérographe *55*
Fiche 31 • Enregistrer le dessin *56*
Fiche 32 • Insérer un dessin dans le texte *57-58*

Saisir du texte avec Wordpad

Windows XP propose en standard un traitement de texte simplifié et convivial : Wordpad. Si vous disposez de Microsoft Word ou d'un programme de traitement de texte équivalent, vous pouvez aussi l'utiliser. Ces programmes sont bien plus complets que Wordpad, donc un peu plus difficiles à utiliser si vous débutez.

1. Pour commencer, dans le menu **Démarrer**, pointez sur **Tous les programmes**, puis **Accessoires**, et cliquez enfin sur **Wordpad**.

2. Vous pouvez commencer à saisir votre texte directement. Essayez cette phrase :
`En été, pour être bronzé : il faut aller à la plage.`

Remarquez que, lorsque vous saisissez votre texte, une barre verticale clignote et progresse au fur et à mesure. Cette barre se nomme le point d'insertion. Ce repère est indispensable pour voir où vous en êtes et corriger les fautes de frappe éventuelles. Notez que le point d'insertion ne s'imprimera pas !

Pour mettre une lettre en majuscule, appuyez simultanément sur la touche [Maj] (la flèche située juste au-dessus de la touche [Ctrl]) et sur la lettre (en l'occurrence le `E` de En été).

Saisie en majuscule

Pour saisir beaucoup de texte en majuscule vous pouvez verrouiller la majuscule en appuyant une fois sur la touche verrouillage de la majuscule (la touche avec un cadenas). Dans ce cas, la diode lumineuse correspondante s'allume sur votre clavier. Elle représente souvent un *A* majuscule. Pour revenir en minuscule, appuyez de nouveau une fois sur cette même touche.

En cas de faute de frappe, déplacez le point d'insertion à l'aide des quatre flèches de déplacement situées entre le pavé numérique et le clavier alphanumérique.

Vous pouvez aussi utiliser la souris pour déplacer un curseur. Ce curseur est matérialisé par un I majuscule.

Une fois le curseur de la souris arrivé à proximité de l'erreur, cliquez. Le point d'insertion s'est déplacé. Vous pouvez alors mettre le curseur de la souris dans un coin de l'écran, il n'est plus utile pour la suite.

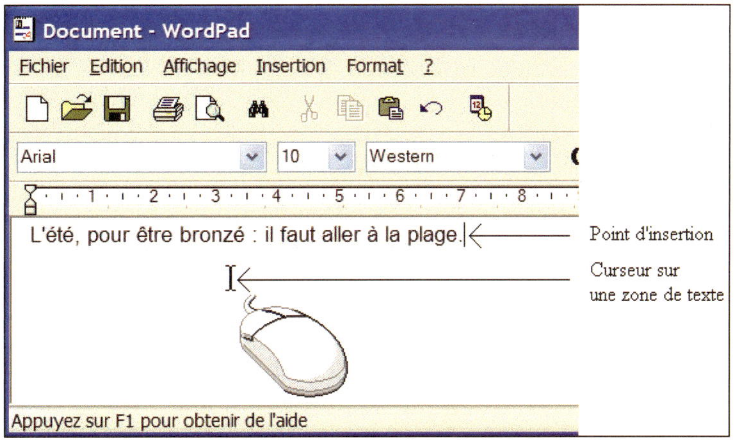

Pour effacer un caractère situé à gauche du point d'insertion, utilisez la touche Retour arrière (c'est une touche avec une flèche pointant vers la gauche et située au-dessus de la touche Entrée).

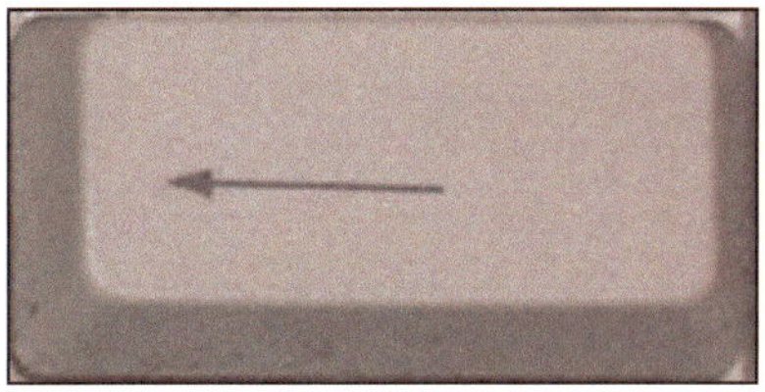

Pour effacer un caractère situé à droite du point d'insertion, utilisez la touche Suppr située dans la partie centrale du clavier.

information

Mnémotechnique

Au début, il n'est pas évident de mémoriser si l'on doit appuyer sur la touche [Retour arrière] ou [Suppr]. Par rapport au point d'insertion, si vous devez effacer un caractère situé à sa gauche, utilisez alors la touche à gauche sur votre clavier (donc la touche [Retour arrière]). Si vous devez effacer un caractère situé à droite du point d'insertion, utilisez la touche située à droite sur votre clavier (donc la touche

Parmi les symboles les plus difficiles à saisir pour un débutant figure l'accent circonflexe. Pour la saisie des caractères possédant un accent circonflexe ou un tréma, tapez d'abord sur la touche [¨^] (il ne se produit rien au niveau de l'affichage), puis tapez sur la touche de la voyelle. La lettre accentuée apparaît alors à l'écran.

Ne confondez pas avec la touche [9 ç ^], qui sert à écrire des puissances dans les calculs mathématiques.

Pour obtenir les autres accents, utilisez les touches appropriées du clavier :

- é avec la touche [2 é ~]
- è avec la touche [7 è ‡]
- à avec la touche [0 à @]

Pour obtenir l'apostrophe, la virgule et les deux-points, tapez directement sur les touches appropriées. En revanche, pour le point final, comme il est en haut de la touche [. ;], il faut appuyer simultanément sur la touche [Maj] + la touche [. ;].

information

Le symbole euro

Pour obtenir le symbole euro, appuyez simultanément sur les touches [Alt Gr]+[E]. Il en va de même pour obtenir les autres signes situés en bas à droite des touches, comme le @.

Arrivé en fin de ligne, Wordpad passe automatiquement à la ligne suivante. Néanmoins, si vous souhaitez volontairement passer à la ligne suivante, il vous faut appuyer sur la touche [Entrée].

Enregistrer son travail

Il est important d'enregistrer régulièrement votre travail, qu'il s'agisse de textes, de calculs, de dessins, etc. En effet, les données enregistrées sont stockées sur le disque dur. Ce support de stockage étant magnétique, vos données seront conservées même en cas de panne d'électricité. Prenez l'habitude d'enregistrer dès le départ votre travail, et enregistrez ensuite les modifications toutes les 5 à 10 minutes.

Pour enregistrer le document :

1 Dans le menu **Fichier**, cliquez sur la commande **Enregistrer sous**.

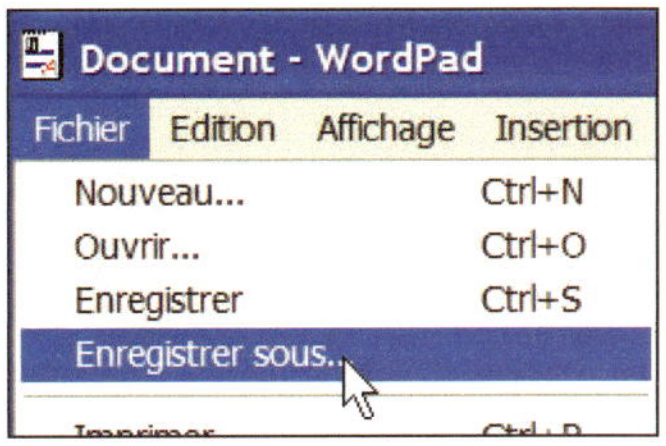

Information

Commande Enregistrer

Lors du premier enregistrement, vous pouvez aussi utiliser la commande **Enregistrer**.

2 La boîte de dialogue **Enregistrer sous** apparaît.

3 Dans la zone de texte *Enregistrer dans*, indiquez le nom du dossier dans lequel vous souhaitez enregistrer votre travail. Conservez le dossier *Mes documents* pour le moment.

Au besoin, cliquez sur le bouton **Mes documents** pour le sélectionner facilement.

Après avoir consulté les fiches du chapitre Gérer vos dossiers et fichiers, il est conseillé d'enregistrer vos fichiers dans des sous-dossiers afin de retrouver votre travail facilement.

4 Cliquez dans la zone de texte *Nom du fichier*, effacez le nom prédéfini (*Document* si vous utilisez Wordpad) et remplacez-le par un nom qui vous est explicite. Le nom du fichier ne peut comprendre plus de 255 caractères. Les caractères autorisés étant les lettres (dont les accents), les chiffres et tous les caractères spéciaux exceptés / \ : * ? " < > |.

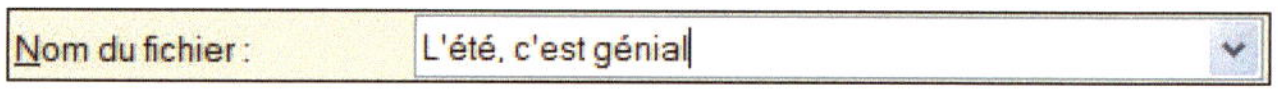

5 Dans la zone à liste déroulante *Type*, conservez le type prédéfini par défaut. Parfois, il peut être nécessaire de modifier le type, mais dans ce cas c'est indiqué (problème de compatibilité entre programmes, optimisation de fichiers…).

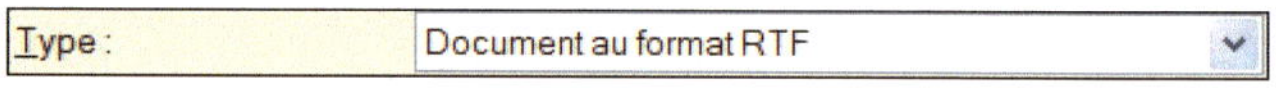

6 Cliquez sur le bouton **Enregistrer**. Votre travail est sauvegardé sur le disque dur.

Toutes les 5 à 10 minutes

N'oubliez pas de cliquer sur la commande **Enregistrer** dans le menu **Fichier** (ou utilisez l'icône représentant une disquette dans la barre d'outils ou encore Ctrl+S) toutes les 5 à 10 minutes. L'enregistrement des modifications sera immédiat.

Ouvrir un document existant

Si vous avez déjà travaillé sur un fichier et que vous l'avez enregistré, vous devez l'ouvrir pour en éditer le contenu. Dans cette fiche, vous allez ouvrir le document enregistré précédemment.

Pour cette fiche, si Wordpad est déjà démarré, quittez-le en fermant la fenêtre avec la croix située en haut à droite de la fenêtre ☒. Notez que, dans la pratique, il n'est pas nécessaire de quitter puis de redémarrer le programme.

Démarrez Wordpad : dans le menu **Démarrer**, pointez sur **Tous les programmes**, puis **Accessoires** et, enfin, cliquez sur **Wordpad**.

Pour ouvrir le fichier :

1 Dans le menu **Fichier**, cliquez sur la commande **Ouvrir**.

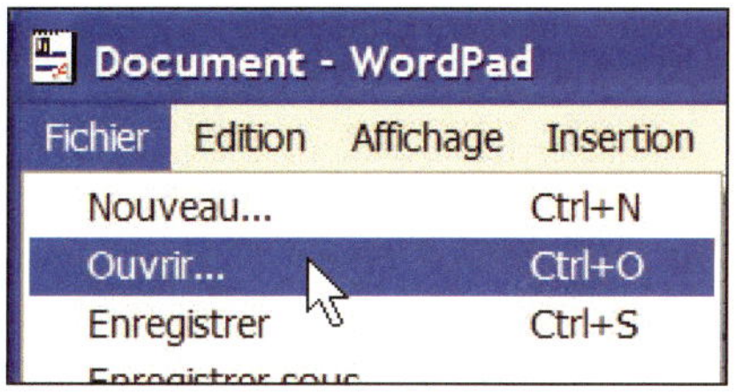

2 Dans la boîte de dialogue **Ouvrir**, sélectionnez le dossier qui contient le document à ouvrir à l'aide de la liste déroulante *Regarder dans*. Si vous avez utilisé la fiche précédente pour enregistrer votre travail, sélectionnez le dossier *Mes documents*.

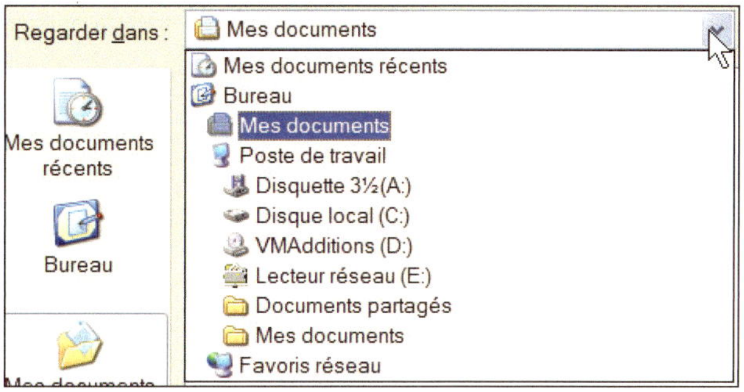

3 Le nom du fichier doit apparaître dans la partie centrale de la boîte de dialogue. Double-cliquez sur l'icône du fichier pour l'ouvrir. Si vous n'arrivez pas à double-cliquer sur le fichier, cliquez sur son icône pour le sélectionner, puis sur le bouton **Ouvrir**.

Le fichier est ouvert, vous pouvez le modifier. Au besoin, enregistrez les modifications pour les retrouver ultérieurement.

Sélectionner du texte

Une fois tout le texte saisi, vous pouvez le mettre en forme. Il est important de toujours sélectionner le texte avant de le mettre en forme. En effet, Wordpad ne peut pas deviner quels sont les mots ou groupes de mots que vous souhaitez voir afficher en vert, en italique ou en souligné.

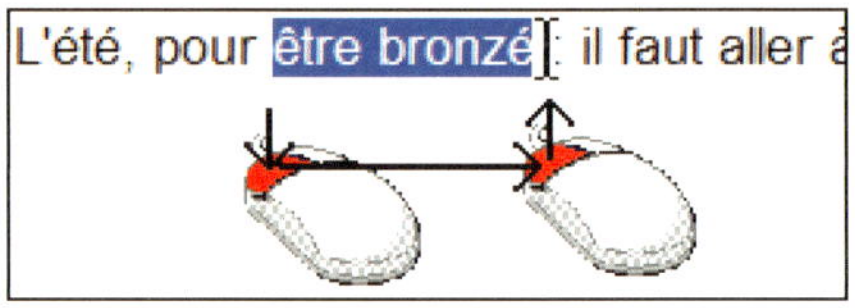

Pour sélectionner un mot ou un groupe de mots, cliquez devant la première lettre du mot et, tout en maintenant le bouton gauche de la souris enfoncé, faites glisser la souris sur les autres caractères du mot. Si vous continuez, vous sélectionnez d'autres mots ; en descendant la souris, vous sélectionnez même les mots sur plusieurs lignes. Une fois la sélection réalisée, relâchez le bouton de la souris. Les mots sélectionnés apparaissent en surbrillance (en bleu dans Wordpad).

Pour gagner du temps, vous pouvez utiliser ces modes de sélection . Pour sélectionner :

- un mot, double-cliquez dessus ;
- une ligne, cliquez une fois dans la marge de gauche ;
- plusieurs lignes, cliquez dans la marge puis glissez vers le bas (ou le haut) ;
- un paragraphe entier, double-cliquez dans la marge ;
- tout votre document, triple-cliquez dans la marge ou appuyez simultanément sur Ctrl+A.

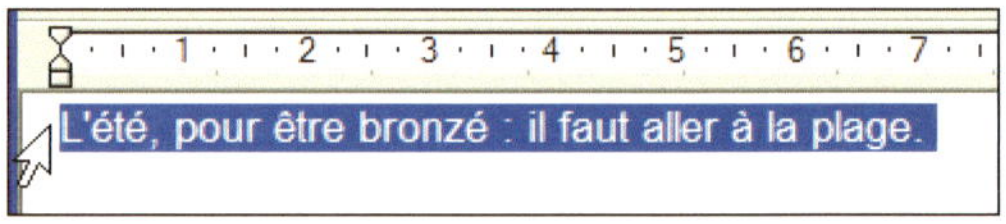

Vous pouvez aussi utiliser la touche Maj et les flèches de déplacement si vous ne souhaitez pas utiliser la souris.

Mettre en forme du texte

Pour mettre en forme du texte, vous devez toujours procéder en deux temps : d'abord sélectionner le texte puis le mettre en forme.

Reportez-vous à la fiche précédente, Sélectionner du texte, pour apprendre à sélectionner des bribes de texte.

Une fois, la sélection du mot réalisée, vous pouvez choisir :

- la police, c'est-à-dire le style de l'écriture, à l'aide de la liste déroulante ci-contre ;
- la taille de la police exprimée en points ;
- la mise en gras (Ctrl+G) **G** ;
- la mise en italique (Ctrl+I) *I* ;
- le soulignement (Ctrl+U) S ;
- la couleur du texte ;
- l'alignement gauche (Ctrl+L), centré (Ctrl+E) ou droite (Ctrl+R) du paragraphe ;
- les puces.

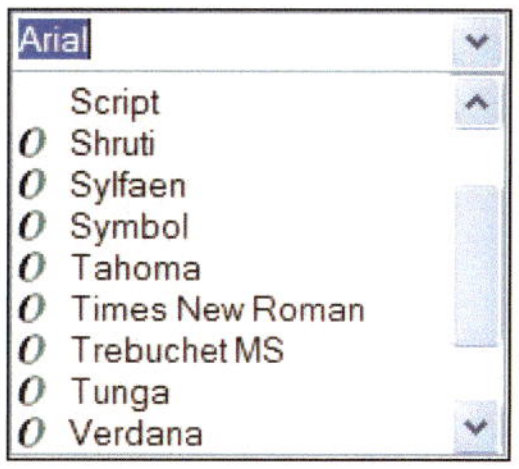

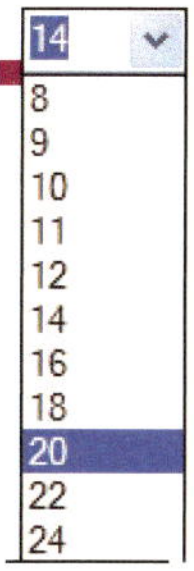

N'hésitez pas à faire des essais de mise en forme sur ce petit texte !

Information

Supprimer la mise en forme

Pour supprimer une mise en forme, vous devez sélectionner à nouveau le texte, puis enlever les attributs (par exemple *Gras*, *Italique*...) en cliquant sur les boutons appropriés.

Déplacer des mots

Tous les programmes de traitement de texte permettent de déplacer des mots ou groupes de mots par cliquer-glisser. Par exemple, vous souhaitez que la phrase « L'été, pour être bronzé : il faut aller à la plage. » devienne « L'été, il faut aller à la plage pour être bronzé. ».

1. Sélectionnez le groupe de mots qui va être déplacé. Dans l'exemple, sélectionnez *pour être bronzé*.

2. Cliquez sur la sélection puis, tout en maintenant le bouton de la souris enfoncé, faites glisser le curseur à l'endroit où le texte devra être inséré. En l'occurrence, déplacez-vous jusqu'après le mot *plage*.

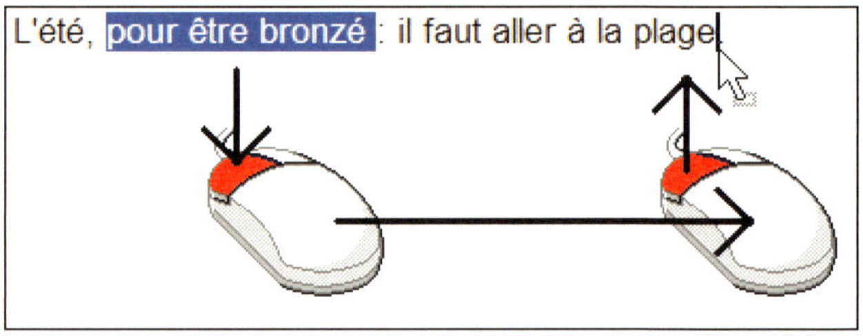

3. Relâchez le bouton de la souris, le texte est déplacé.

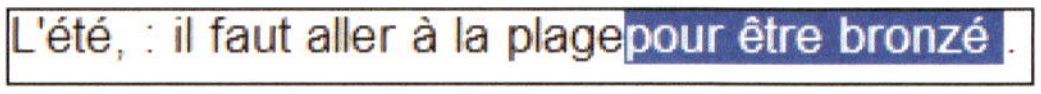

4. Réalisez les corrections par rapport à la nouvelle ponctuation. Pour les fiches suivantes, fermez le fichier sans enregistrer les modifications.

information

En cas de problème

Si vous ne relâchez pas le bouton de la souris et que le texte soit déplacé ailleurs que l'endroit voulu, cliquez, dans le menu **Edition**, sur la commande **Annuler**. Vous pouvez aussi utiliser le raccourci Ctrl+Z.

La méthode du copier-coller

Le copier-coller permet de dupliquer un objet en plusieurs objets identiques. Un objet peut être un mot, un groupe de mots, une image, un échantillon musical, un dossier, un fichier, etc. Cette méthode fonctionne toujours en quatre temps. Dans cette fiche, vous allez copier la phrase saisie dans la fiche *Saisir du texte avec Wordpad* dans un nouveau document.

Commencez par démarrer Wordpad, et ouvrez le fichier intitulé *L'été, c'est génial*.

1 La première étape consiste à sélectionner le texte qui va être dupliqué. Sélectionnez la ligne contenant la phrase.

2 Copiez le texte en utilisant au choix :

- le menu **Edition** et sa commande **Copier** ;
- le bouton **Copier** dans la barre d'outils ;
- un clic du bouton droit sur la sélection, puis la commande **Copier** ;
- la combinaison de touches Ctrl+C.

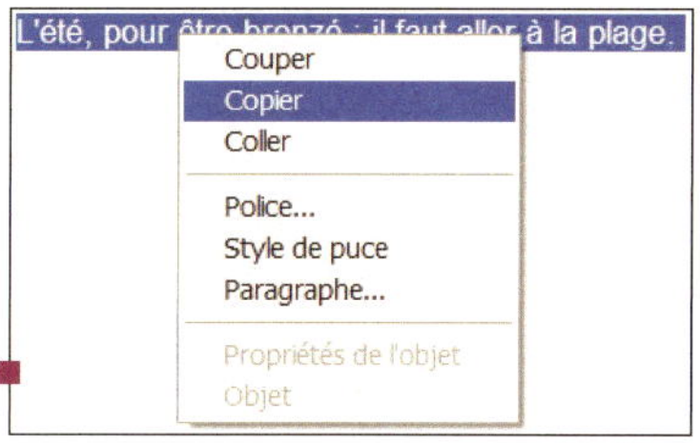

3 Il faut maintenant indiquer où coller ce qui vient d'être copié (et provisoirement stocké dans le Presse-papiers de Windows). Dans le menu **Fichier**, cliquez sur la commande **Nouveau**. Dans la boîte de dialogue **Nouveau**, cliquez sur le bouton OK. Un nouveau document vide apparaît à l'écran.

4 Collez le texte en utilisant au choix :

- le menu **Edition** et sa commande **Coller** ;
- le bouton **Coller** dans la barre d'outils ;
- un clic du bouton droit à l'emplacement de destination, puis la commande **Coller** ;
- la combinaison de touches Ctrl+V.

La méthode du couper-coller

Le couper-coller permet de déplacer un objet ailleurs. Un objet peut être un mot, un groupe de mots, une image, un échantillon musical, un dossier, un fichier, etc. Comme le copier-coller, cette méthode fonctionne toujours en quatre temps. Dans cette fiche, vous allez déplacer le groupe de mots » pour être bronzé « en fin de phrase. Généralement, le couper-coller est utilisé pour déplacer plusieurs phrases ou paragraphes dans les documents longs.

Commencez par démarrer Wordpad, et ouvrez le fichier intitulé *L'été, c'est génial*.

1 La première étape consiste à sélectionner le texte qui va être déplacé. Sélectionnez le groupe de mots *pour être bronzé*.

2 Coupez le texte en utilisant au choix :

- le menu **Edition** et sa commande **Couper** ;
- le bouton **Couper** dans la barre d'outils ;
- un clic du bouton droit sur la sélection, puis la commande **Couper** ;
- la combinaison de touches Ctrl+X.

Le texte coupé a disparu de l'écran et a été placé dans le Presse-papiers.

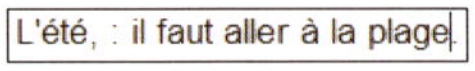

3 Il faut maintenant indiquer où coller ce qui vient d'être coupé. Cliquez juste avant le point final pour placer le point d'insertion après le mot plage.

4 Collez le texte en utilisant au choix :

- le menu **Edition** et sa commande **Coller** ;
- le bouton **Coller** dans la barre d'outils ;
- un clic du bouton droit à l'emplacement de destination, puis la commande **Coller** ;
- la combinaison de touches Ctrl+V.

5 Le couper-coller est terminé, faites un peu de nettoyage au niveau de la ponctuation, vos mots ont été déplacés.

Dessiner avec Paint

Paint est un programme de dessin rudimentaire qui possède la faculté de pouvoir occuper les enfants pendant des heures sans risquer les coups de feutre sur les nappes. Au niveau du principe, retenez que vous posez des points de couleur sur d'autres points de couleur ; par exemple, du jaune sur du rouge vous donnera comme couleur finale du jaune.

Pour débuter, pointez, dans le menu **Démarrer**, sur la commande **Tous les programmes**, puis sur **Accessoires** et, enfin, cliquez sur la commande **Paint**.

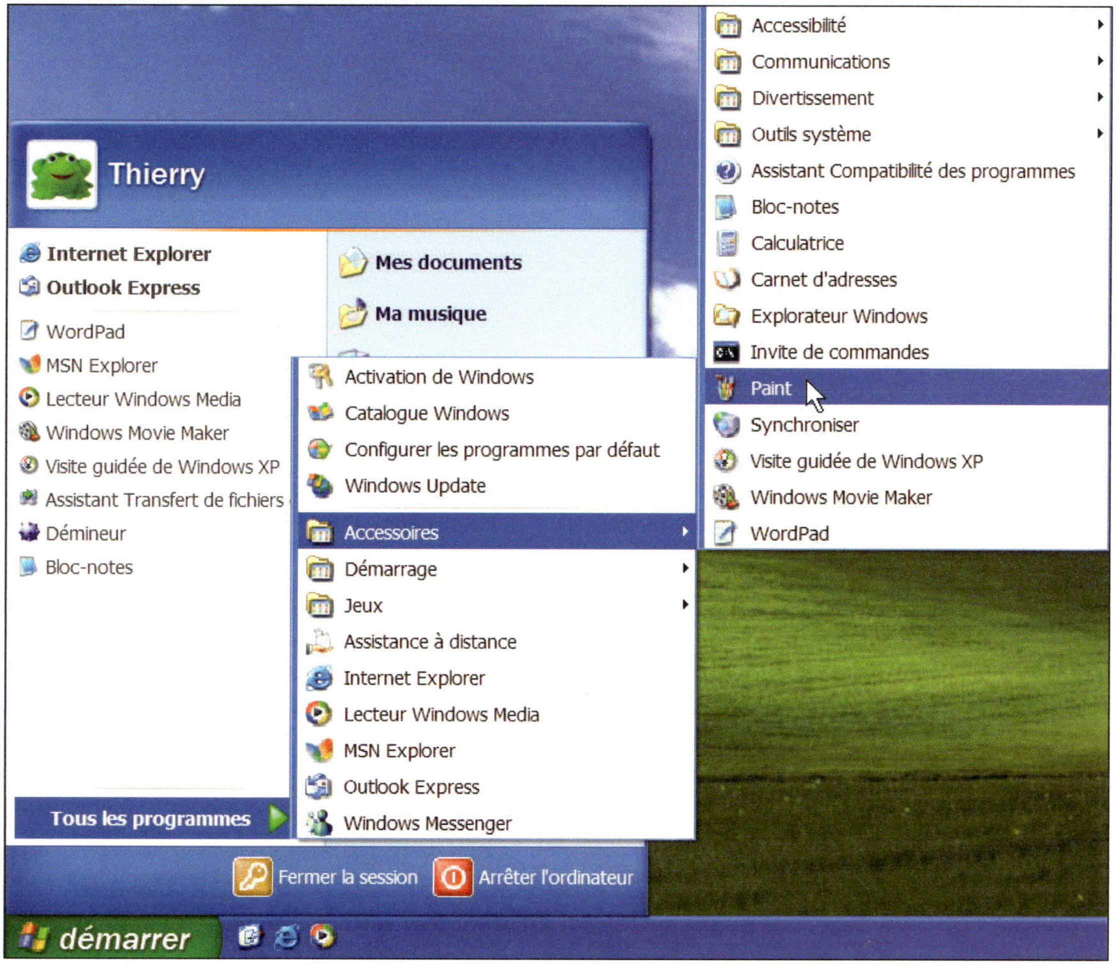

Dans les fiches suivantes, vous allez pouvoir dessiner la plage, la mer et le ciel.

Modifier la taille de la zone de traçage

Avant de commencer votre dessin, changez la taille de la feuille blanche sur laquelle votre chef-d'œuvre sera réalisé. Pour cela, utilisez le coin inférieur droit de la feuille de dessin. Par un cliquer-glisser, tirez la poignée vers le bas et la droite.

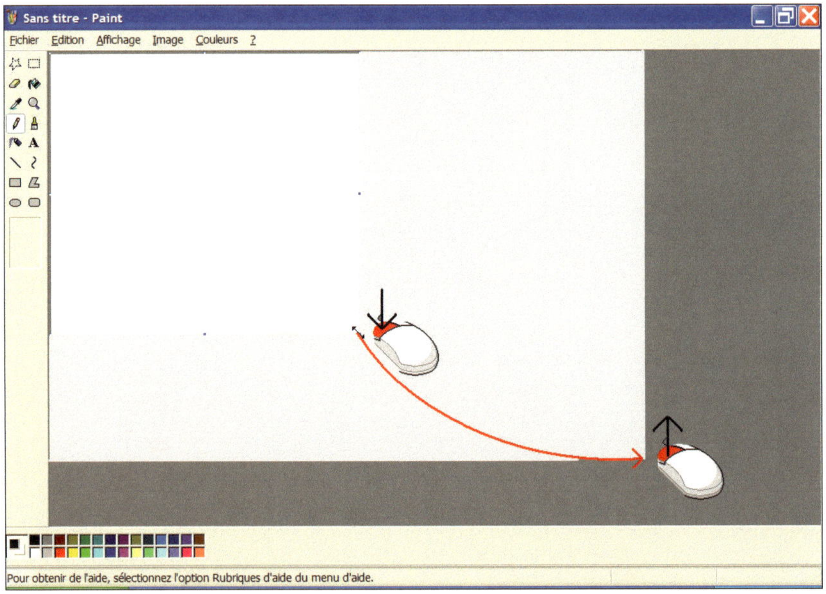

information

Besoin d'une taille précise ?

Si vous voulez que la feuille ait une dimension donnée, cliquez, dans le menu **Image**, sur la commande **Attributs**. Sélectionnez votre unité de mesure (pouces, centimètres ou pixels), puis définissez la taille à l'aide des zones de texte *Largeur* et *Hauteur*.

Dessiner des traits

Vous allez réaliser les deux traits de construction de base du dessin :

1 Pour dessiner les limites de la plage, de la mer et du ciel, cliquez sur le bouton **Ligne**.

2 Dans la palette située en bas de l'écran, sélectionnez la couleur du trait. Par exemple, prenez du bleu foncé. Positionnez le curseur de la souris sur la palette des couleurs au niveau de la couleur bleue, puis cliquez.

La case indiquant la couleur sélectionnée est bleue.

3 Choisissez une épaisseur de trait.

4 Par un cliquer-glisser, en partant de l'un des côtés de la feuille, tracez deux traits horizontaux. Positionnez la souris à l'extrême gauche de la feuille, cliquez sur le bouton gauche puis, tout en maintenant le bouton enfoncé, glissez vers la droite. Une fois le trait complètement dessiné, lâchez le bouton.

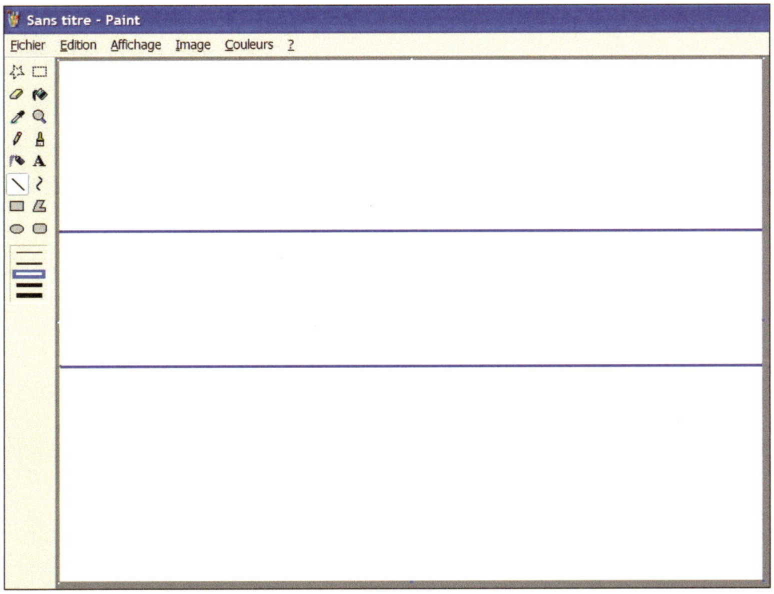

Remplir une forme fermée

Maintenant que les deux traits horizontaux ont été construits, vous allez remplir les trois zones : la plage, la mer et le ciel :

1 Sélectionnez l'outil **Remplissage**.

2 Cliquez sur la couleur jaune pour le sable de la plage, puis cliquez du bouton droit sur le bleu marine pour la mer.

3 Positionnez-vous dans la zone inférieure du dessin, et cliquez : le sable est jaune. Positionnez-vous dans la partie centrale, et cliquez du bouton droit : la mer vient d'apparaître.

4 Cliquez sur le bleu ciel (cyan) dans la palette des couleurs pour peindre le ciel.

5 Cliquez dans la partie supérieure.

information

En cas de problème

Pas de panique ! Si, lors du remplissage, tout votre dessin prend la même couleur, c'est que vous avez laissé des espaces entre les bordures de la zone de dessin et les traits horizontaux. Vous pouvez annuler les deux dernières commandes par le menu **Edition** et sa commande **Annuler**. Pour aller plus vite, vous pouvez aussi utiliser le raccourci clavier Ctrl+Z. Veillez ensuite à bien fermer les trois zones qui seront remplies de couleur.

Dessiner une ellipse

Pour dessiner les parasols et le soleil, vous allez utiliser l'outil **Ellipse** :

1 Cliquez sur l'outil **Ellipse**.

2 Sélectionnez la couleur rouge pour dessiner un premier parasol.

3 Pour dessiner une forme ovale, il faut au préalable imaginer l'ellipse inscrite dans un rectangle. À l'emplacement du coin supérieur gauche du rectangle imaginaire, cliquez et maintenez le bouton de la souris enfoncé. En déplaçant le curseur vers le bas et la droite, vous voyez l'ovale se dessiner.

Tracez plusieurs parasols, en changeant leur couleur.

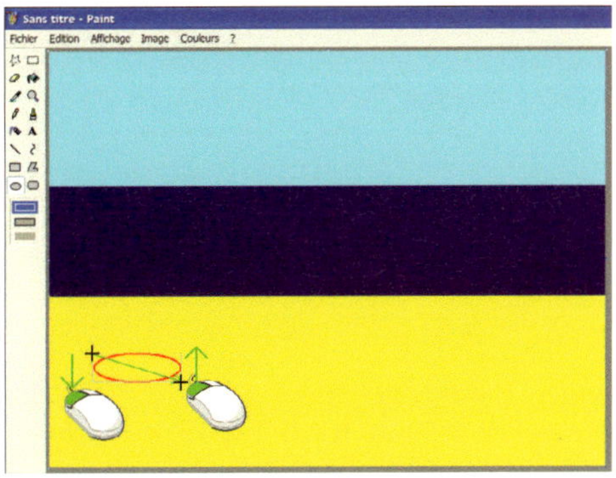

4 Pour dessiner le soleil, appuyez, après avoir sélectionné la couleur jaune, sur la touche [Maj] en même temps que vous tracez l'ellipse : vous obtiendrez un cercle.

5 Remplissez les ellipses formées avec l'outil **Remplissage**.

6 Dessinez les pieds des parasols avec l'outil **Ligne**.

Dessiner un rectangle

Vous allez dessiner la coque d'un bateau et plusieurs serviettes en utilisant des rectangles :

1 Cliquez sur l'outil **Rectangle**.

2 Sélectionnez la couleur gris foncé.

3 Au niveau de la mer, placez le curseur de la souris à l'un des quatre futurs coins de la coque du bateau. Cliquez puis, tout en maintenant le bouton de la souris enfoncé, faites glisser la souris pour former le rectangle. Une fois le rectangle aux bonnes dimensions, relâchez le bouton de la souris.

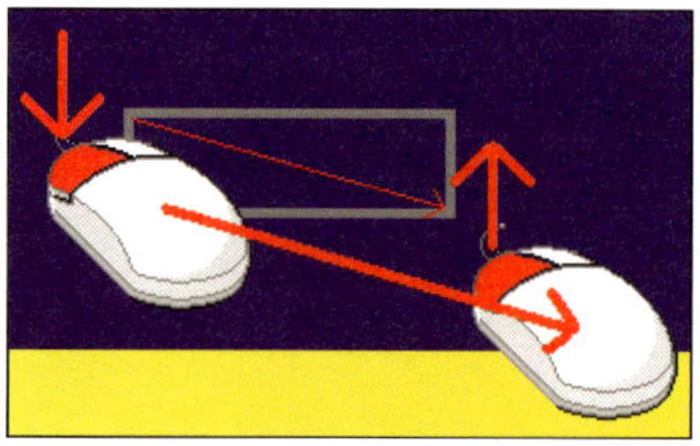

4 Toujours avec l'outil **Rectangle**, dessinez les serviettes.

5 Avec les outils utilisés dans les fiches précédentes, dessinez la proue du bateau, les voiles, etc.

Dessiner une courbe

Vous allez dessiner des vagues dans la mer :

1 Cliquez sur l'outil **Courbe**.

2 Sélectionnez le blanc dans la palette des couleurs.

3 Dans un premier temps, vous allez devoir indiquer le point de départ et d'arrivée de la courbe. Vous devrez ensuite définir deux points d'inflexion pour former la courbe de la vague.

- Cliquez dans la mer puis, tout en maintenant le bouton gauche enfoncé, glissez vers la droite. Vous obtenez un trait : relâchez le bouton.

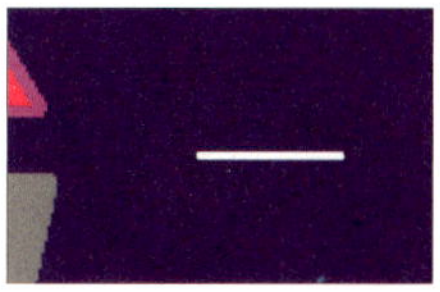

- Au niveau du premier quart du segment tracé, cliquez puis, tout en maintenant le bouton enfoncé, faites glisser le curseur vers le haut. Une fois le rayon de courbure obtenu, relâchez le bouton. Le premier point d'inflexion a été défini.

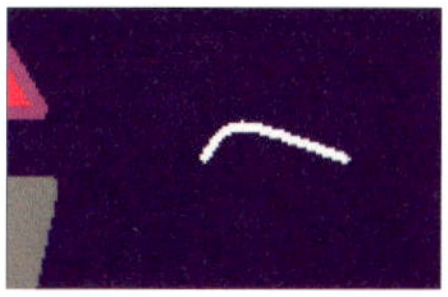

- Au niveau du dernier quart du segment, répétez la manipulation précédente, mais cette fois en déplaçant le curseur vers le bas. La courbe représentant une vague est alors tracée définitivement.

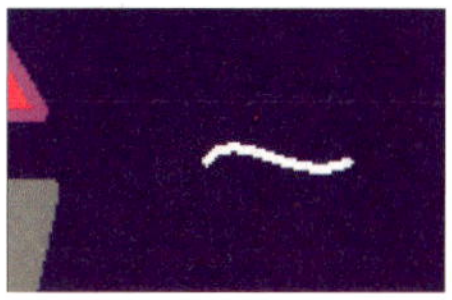

4 Refaites quelques vagues (quatre ou cinq). Dans la fiche suivante, vous allez pouvoir les dupliquer par cliquer-glisser.

Dupliquer une forme

La méthode utilisée ici est généraliste et fonctionne aussi dans de nombreux programmes (traitement de texte, explorateur Windows, messagerie électronique, etc.).

Vous allez dupliquer les vagues :

1 Cliquez sur l'outil **Sélection**.

2 Indiquez que la couleur du bouton droit sera transparente en cliquant sur l'option de transparence.

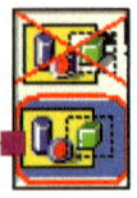

3 Cliquez du bouton droit sur le bleu marine pour le définir en tant que couleur transparente.

4 Sélectionnez le groupe de vagues en l'encadrant dans un rectangle. En cas de problème, cliquez sur un espace non sélectionné pour recommencer une nouvelle sélection.

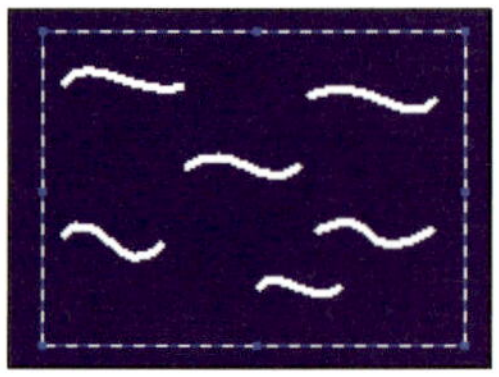

5 En maintenant la touche Ctrl enfoncée, cliquez à l'intérieur du rectangle puis, tout en maintenant le bouton gauche de la souris enfoncé, faites glisser le curseur vers le bas. La forme est recopiée. Une fois arrivé à destination, relâchez le bouton de la souris puis la touche Ctrl. Le groupe de vagues a été dupliqué.

attention

Déplacer ou copier ?

Si vous n'avez pas maintenu la touche Ctrl enfoncée, la forme est déplacée.

Utiliser l'aérographe

Vous allez pouvoir dessiner des nuages à l'aide de l'aérographe :

1 Sélectionnez l'outil **Aérographe**.

2 Choisissez une dispersion de points assez étendue.

3 Sélectionnez le blanc dans la palette des couleurs.

4 En cliquant par de légères pressions, commencez à dessiner les nuages.

5 Changez de couleur assez régulièrement ; utilisez aussi des nuances de gris.

Des millions de couleurs

Vous pouvez choisir d'autres couleurs que celles présentes par défaut dans la palette. Double-cliquez sur une des couleurs que vous souhaitez modifier puis, dans la boîte de dialogue **Modification des couleurs**, cliquez sur le bouton **Définir les couleurs personnalisées**. Sélectionnez une couleur parmi les 16 777 216 possibles. Cliquez sur le bouton OK.

Enregistrer le dessin

Cette fiche ne présente pas de difficulté particulière si vous avez déjà suivi la fiche *Enregistrer son travail* avec Wordpad. Pour enregistrer votre dessin :

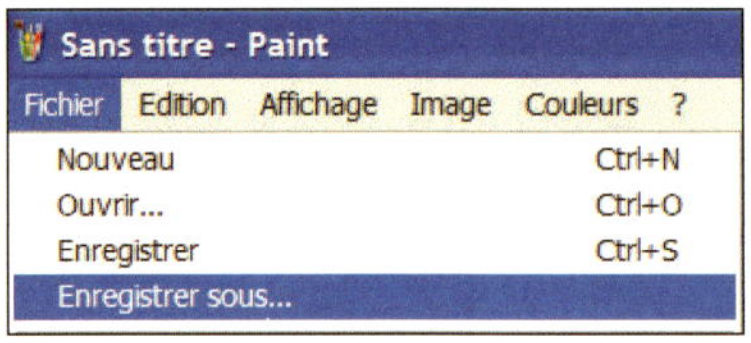

1. Dans le menu **Fichier**, cliquez sur la commande **Enregistrer sous**.

2. Dans la boîte de dialogue **Enregistrer sous**, sélectionnez le dossier *Mes images* dans la zone à liste déroulante *Enregistrer dans*.

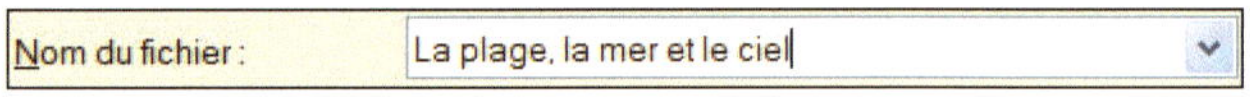

3. Dans la zone de texte *Nom du fichier*, effacez *Sans titre* et nommez votre dessin `La plage, la mer et le ciel`.

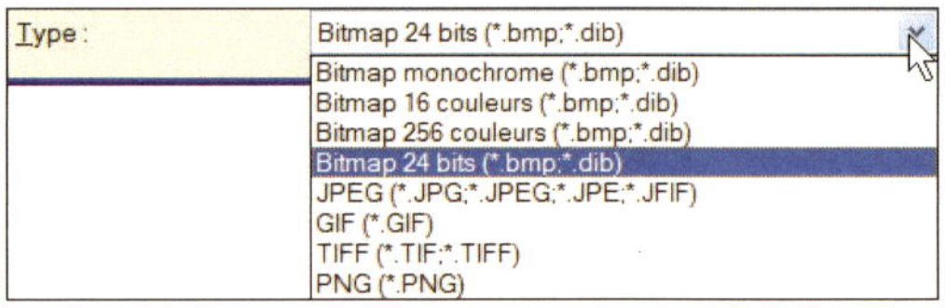

4. Dans la zone à liste déroulante *Type*, conservez *Bitmap 24 bits (*.bmp:*.dib)*. Les autres formats bitmap réduisent le nombre de couleurs à 256, à 16 ou à 2 (noir ou blanc).

5. Cliquez sur le bouton **Enregistrer**.

information

Compression d'images

Dans le format Bitmap, chaque point de couleur de l'image est codé sous forme de 0 ou de 1 appelés bits. Pour obtenir 16 777 216 couleurs, il faut 24 bits (224 possibilités) pour un point. Une image bitmap contenant souvent des redondances, il est possible de coder plusieurs points ayant la même couleur avec un nombre réduit de bits. Parmi ces formats permettant de compresser l'information, le JPEG est le plus adapté pour les photographies (mais entraîne une perte de qualité). Le GIF, limité à 256 couleurs, ne pourra servir que pour des dessins. Enfin, le PNG offre d'excellentes qualités de compression pour les dessins comprenant un grand nombre de couleurs.

Insérer un dessin dans le texte

Dans cette fiche, vous allez intégrer une image au sein d'un document texte.

Travaux préliminaires

Il est préférable d'avoir déjà créé un document sous Wordpad et un dessin sous Paint pour suivre cette fiche.

1 Démarrez Wordpad, en cliquant dans le menu **Démarrer** puis en pointant sur **Tous les programmes**, puis **Accessoires** et, enfin, en cliquant sur **Wordpad**.

2 Dans Wordpad, depuis le menu **Fichier**, cliquez sur la commande **Ouvrir**.

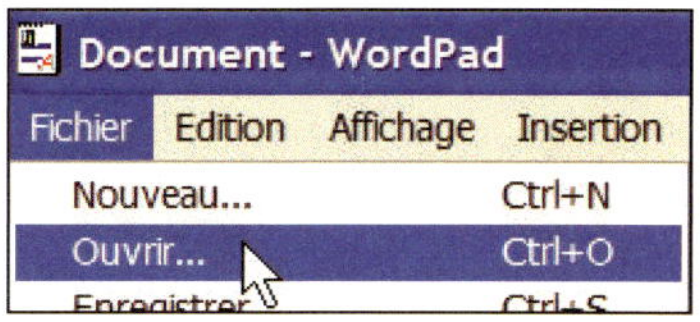

3 Cliquez sur le bouton **Mes documents** pour afficher le contenu de ce dossier.

4 Pour ouvrir le fichier *L'été, c'est génial*, double-cliquez sur l'icône du fichier *L'été, c'est génial*.

5 Déplacez le point d'insertion (la barre verticale qui clignote) à l'endroit où l'image va être insérée.

6 Dans le menu **Insertion**, cliquez sur la commande **Objet**.

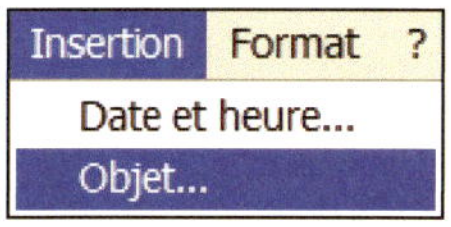

7 Dans la boîte de dialogue **Insérer un objet**, sélectionnez l'option *Créer à partir d'un fichier*.

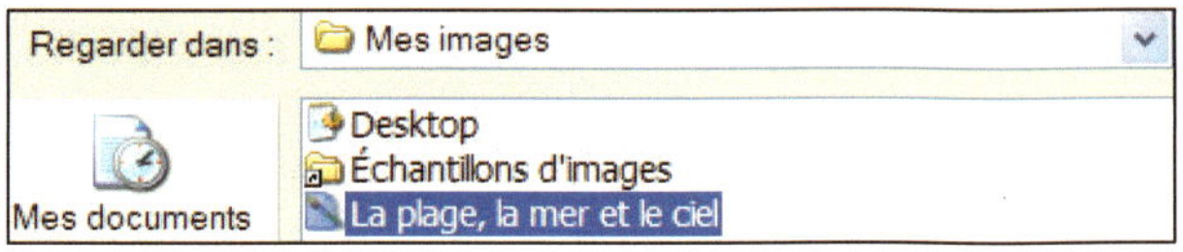

8 Cliquez sur le bouton **Parcourir** ; si vous êtes dans le dossier *Mes documents*, double-cliquez sur le dossier *Mes images* : votre dessin nommé *La plage, la mer et le ciel* doit apparaître dans la liste. Double-cliquez sur votre dessin pour l'insérer. Cliquez sur le bouton OK.

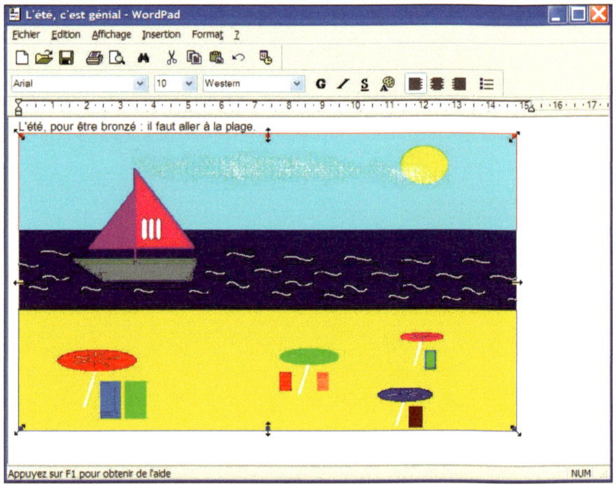

9 Le dessin est inséré dans le texte. Vous pouvez en modifier ses dimensions en cliquant sur l'une des poignées de redimensionnement. Cliquez sur un des carrés situés sur la bordure pour changer les dimensions du dessin inséré.

information

Lier le dessin inséré à la source

Par défaut, le dessin est inséré en tant que copie, c'est-à-dire que, si vous modifiez l'original, le dessin intégré dans le document Wordpad ne sera pas modifié. Pour répercuter les modifications de l'original sur le dessin inséré, cochez la case *Lier* avant de valider l'insertion de l'image dans le texte dans la boîte de dialogue **Insérer un objet**.

astuce

Modifier le dessin depuis Wordpad

Si vous double-cliquez sur le dessin dans Wordpad, les outils de Paint apparaissent pour vous permettre de modifier à volonté l'image.

Chapitre 4

Gérer ses dossiers et ses fichiers

Au quotidien, pour ranger vos diverses factures, vos courriers, etc., vous disposez de deux solutions : tout mettre dans un carton ou créer des dossiers cartonnés et y classer vos différents éléments selon leur type, leur origine, etc. Dans l'ordinateur, il est possible de tout enregistrer dans le dossier appelé *Mes documents*. Néanmoins, après quelques jours, mois ou années, il y aura un véritable capharnaüm. Aussi est-il recommandé de créer dès le départ des dossiers et des sous-dossiers afin d'y classer, lors de l'enregistrement, vos différents travaux.

Fiche 33 • Créer un dossier ***60***
Fiche 34 • Renommer un dossier ***61-62***
Fiche 35 • Sélectionner un ou plusieurs dossiers ou fichiers ***63***
Fiche 36 • Copier un dossier ou un fichier ***64-66***
Fiche 37 • Déplacer un dossier ou un fichier ***67-68***
Fiche 38 • Visualiser tous vos dossiers ***69-70***
Fiche 39 • Créer un raccourci ***71-72***
Fiche 40 • Comprendre et afficher les extensions ***73-74***
Fiche 41 • Rechercher ses fichiers égarés ***75-76***
Fiche 42 • Créer un dossier compressé ***77-78***
Fiche 43 • Extraire des fichiers contenus dans un dossier compressé........ ***79-80***
Fiche 44 • Partager ses documents avec d'autres utilisateurs de l'ordinateur .. ***81-82***
Fiche 45 • Supprimer des éléments inutiles ***83***
Fiche 46 • Restaurer des éléments ***84***
Fiche 47 • Vider la Corbeille ***85-86***

Créer un dossier

Vous allez créer deux dossiers nommés *Perso* et *Pro* dans votre dossier *Mes documents*. Ces premiers dossiers vous permettront d'organiser votre production future entre ces deux catégories.

1 Dans le menu **Démarrer**, cliquez sur la commande **Mes documents**.

2 Dans la fenêtre **Mes documents**, cliquez sur le lien *Créer un nouveau dossier*.

3 Saisissez directement au clavier le nom du dossier ; par exemple, nommez le premier dossier `Perso`.

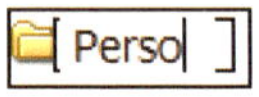

4 Validez la saisie du nom du nouveau dossier en cliquant sur un espace vide ou en appuyant sur la touche Entrée.

Le dossier *Perso* est désormais créé ; créez maintenant le dossier *Pro*.

Renommer un dossier

Vous allez renommer les deux dossiers nommés *Perso* et *Pro* créés lors de la fiche précédente en *Personnel* et *Professionnel*.

1 Dans le menu **Démarrer**, cliquez sur la commande **Mes documents**.

2 Dans la fenêtre **Mes documents**, sélectionnez le dossier *Perso* en cliquant une fois sur le dossier.

3 Dans le volet de gauche, cliquez sur le lien *Renommer ce dossier*.

4 Saisissez directement au clavier le nom du dossier ; dans cet exemple, renommez *Perso* en `Personnel`.

Longueur maximale du nom d'un dossier

Comme lors de la création d'un dossier, le nom du dossier peut comprendre jusqu'à 255 caractères, sachant que les caractères couramment utilisables pour nommer un dossier ou un fichier sont les lettres de l'alphabet (même les accents), les chiffres, les espaces et quelques caractères spéciaux à l'exception de `< > \ / : * ? " |`

5 Validez la saisie en cliquant sur un espace vide ou en appuyant sur la touche [Entrée].

Vous avez renommé le dossier *Perso* en *Personnel*, renommez le dossier *Pro* pour qu'il se nomme `Professionnel`.

Rien ne se perd, rien ne se crée

Lorsque vous renommez un dossier, cela ne change pas son contenu (sous-dossiers et fichiers), aucune information n'est supprimée.

Et pour les fichiers ?

L'opération est la même ; néanmoins, prenez garde à bien conserver l'extension si vous avez décidé de la faire afficher.

Sélectionner un ou plusieurs dossiers ou fichiers

Vous pouvez sélectionner plusieurs éléments en utilisant soit la touche [Ctrl] pour des éléments non contigus, soit la touche [Maj] pour des éléments contigus.

Pour sélectionner des éléments non contigus :

1 Cliquez sur le premier élément de la sélection ; il est alors mis en surbrillance (sa couleur devient bleue).

2 Tout en maintenant la touche [Ctrl] enfoncée, cliquez sur les autres éléments que vous souhaitez sélectionner.

Pour sélectionner des éléments contigus :

1 Cliquez sur le premier élément de la sélection, il est alors mis en surbrillance (sa couleur devient bleue).

2 Tout en maintenant la touche [Maj] enfoncée, cliquez sur le dernier des éléments contigus que vous souhaitez sélectionner.

Information

Désélectionner un élément

Tout en maintenant la touche [Ctrl] enfoncée, cliquez à nouveau sur cet élément pour le désélectionner.

Copier un dossier ou un fichier

Vous pouvez dupliquer un dossier (et son contenu) ou un fichier afin d'en créer une copie de sauvegarde, par exemple avant d'y apporter des modifications.

Pour copier un dossier ou un fichier avec les commandes contextuelles :

1 Sélectionnez le ou les dossiers ou fichiers à dupliquer.

2 Cliquez sur le lien *Copier ce dossier* ou *Copier ce fichier*.

3 Dans la boîte de dialogue **Copier les éléments**, indiquez quel est le dossier de destination. Au besoin, développez l'arborescence en cliquant sur les symboles + positionnés devant le nom de dossier comprenant des sous-dossiers.

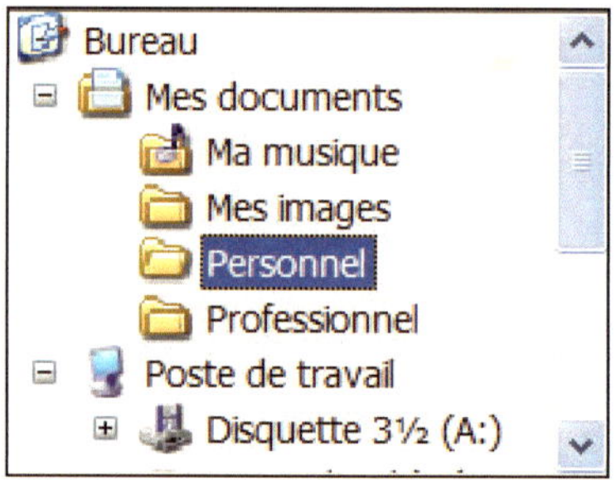

4 Cliquez sur le bouton **Copier**.

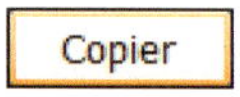

Pour copier un fichier par cliquer-glisser :

1 Cliquez sur le bouton **Dossiers** dans la barre d'outils.

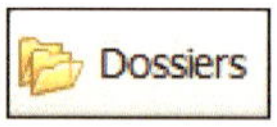

2 Affichez le dossier de destination dans le volet d'exploration. Par exemple, affichez le dossier *Personnel* en cliquant sur le symbole + situé devant *Mes documents*. Notez que le + se transforme alors en -.

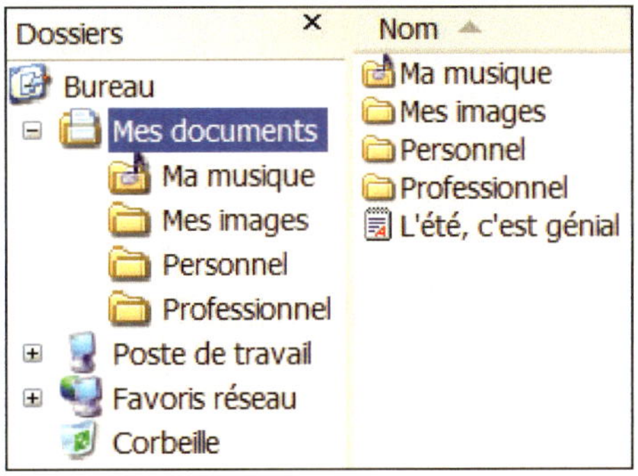

Le volet d'exploration

Le volet d'exploration vous permet d'afficher la liste de tous les conteneurs connectés à votre poste de travail. Ceux-ci peuvent être des lecteurs physiquement rattachés à l'ordinateur (lecteur de disquettes, disque dur, lecteur de CD ou DVD-Rom, cartes mémoire, etc.) ou externes comme des lecteurs réseaux. Chaque lecteur peut contenir des dossiers. Lorsque vous sélectionnez un conteneur dans le volet d'exploration, vous voyez apparaître son contenu dans le volet de droite.

3 Cliquez du bouton droit sur le dossier ou le fichier à copier, et maintenez le bouton droit enfoncé. Puis déplacez la souris jusqu'à pointer sur le dossier de destination (celui-ci se met alors en surbrillance, c'est-à-dire qu'il devient bleu). Ici, le fichier *L'été, c'est génial* est transféré du dossier *Mes documents* au dossier *Personnel*.

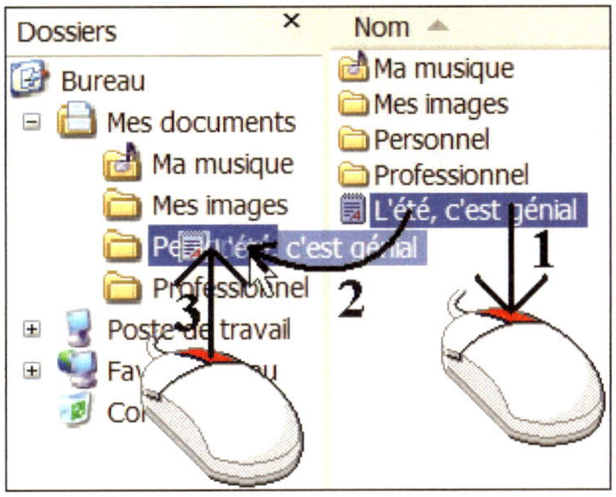

Penser à sa main

Utilisez la pression sur le bouton droit de la souris comme si vous preniez un objet, refermiez vos doigts, déplaciez l'objet puis le relâchiez.

4 Relâchez le bouton droit et cliquez sur la commande **Copier ici**.

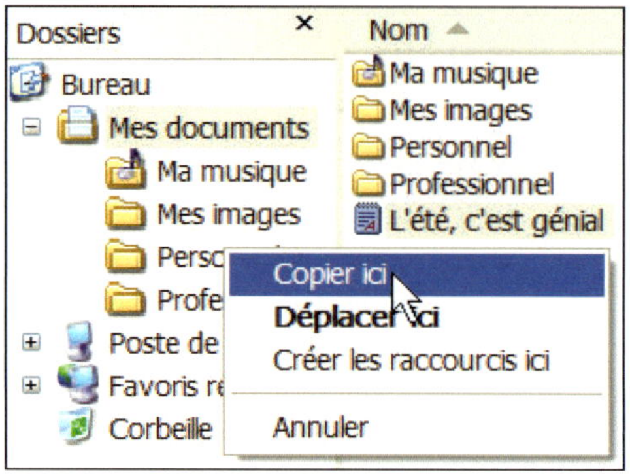

information

Confirmer le remplacement

Si vous avez utilisé la première méthode et que vous souhaitiez utiliser la seconde (équivalente au niveau du résultat final), l'ordinateur vous demandera la confirmation pour remplacer l'ancien fichier situé dans le dossier *Personnel* par le nouveau. En pratique, comparez toujours les dates et heures. En cas de doute, cliquez toujours sur le bouton **Non** puis ouvrez les fichiers (originaux et de destination) pour en afficher les contenus. Dans notre cas, cliquez sur le bouton **Oui**.

information

Toujours copier

Vous pouvez aussi réaliser l'opération avec le bouton gauche par un simple cliquer-glisser lorsque vous changez de lettre de lecteur, par exemple du disque dur vers une disquette. Si vous copiez l'élément sur le même lecteur que celui d'origine (comme dans notre exemple), appuyez sur la touche Ctrl pendant le cliquer-glisser, sinon le fichier sera déplacé au lieu d'être copié.

Déplacer un dossier ou un fichier

Vous pouvez changer l'emplacement d'un dossier (et de son contenu) ou d'un fichier sans perte de données.Pour déplacer un dossier ou un fichier avec les commandes contextuelles :

1 Sélectionnez le ou les dossiers ou fichiers à déplacer.

2 Cliquez sur le lien *Déplacer ce dossier* ou *Déplacer ce fichier*.

Si vous êtes toujours en mode d'affichage des dossiers, cliquez à nouveau sur le bouton **Dossiers** de la barre d'outils pour revenir à l'affichage précédent.

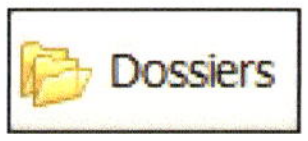

3 Dans la boîte de dialogue **Déplacer les éléments**, indiquez quel est le dossier de destination. Au besoin, développez l'arborescence en cliquant sur les signes + positionnés devant le nom de dossier comprenant des sous-dossiers.

4 Cliquez sur le bouton **Déplacer**.

Pour déplacer un fichier par cliquer-glisser :

1 Cliquez sur le bouton **Dossiers** dans la barre d'outils.

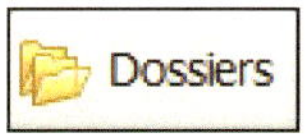

2 Affichez le dossier de destination dans le volet d'exploration. Par exemple, affichez le dossier *Personnel* en cliquant sur le symbole + situé devant *Mes documents*. Notez que le + se transforme alors en -.

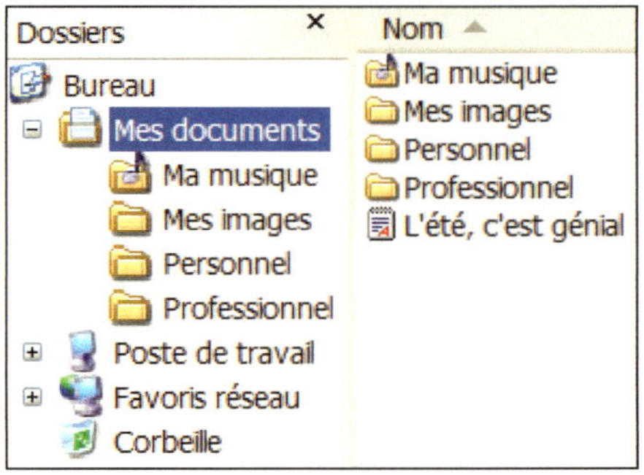

3 Cliquez sur le dossier ou le fichier à déplacer, et maintenez le bouton enfoncé. Puis déplacez la souris jusqu'à pointer sur le dossier de destination (celui-ci se met alors en surbrillance).

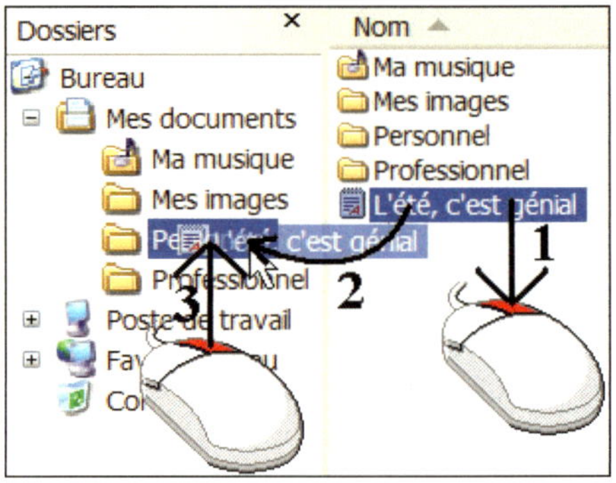

4 Relâchez le bouton ; le fichier est aussitôt déplacé.

information

Toujours déplacer

Vous pouvez aussi réaliser l'opération du bouton droit de la souris en cliquer-glisser. Choisissez **Déplacer ici** dans le menu contextuel lorsque vous relâchez le bouton de la souris sur le dossier de destination.
Si vous souhaitez déplacer l'élément sur un autre lecteur en utilisant le bouton gauche, appuyez sur la touche Maj pendant le cliquer-glisser, sinon le fichier sera copié au lieu d'être déplacé.

attention

Remettre le fichier dans le dossier Mes documents

Pour la suite de l'ouvrage, il est recommandé de déplacer à nouveau le fichier *L'été, c'est génial* dans le dossier *Mes documents*.

Visualiser tous vos dossiers

Le Poste de travail ne permet de voir le contenu que d'un seul dossier à la fois alors que l'Explorateur Windows vous offre une vue complète des dossiers et fichiers stockés dans votre ordinateur.

Pour utiliser l'Explorateur Windows :

1 Dans le menu **Démarrer**, cliquez sur **Poste de travail**.

2 Dans la barre d'outils du *Poste de travail*, cliquez sur le bouton **Dossiers**.

L'Explorateur Windows vous permet de copier, de déplacer, de renommer et de rechercher des fichiers et des dossiers, comme vous avez pu le faire jusqu'à maintenant. Au niveau de l'organisation des conteneurs dans la partie gauche (appelée volet d'exploration), en partant du haut, vous retrouvez :

- Le Bureau : l'espace de travail que vous voyez après l'ouverture d'une session.
- Le dossier *Mes documents* : très pratique pour stocker vos documents personnels et professionnels. Il contient trois sous-dossiers créés par défaut. Pour les visualiser, cliquez sur le **+** situé devant *Mes documents*. Si vous cliquez sur un dossier, dans la partie gauche, son contenu apparaît dans la partie droite.

Astuce

Développer ou réduire

Pour développer ou réduire l'arborescence, vous pouvez utiliser la [Flèche droite] ou la [Flèche gauche], et les touches [+] ou [-] du pavé numérique. Pour développer la sous-arborescence complète du dossier, appuyez une fois sur la touche [*] du pavé numérique.

- Le dossier *Mes images :* pour vos dessins, photos, etc.
- Le dossier *Ma musique* : pour y enregistrer vos CD audio au format WMA.

Consultez la fiche Copier des CD dans votre ordinateur du chapitre Découvrir le monde numérique pour apprendre à stocker votre musique personnelle dans votre ordinateur.

- Le dossier *Mes vidéos* permet d'enregistrer vos montages vidéos réalisés à l'aide de Windows Movie Maker. Notez que ce dossier est créé lors du premier démarrage de Windows Movie Maker.
- Le *Poste de travail :* il s'agit de votre ordinateur dans son ensemble, avec ses différents lecteurs (chacun étant identifié par une lettre de l'alphabet).
- *A:* est le nom du lecteur de disquettes 3 pouces 1/2 (cette mesure fait référence à la taille de la disquette).
- *C:* est le lecteur disque principal. Vous pouvez éventuellement disposer d'autres lettres de lecteurs. Ces lettres sont généralement des partitions de votre disque dur.
- *D:* est un lecteur de CD ou DVD, il peut aussi s'agir d'un graveur de CD ou de DVD. Si vous disposez d'un graveur : vous pouvez .créer vos propres sauvegardes sans logiciel supplémentaire.
- *Z:* est un lecteur réseau. Ce type de lecteur n'est disponible que si vous avez au moins deux ordinateurs. La lettre *Z* correspond à un dossier partagé sur un ordinateur distant.
- Sous les lecteurs, se trouvent les *Favoris réseau*, où apparaissent les ordinateurs connectés à votre réseau local (LAN).
- Enfin, en bas à gauche : la *Corbeille*.

Référez vous aux fiches Supprimer un dossier ou un fichier, Restaurer des éléments et Vider la Corbeille pour apprendre à utiliser la Corbeille.

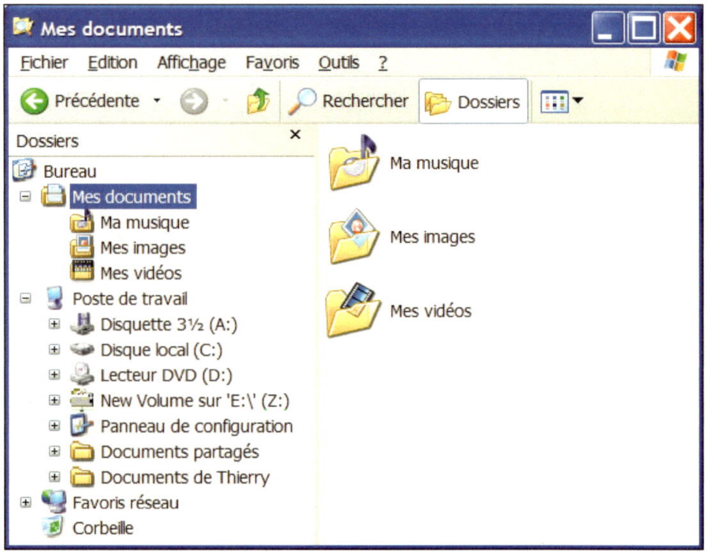

Créer un raccourci

Si vous souhaitez rendre certains programmes plus accessibles, vous pouvez créer des raccourcis. Cette opération peut aussi être réalisée pour des fichiers auxquels vous souhaitez accéder régulièrement.

Pour créer un raccourci du programme Paint sur le Bureau :

1. Dans le menu **Démarrer**, pointez sur **Tous les programmes**, puis **Accessoires**. Cliquez du bouton droit sur **Paint**.

2. Pointez sur la commande **Envoyer vers**, puis cliquez sur la commande **Bureau (créer un raccourci)**.

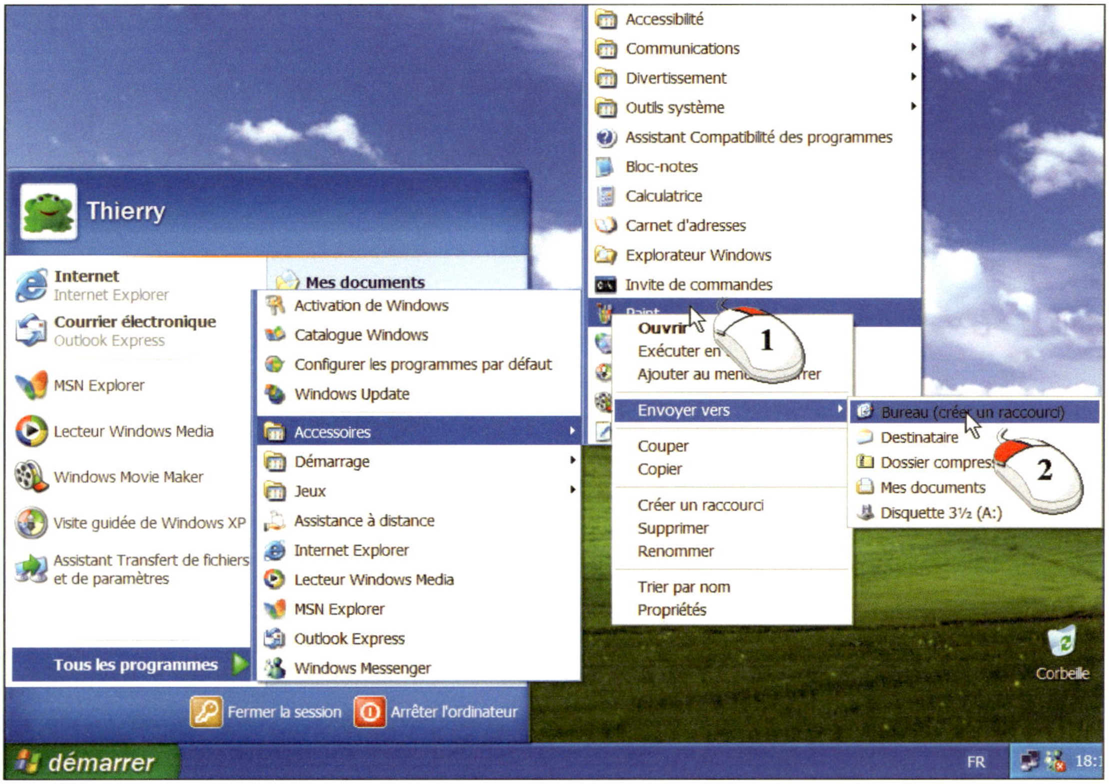

3 Le raccourci a été placé sur votre Bureau.

Il peut être plus pratique de placer les raccourcis dans la barre de lancement rapide ; pour afficher cette dernière :

1 Cliquez du bouton droit sur la barre des tâches.

2 Pointez sur la commande **Barres d'outils**. Puis, dans le menu contextuel, cliquez sur **Lancement rapide**.

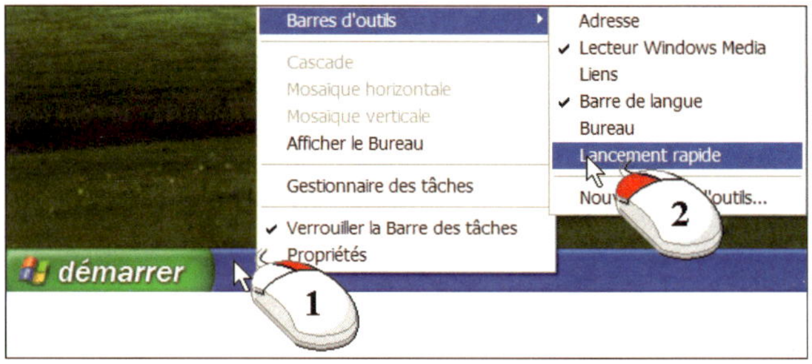

Pour créer un raccourci dans la barre de lancement rapide :

1 Cliquez sur le raccourci présent sur le Bureau et maintenez le bouton enfoncé.

2 Faites glisser la souris jusqu'à la barre de lancement rapide. Une barre verticale noire devra apparaître pour indiquer où l'icône sera positionnée.

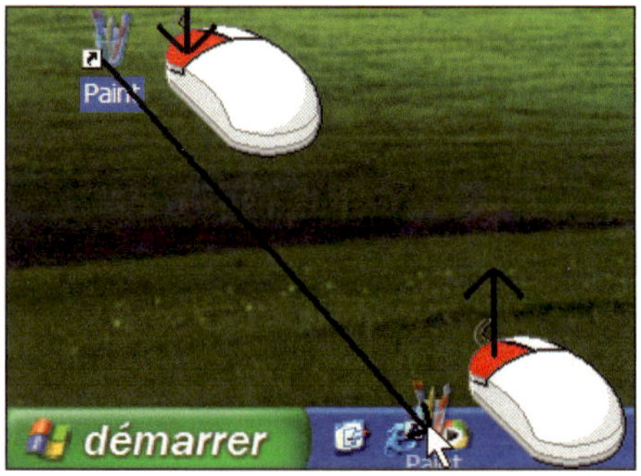

3 Relâchez le bouton ; le raccourci a été créé.

Si vous placez beaucoup de raccourcis sur la barre de lancement rapide, faites glisser la double ligne pointillée qui la délimite pour les faire tous apparaître.

Comprendre et afficher les extensions

Chaque type de fichier porte un nom que vous pouvez lui attribuer lors de son enregistrement ainsi qu'une partie masquée appelée extension. Généralement, cette extension est composée de trois caractères. Par défaut, pour les fichiers dont le type est connu de Windows, elle n'apparaît pas à l'écran.

Cette extension permet à Windows XP de réaliser des associations entre le type de fichier et le programme à utiliser pour en lire son contenu. Par exemple, si le nom du fichier se termine par *.doc*, c'est généralement Microsoft Word qui va démarrer si vous double-cliquez sur le fichier.

Parmi toutes les extensions, en voici quelques-unes souvent rencontrées.

Quelques exemples d'extensions et de programmes associés

Valeur d'erreur	Signification
.doc ou *.rtf*	Document Word ou Wordpad.
.zip	Dossier compressé (fichier qui contient d'autres fichiers compressés).
.pdf	Document qui peut être lu avec Acrobat Reader (www.adobe.fr).
.bmp	Image au format Bitmap (non compressé).
.jpg	Image au format JPEG (compressée - couleurs vraies).
.gif	Image au format GIF (compressée - 256 couleurs).
.mp3 ou *.wma*	Musique compressée.
.exe, .com	Programme exécutable.
.txt	Fichier de texte brut (sans mise en forme).
.htm ou *.html*	Fichier de description pour l'affichage de pages dans Internet Explorer.

Quel programme pour cette extension ?

Vous pouvez consulter le site web www.filext.com (en anglais) pour indiquer une extension de fichier qui vous est inconnue. Le site web vous indiquera quel est le type de fichier et quel programme peut être utilisé pour le lire.

Pour afficher les extensions de fichier :

1 Dans le menu **Démarrer**, cliquez sur **Poste de travail**.

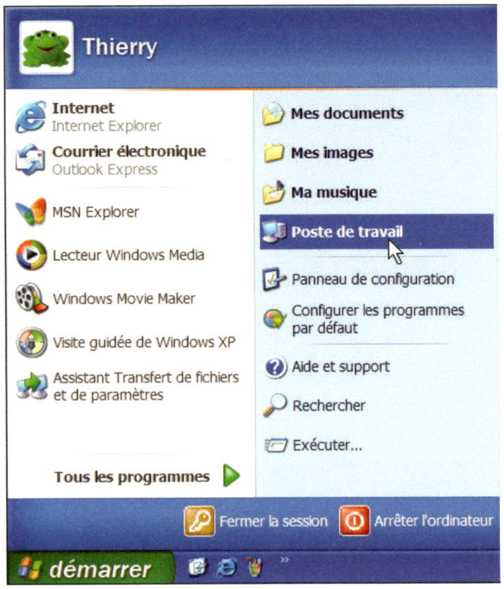

2 Dans le menu **Outils**, cliquez sur la commande **Options des dossiers**.

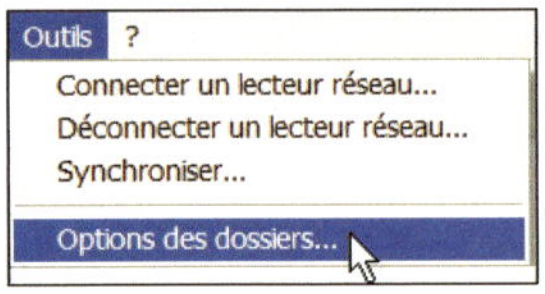

3 Sous l'onglet **Affichage**, décochez la case *Masquer les extensions des fichiers dont le type est connu*.

4 Cliquez sur le bouton OK.

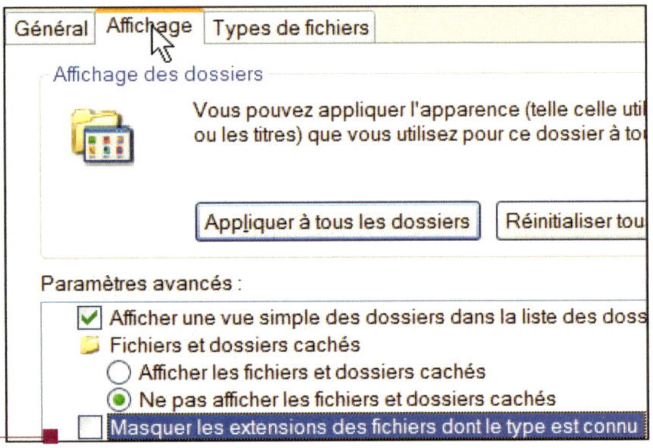

attention

Ne pas oublier l'extension

Lorsque vous affichez les extensions, n'oubliez pas de les remettre à la suite du nom d'un fichier si vous le renommez.

Rechercher ses fichiers égarés

Si vous ne retrouvez pas un fichier que vous savez enregistré sur votre disque dur, vous pouvez démarrer une recherche :

1. Dans le menu **Démarrer**, cliquez sur **Mes documents**.

2. Dans la barre d'outils, cliquez sur le bouton **Rechercher** ou le raccourci clavier F3.

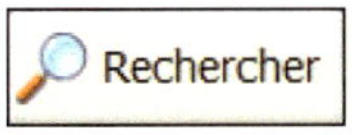

3. Dans le volet de recherche, cliquez sur le lien *Tous les fichiers et tous les dossiers*.

4. Cliquez dans la zone de texte *Une partie ou l'ensemble du nom du fichier*, puis saisissez `été`.

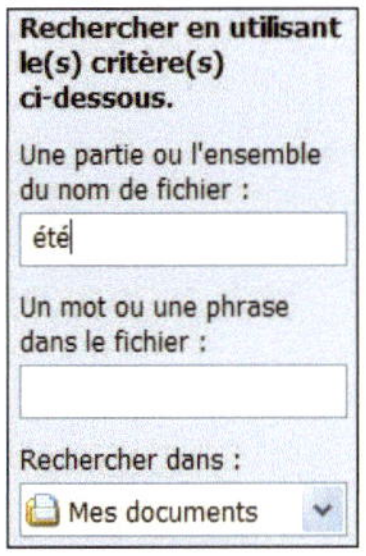

5. Par défaut, la recherche se fera dans le dossier *Mes documents* et ses sous-dossiers. Pour chercher le fichier perdu dans d'autres dossiers ou sur d'autres lettres de lecteur, cliquez, en bas de la liste déroulante *Rechercher dans*, sur *Parcourir* puis indiquez l'emplacement de recherche dans la boîte de dialogue **Rechercher un dossier**. Si vous n'avez aucune idée de l'endroit où se situe le fichier, sélectionnez *Poste de travail*. Attention, plus l'étendue de la recherche est importante, plus le temps de recherche sera long.

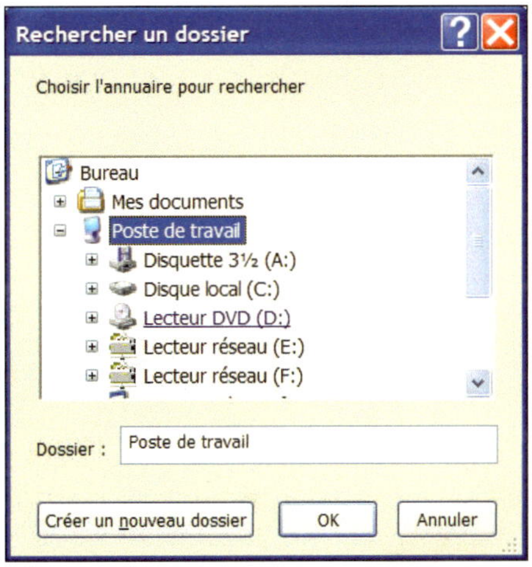

Il est possible de spécifier d'autres options comme la date de modification, la taille du fichier, son type, respecter la casse (c'est-à-dire la différence entre les majuscules et les minuscules), etc. Pour faire apparaître ces options de recherche, cliquez sur les chevrons.

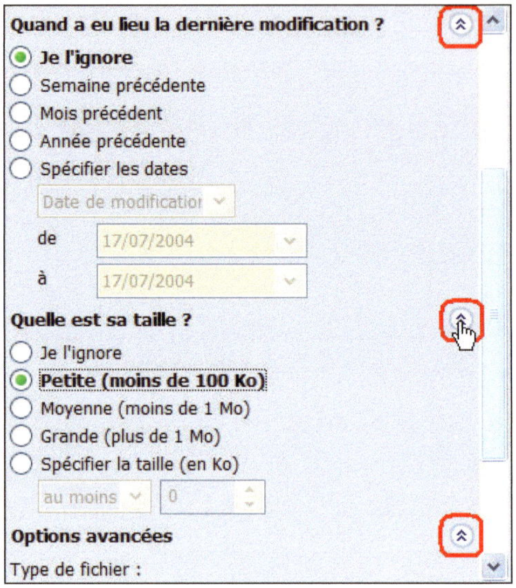

6 Une fois les paramètres de recherche définis, cliquez sur le bouton **Rechercher**. Après quelques secondes, vous verrez apparaître dans la partie droite la liste des objets qui répondent à votre recherche.

information

Sélection des colonnes, ordre et redimensionnement

Lorsque le contenu d'un dossier est affiché en détail (menu **Affichage/Détails**), vous voyez apparaître différentes colonnes. Pour choisir des colonnes supplémentaires, cliquez du bouton droit sur l'en-tête de l'une d'elles, puis cliquez sur les rubriques qui vous intéressent dans le menu contextuel.

astuce

Changer la largeur et l'ordre des colonnes

Vous pouvez faire varier la largeur d'une colonne en positionnant le curseur de la souris sur la séparation droite de l'en-tête de la colonne. Avec un cliquer-glisser, la largeur de la colonne est modifiée. Pour ajuster automatiquement la largeur d'une colonne, vous devez double-cliquer sur sa ligne de séparation dans les en-têtes. Pour ajuster automatiquement la largeur de toutes les colonnes, utilisez la combinaison de touches Ctrl + + (du pavé numérique).

Vous pouvez changer l'ordre des colonnes par un cliquer-glisser sur l'en-tête de celle à déplacer.

Créer un dossier compressé

Pour réaliser cet atelier, vous aurez besoin d'un dessin ou de tout autre fichier. Si vous avez réalisé l'atelier *Dessiner avec Paint* dans le chapitre *Utiliser Windows XP*, il est recommandé d'utiliser le chef-d'œuvre nommé *La plage, la mer et le ciel*.

Vous allez maintenant créer un dossier compressé qui contiendra votre dessin :

1 Pour retrouver votre dessin, dans le menu **Démarrer**, cliquez sur **Mes images**.

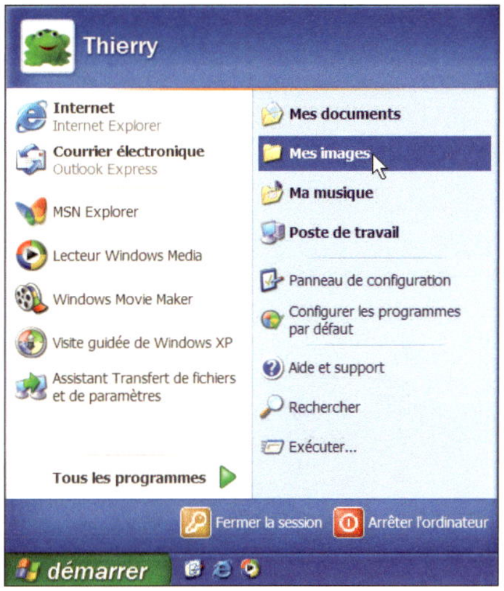

2 Cliquez du bouton droit sur l'image. Dans le menu contextuel, choisissez la commande **Envoyer vers**/**Dossier compressé**.

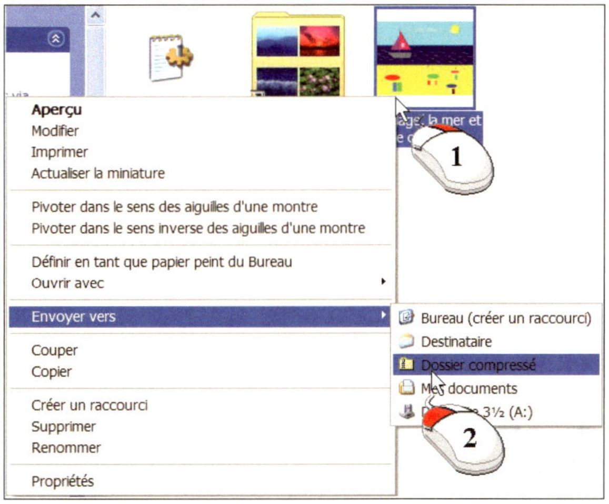

3 Au besoin, renommez le nouveau dossier à votre convenance. Si vous avez affiché les extensions, pensez à laisser *.zip* à la fin du nom de fichier.

4 Dans le menu **Affichage**, cliquez sur la commande **Détails**.

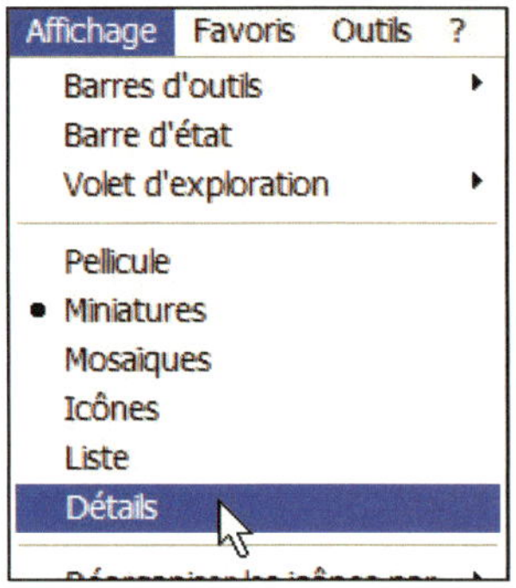

5 Observez les tailles de fichiers. Le fichier *.zip* est beaucoup plus compact que l'original. Pourtant, ils contiennent tous les deux la même image.

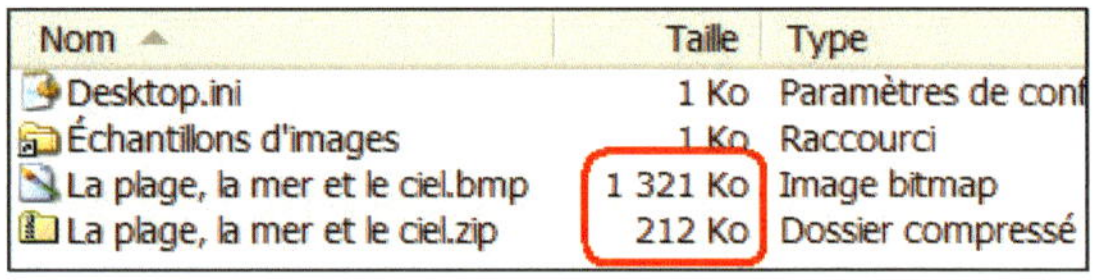

astuce

Protéger ses dossiers compressés par un mot de passe

Pour protéger les fichiers d'un dossier compressé à l'aide d'un mot de passe :

1. Double-cliquez sur le dossier compressé.
2. Dans le menu **Fichier**, cliquez sur **Ajouter un mot de passe**.
3. Dans la zone de texte *Mot de passe*, saisissez un mot de passe.
4. Dans la zone de texte *Confirmation du mot de passe*, retapez-le.

Extraire des fichiers contenus dans un dossier compressé

Vous allez extraire l'image mise dans le dossier compressé sur le Bureau de Windows :

1 Dans le menu **Démarrer**, cliquez sur la commande **Mes images**.

2 Double-cliquez sur le dossier compressé (*La plage, la mer et le ciel.zip*) afin d'en visualiser le contenu.

3 Au besoin, restaurez la fenêtre **La plage, la mer et le ciel.zip** en cliquant sur le bouton du milieu dans la barre de titre .

4 À l'aide de la souris, par la technique du cliquer-glisser, faites glisser les fichiers depuis le dossier compressé vers le Bureau.

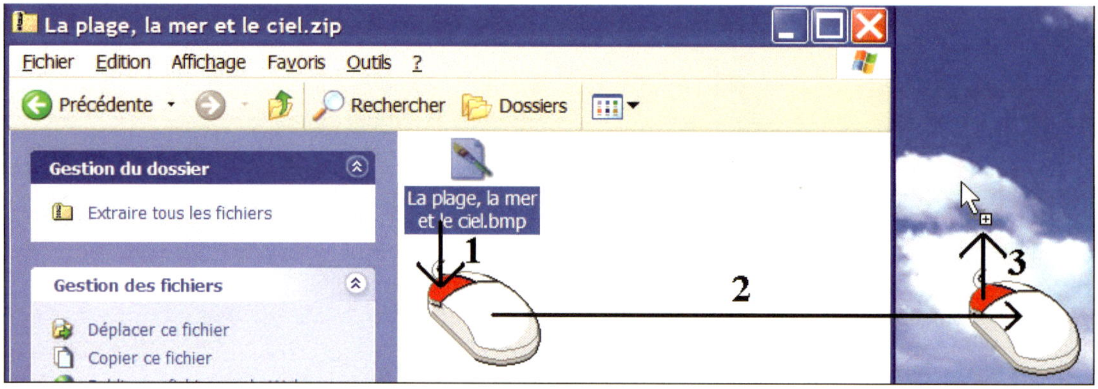

5 Double-cliquez sur l'icône du fichier copié sur le Bureau : c'est bien votre dessin.

information

Les mots de passe

L'extraction de fichiers peut être protégée par mot de passe, comme vous l'avez vu dans la fiche précédente. Notez que les mots de passe qui protègent les dossiers compressés sont sensibles à la casse (différence entre majuscules et minuscules). Notez aussi que les fichiers extraits ne sont plus protégés.

Partager ses documents avec d'autres utilisateurs de l'ordinateur

Windows XP permet de cloisonner chaque utilisateur dans son environnement de travail, appelé un profil. Aussi, chacun dispose de son image pour le fond d'écran, de ses curseurs de souris, de sa Corbeille et de ses documents. Néanmoins, il peut arriver que vous ayez besoin de partager des informations avec d'autres utilisateurs de l'ordinateur (conjoint ou enfants…). Par exemple, vous souhaitez que tous les utilisateurs puissent admirer votre dessin *La plage, la mer et le ciel* :

1 Dans le menu **Démarrer**, cliquez sur la commande **Mes images**.

2 Faites glisser le dessin *La plage, la mer et le ciel.bmp* vers le lien *Images partagées*.

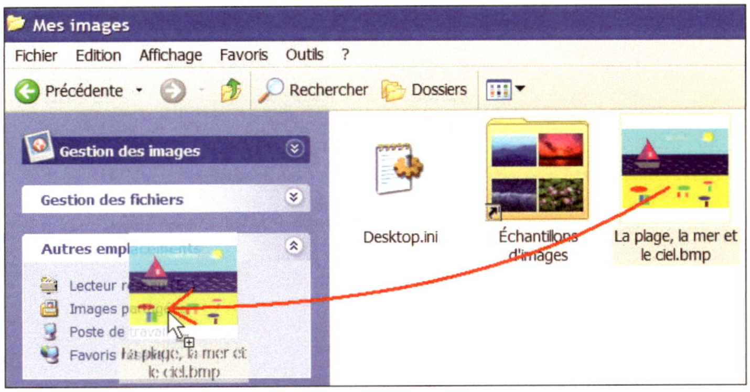

3 Cliquez sur le lien *Images partagées* : le dessin y a été déplacé.

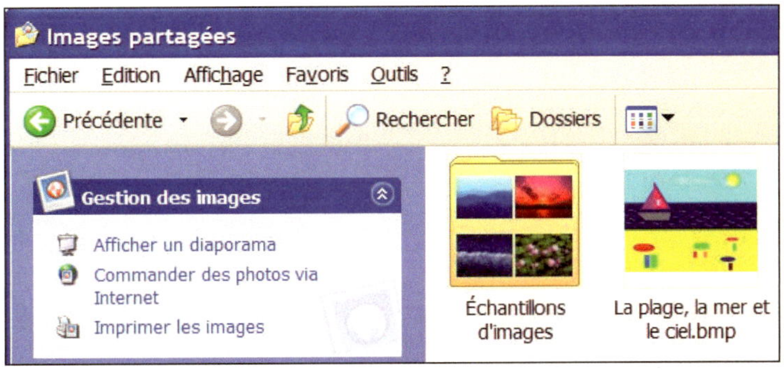

4 Si d'autres utilisateurs existent sur l'ordinateur, demandez-leur d'ouvrir une session avec leur compte.

S'il n'existe pas d'autre utilisateur créé pour votre ordinateur, consultez la fiche Ajouter un compte utilisateur dans le chapitre Configurer et maintenir son ordinateur.

5 Allez dans le dossier *Mes images* : il ne contient pas votre dessin. Cliquez sur le lien *Images partagées* : votre dessin y est présent. Vous pouvez même le copier dans le dossier *Mes documents* de l'autre utilisateur par un clic du bouton droit et la commande **Envoyer vers** puis **Mes documents**.

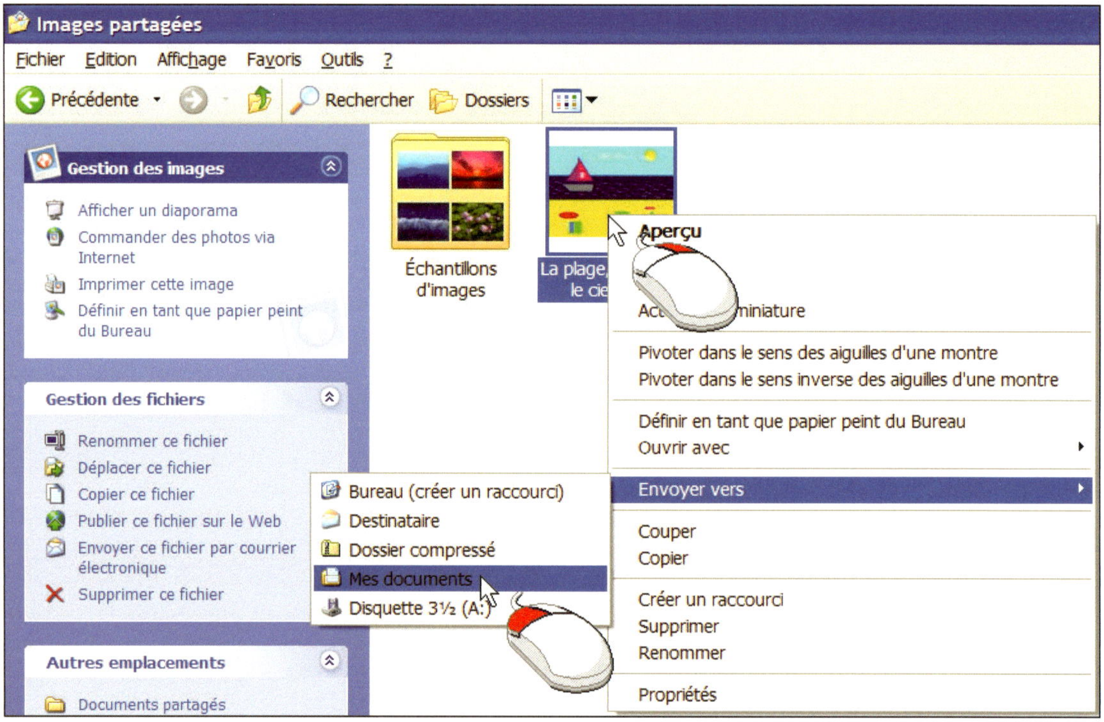

Supprimer des éléments inutiles

Pour supprimer un dossier ou un fichier, la procédure est la même. Le document sera préalablement placé dans la Corbeille. Ensuite, vous aurez la possibilité de le restaurer si la suppression n'est plus souhaitée ou, au contraire, de le supprimer définitivement.

Dans cet exercice, vous supprimerez le fichier créé depuis Wordpad dans le chapitre *Utiliser Windows XP*. Ce fichier se nomme *L'été, c'est génial.rtf*. Une copie est située dans le dossier *Mes documents*.

1 Dans le menu **démarrer**, cliquez sur la commande **Mes documents**.

2 Sélectionnez le fichier à supprimer, en l'occurrence *L'été, c'est génial.rtf*.

*Au besoin, reportez-vous à la fiche **Sélectionner un ou plusieurs dossiers ou fichiers**.*

3 Appuyez sur la touche [Suppr] ou, si vous affichez les commandes contextuelles dans la partie gauche, cliquez sur le lien *Supprimer ce fichier*.

4 Une confirmation de suppression est demandée. Si vous travaillez sur un lecteur local, les fichiers sont déplacés vers la Corbeille. Confirmez la suppression en cliquant sur le bouton **Oui** ou appuyez sur la touche [Entrée]. Vous pouvez désormais entreprendre une restauration ou procéder à une suppression définitive.

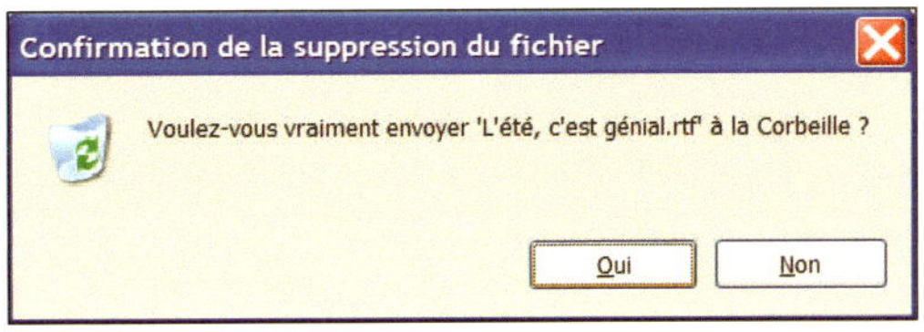

Suppression définitive

Lors de cette opération, si les fichiers ou les dossiers se trouvent sur un lecteur réseau ou sur une disquette, la suppression est définitive et sans retour en arrière possible.

Restaurer des éléments

Supposons que vous ayez par erreur placé le fichier *L'été, c'est génial.rtf* dans la Corbeille et que vous vouliez le récupérer.

1. Double-cliquez sur l'icône de la Corbeille placée sur le Bureau. D'ailleurs, remarquez que du papier en dépasse.

2. Sélectionnez le fichier *L'été, c'est génial.rtf*.

3. Dans le volet des tâches contextuelles, cliquez sur le lien *Restaurer cet élément*.

astuce

Tout récupérer

Si vous devez restaurer tous les éléments situés dans la Corbeille, n'en sélectionnez pas, puis cliquez dans la partie gauche sur le lien *Restaurer tous les éléments*.

4. Le fichier a été restauré. Dans le menu **Démarrer**, cliquez sur la commande **Mes documents**. Le fichier est bien là.

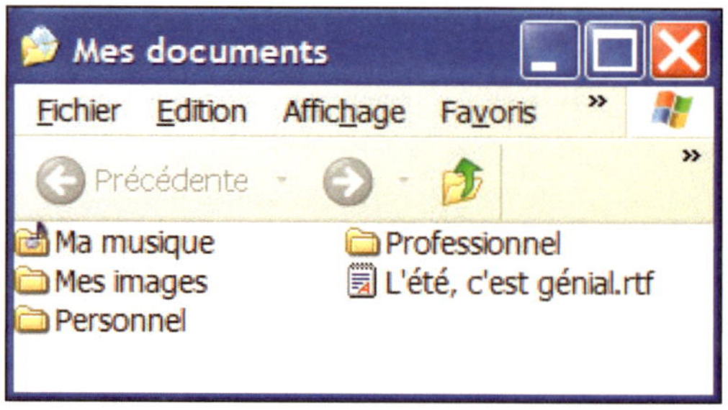

information

Restaurer ailleurs que dans le dossier d'origine

Vous pouvez restaurer un élément se trouvant dans la Corbeille par la méthode du cliquer-glisser. Et faire glisser un dossier ou un fichier vers un emplacement de votre choix soit en affichant plusieurs fenêtres côte à côte soit en faisant apparaître le volet d'exploration en cliquant sur le bouton **Dossiers**.

Vider la Corbeille

Avant de quitter le Bureau, videz la Corbeille. Régulièrement, pensez à supprimer les dossiers et les fichiers qu'elle contient. En effet, si la Corbeille recèle trop d'éléments, vous aurez du mal à identifier ceux que vous voudrez restaurer.

Vous allez maintenant supprimer définitivement un fichier se trouvant dans la Corbeille. La manipulation est la même que pour un dossier.

Avant de commencer, si vous avez suivi la fiche précédente, reprenez la fiche *Supprimer des éléments inutiles* afin de placer le fichier *L'été, c'est génial.rtf* dans la Corbeille.

1 Double-cliquez sur l'icône de la Corbeille située sur le Bureau.

2 Si vous souhaitez supprimer un seul élément, sélectionnez-le en cliquant dessus. Dans cet exercice, cliquez sur le fichier *L'été, c'est génial.rtf*.

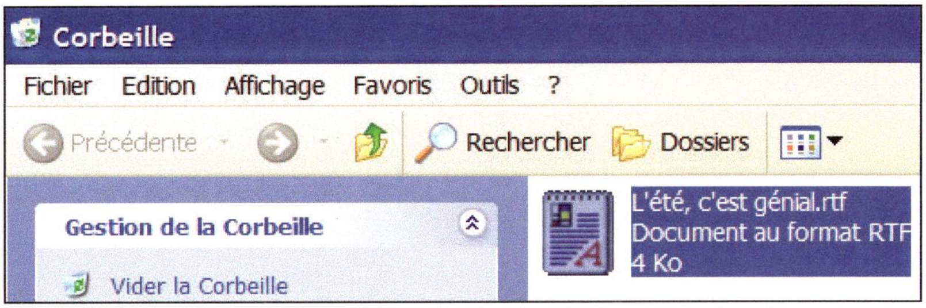

3 Appuyez sur la touche Suppr, puis confirmez la suppression définitive.

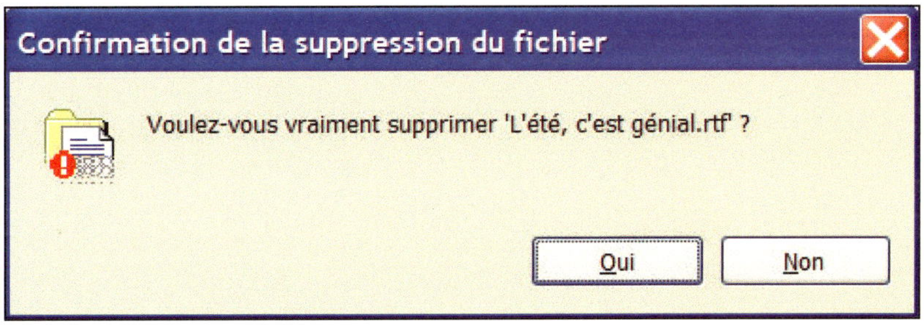

Pour supprimer tout le contenu de la Corbeille, dans le cas où de nombreux éléments sont présents :

astuce

Encore plus rapide (et risqué)

Depuis le Bureau, vous pouvez cliquer du bouton droit sur l'icône de la Corbeille puis sur la commande **Vider la Corbeille**. Après confirmation, tous les éléments contenus seront définitivement supprimés.

1. Par sécurité, ouvrez la Corbeille pour en visualiser le contenu.

2. Cliquez sur le lien *Vider la Corbeille*.

3. Confirmez la suppression définitive de tous les éléments contenus dans la Corbeille.

information

Suppression définitive

Vous pouvez supprimer des fichiers ou des dossiers sans passer par la Corbeille, en maintenant la touche Maj enfoncée pendant l'opération de suppression vue sur la fiche *Supprimer des éléments inutiles* (à l'aide de la touche Suppr, des commandes contextuelles ou des menus).

Chapitre 5

Conquérir Internet

Internet est une interconnexion de réseaux informatiques. Sur ces réseaux, certains ordinateurs offrent des services en permettant à d'autres d'y accéder. Aujourd'hui, les communications haut débit à travers Internet deviennent abordables pour tous. À partir du moment où vous êtes connecté, quel que soit votre fournisseur d'accès, vous pourrez consulter des informations sur le Web, envoyer ou recevoir des courriers électroniques, discuter sur des forums, etc.

Fiche 48 • Naviguer sur le Web avec Internet Explorer *88-90*
Fiche 49 • Trouver avec Google *91-93*
Fiche 50 • Utiliser les favoris d'Internet Explorer *94-95*
Fiche 51 • Envoyer un message *96-98*
Fiche 52 • Attacher une pièce jointe *99-100*
Fiche 53 • Envoyer une image par courrier électronique *101-102*
Fiche 54 • Lire ses messages et détacher les pièces jointes *103-105*
Fiche 55 • Répondre à ses messages *106*
Fiche 56 • Supprimer un courrier électronique reçu *107-108*
Fiche 57 • Lire les groupes de discussion *109-110*
Fiche 58 • Poser une question dans les groupes de discussion *111-112*
Fiche 59 • Répondre aux groupes de discussion *113-114*
Fiche 60 • S'abonner et synchroniser les groupes de discussion *115-118*
Fiche 61 • Créer un compte Passport *119*
Fiche 62 • Configurer Windows Messenger pour la première fois *120-122*
Fiche 63 • Discuter en temps réel *123*
Fiche 64 • Paramétrer son état de présence *124-125*
Fiche 65 • Se parler et se voir à travers Internet *126*

Naviguer sur le Web avec Internet Explorer

Le Web est la partie multimédia d'Internet. Elle peut être consultée avec un programme appelé Navigateur. Internet Explorer est le programme plébiscité par près de 95 % des internautes. Il est livré avec Windows XP.

1 Pour commencer, cliquez, dans le menu **Démarrer**, sur la commande **Internet Explorer**.

2 Après vous être connecté, saisissez dans la barre de navigation l'adresse du site que vous souhaitez visiter. Par exemple, saisissez www.microapp.com puis appuyez sur la touche Entrée. Les adresses sur le Web ne comprennent jamais d'accents ni d'espaces. Pour la première partie, la différence entre les majuscules et les minuscules n'est pas réalisée.

Les noms d'ordinateurs sur Internet

Lorsque vous saisissez une adresse, vous indiquez à votre ordinateur qu'il doit aller chercher des informations partagées par un autre ordinateur appelé serveur. Les serveurs sont des ordinateurs plus puissants que les ordinateurs de bureau, ils offrent des services aux utilisateurs des réseaux informatiques. Ces serveurs fonctionnent, en théorie, vingt-quatre heures sur vingt-quatre et tous les jours de l'année. Cela vous permet de commander un billet d'avion ou de visiter un musée virtuel à toute heure du jour ou de la nuit. L'adresse est composée de deux grandes parties : le nom de l'ordinateur et son domaine, généralement l'ordinateur partageant du contenu pour le Web, est nommé www (World Wide Web). La seconde partie est appelée le nom de domaine. Un domaine est un nom enregistré par une entreprise, une association, une administration ou un particulier. Ce nom de domaine se termine par une extension de premier niveau qui est généralement .fr (site français) ou .com (site commercial). Il existe d'autres extensions par type d'activité (.org, .net, .biz, .info, .gov, .edu, etc.) et par pays (.ca, .be, .ch, .es, .jp, .ie, .uk…).

3 Une fois sur le site, vous pouvez changer de page en cliquant sur des mots soulignés ou sur des images. Lorsque vous pouvez cliquer, le curseur de la souris se transforme en main.

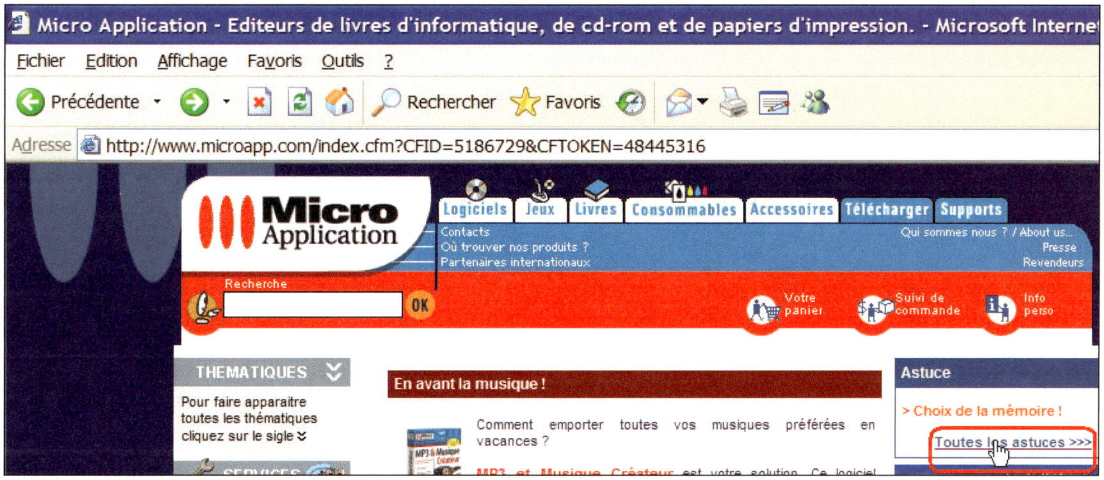

4 Pour revenir à la page précédente, vous pouvez cliquer sur le bouton **Précédente**.

5 Pour changer de site, saisissez directement la nouvelle adresse, par exemple `http://news.google.fr`, pour consulter les informations compilées de façon automatique.

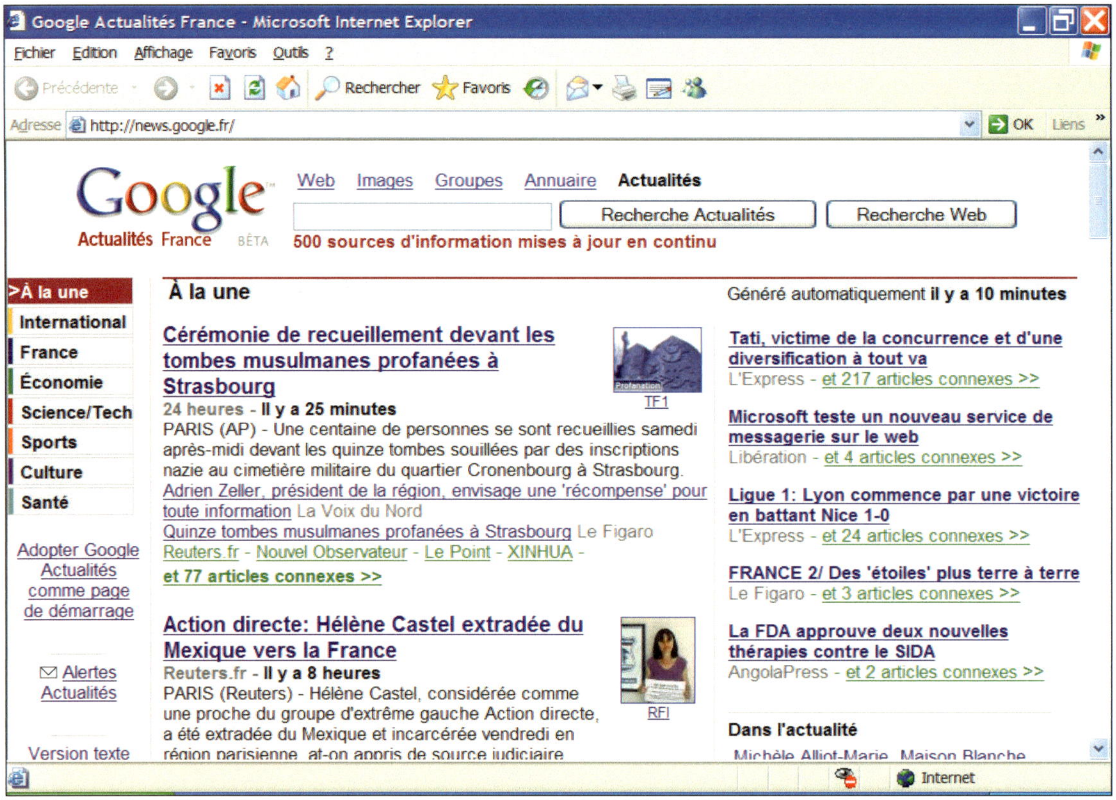

6 L'actualité changeant, cliquez sur le bouton **Actualiser** pour redemander la page au site distant. Peut-être verrez-vous de nouvelles informations s'afficher.

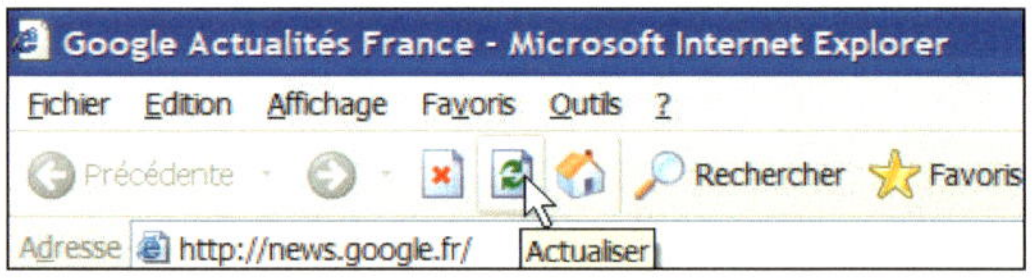

Trouver avec Google

Près de 4,5 milliards de pages sont actuellement recensées sur Internet. Il s'agit du nombre de pages recensées. Il en existe aussi d'autres qui ne sont pas référencées. Pour trouver rapidement l'information cherchée, vous devez utiliser un site particulier appelé moteur de recherche. Google est le moteur de recherche utilisé par 63 % des internautes. Il dispose de grandes capacités d'indexation grâce à ses robots, qui parcourent les pages en permanence. Dans cette fiche, nous allons rechercher des pages web sur l'ours brun.

1 Dans la barre d'adresses d'Internet Explorer, saisissez **www.google.fr** puis appuyez sur la touche Entrée.

2 Dans la zone de recherche, saisissez les mots les plus significatifs de votre recherche, dans notre exemple `ours brun`, puis cliquez sur le bouton **Recherche Google**.

3 Google renvoie 37 500 réponses contenant les deux mots clés. Pour consulter une réponse, cliquez sur le lien situé avant le résumé. Vous quitterez alors le moteur de recherche Google pour être redirigé vers le site choisi.

En cache

Le lien en cache permet de visiter le site web, même si la page originale a disparu. Dans ce cas, vous consultez le contenu enregistré par Google lors de sa dernière visite de la page.

4 Si vous avez quitté Google en cliquant sur le lien d'un site web, cliquez sur le bouton **Précédent** pour revenir à Google. Vous allez pouvoir réaliser de nouvelles recherches plus efficaces.

5 Si vous avez épuisé les dix premières réponses renvoyées par Google, cliquez sur le lien *Suivant* pour afficher les réponses 11 à 20.

Afficher cent réponses pour chaque recherche

Il est plus pratique d'afficher cent réponses par page renvoyée par Google. Pour afficher cent pages, cliquez sur le lien *Préférences*. Au niveau de *Nombre de résultats*, choisissez *100* dans la zone à liste déroulante *Afficher*. Cliquez sur le bouton **Enregistrer les préférences**.

6 Pour affiner la recherche, vous pouvez augmenter le nombre de mots clés ; par exemple, cherchez avec les mots clés `ours brun pyrénées`. Le nombre de résultats est maintenant de 1 790 pages contenant ces trois mots.

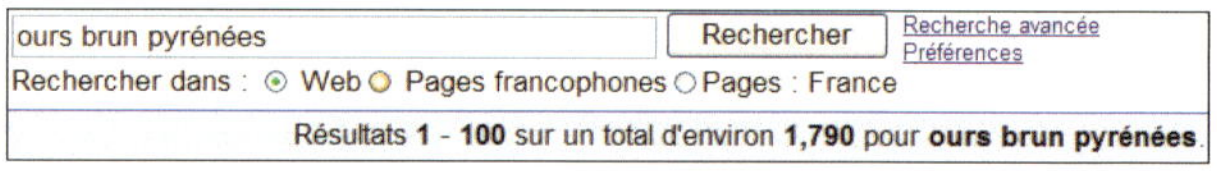

7 Si vous souhaitez obtenir toutes les pages contenant obligatoirement les mots `ours` et `brun` et `pyrénées`, utilisez le symbole + précédé d'une espace entre chaque mot clé. Le nombre de réponses est de 1 680 pages.

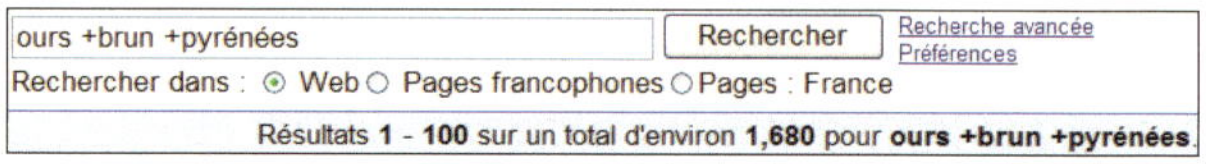

8 Cherchez les pages qui contiennent les mots clés `ours` et `brun` et `pyrénées`

sans le mot `hotel` ou `restaurant` en utilisant le symbole - devant les mots interdits. Le nombre de réponses atteint 1 530 pages.

9 Vous pouvez utiliser une expression exacte en la mettant entre guillemets.

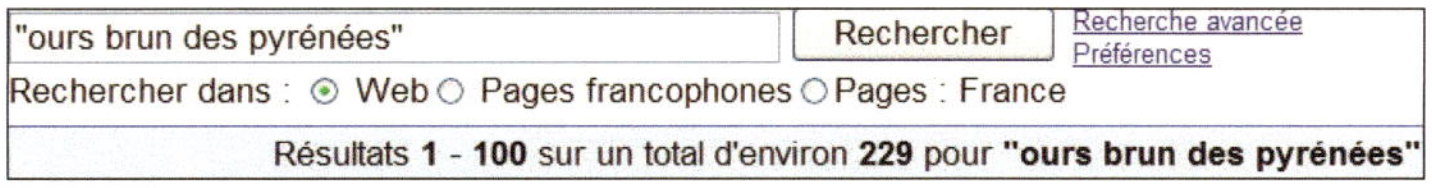

Les mots entre les guillemets devront être orthographiés ainsi et dans l'ordre. Par exemple `"ours brun des pyrénées"`. Le nombre de pages est de 229.

10 Vous pouvez cumuler les expressions

exactes avec les symboles + ou -, par exemple `"ours brun des pyrénées" -hotel -restaurant +ariège`. Le nombre de réponses atteint 51 avec seulement 39 pages proposées directement par Google. Notez que toutes les étapes précédentes avaient pour but de vous faire découvrir les options de recherche de Google ; vous pouvez utiliser directement ce genre de syntaxe dès votre première recherche.

Astuce

Rechercher certains types de fichiers

En utilisant le commutateur `filetype:` suivi de l'extension du type de fichier, Google ne fournira des liens que vers ce type de fichier. Par exemple, `filetype:doc +"ours brun des pyrénées"` renvoie vers les documents Word contenant l'expression exacte « ours brun des pyrénées ».

Astuce

Recherche avancée

N'hésitez pas à cliquer sur le lien *Recherche avancée* ; Google vous aidera à lancer une recherche avancée en utilisant à votre place les commutateurs corrects. La problématique des moteurs de recherche est de trouver l'information utile parmi la quantité d'information disponible : plus votre recherche est ciblée, plus vous avez de chances de trouver ce que vous cherchez.

Utiliser les favoris d'Internet Explorer

Au fur et à mesure de vos visites, vous allez souhaiter vouloir conserver quelques sites dans vos favoris. Les favoris sont une liste de sites que vous allez pouvoir mémoriser pour y revenir plus facilement ultérieurement.

1 Depuis Internet Explorer, naviguez jusqu'à une page que vous aimez bien.

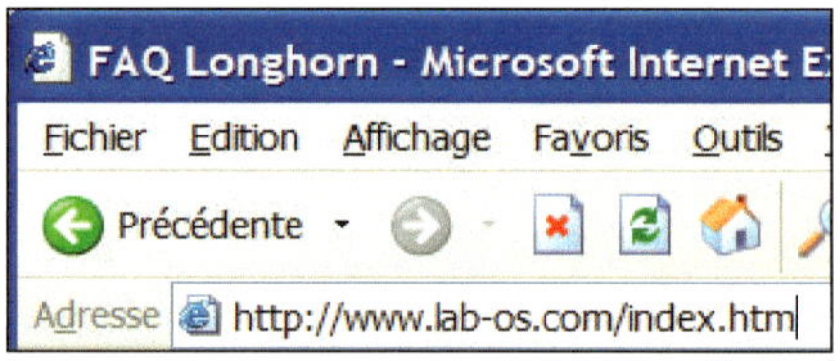

2 Dans le menu **Favoris**, cliquez sur la commande **Ajouter aux favoris**.

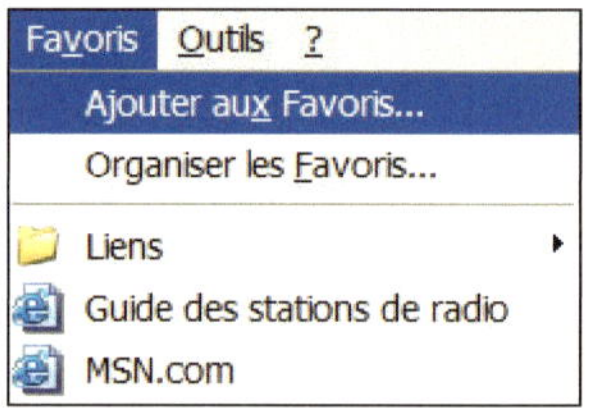

3 Dans la boîte de dialogue **Ajout de favoris**, cliquez sur le bouton **Créer dans >>** pour afficher la liste des dossiers.

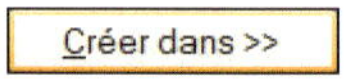

4 Si le dossier existe déjà, sélectionnez-le en cliquant dessus. Sinon vous allez devoir le créer en cliquant sur le bouton **Nouveau dossier**, puis donner un nom à votre dossier et enfin cliquer sur le bouton OK.

5 Saisissez un nom pour votre favori dans la zone de texte *Nom* ; par défaut, le titre de la page est repris.

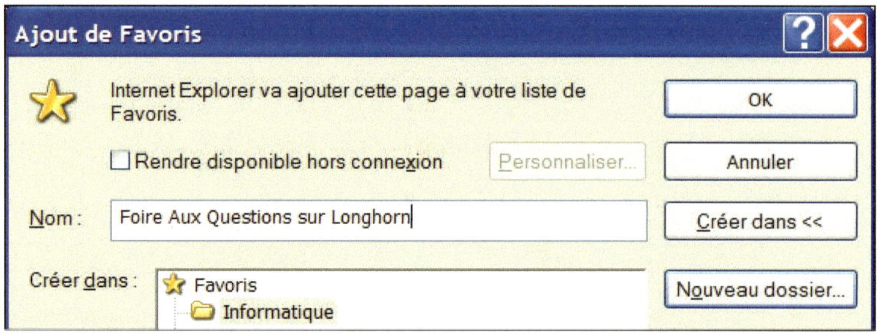

6 Cliquez sur le bouton OK.

Pour accéder au favori créé :

1 Dans le menu **Favoris**, pointez sur le dossier qui regroupe le favori que vous recherchez.

2 Cliquez sur le nom du favori.

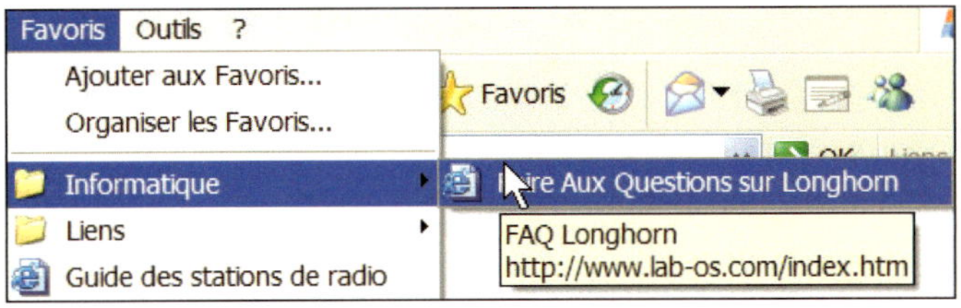

Pour supprimer un favori :

1 Dans le menu **Favoris**, cliquez du bouton droit sur le raccourci à supprimer.

2 Cliquez sur la commande **Supprimer**.

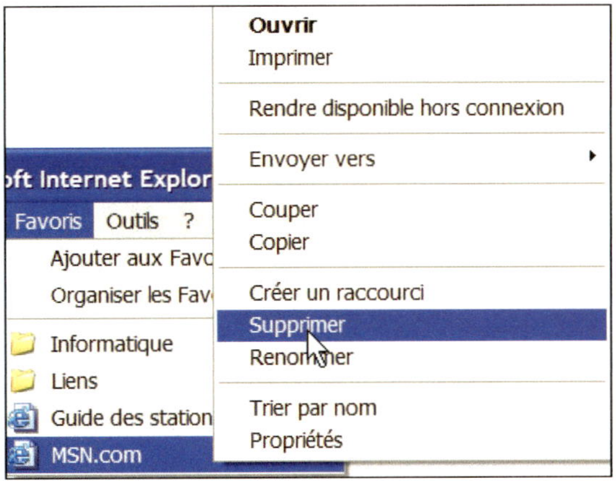

3 Confirmez le déplacement vers la Corbeille.

4 Videz la Corbeille.

Pour utiliser la Corbeille, reportez-vous aux fiches Récupérer des éléments dans la Corbeille et Vider la Corbeille du chapitre Gérer ses dossiers et ses fichiers.

Envoyer un message

La messagerie électronique vous permet de communiquer avec n'importe quel internaute disposant d'une adresse e-mail (*electronic mail*, soit courrier électronique). Pour créer un nouveau message (ne vous connectez pas encore à Internet) :

1 Dans le menu **Démarrer**, cliquez sur **Courrier électronique**.

Pour configurer Outlook Express, reportez-vous à la fiche ***Configurer un compte de messagerie avec Outlook Express*** *du chapitre* ***Configurer et maintenir son ordinateur.***

2 Cliquez sur le bouton **Créer un nouveau message** (ou **Ecrire un message** selon votre version d'Outlook Express), dans la barre d'outils d'Outlook Express.

3 Une nouvelle fenêtre apparaît à l'écran ; agrandissez-la au besoin, en cliquant sur le bouton **Agrandir**.

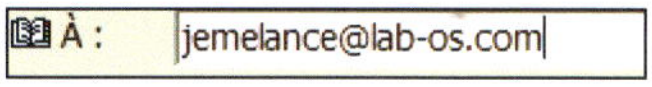

4 Dans la zone de texte *A*, saisissez l'adresse e-mail du destinataire, sans faute de frappe. Pour votre premier essai, utilisez l'adresse `jemelance@lab-os.com`. Cette boîte aux lettres n'est pas surveillée mais vous enverra automatiquement un message en retour.

Pour obtenir le symbole @, situé sur la même touche que le 0 (zéro), appuyez simultanément sur les touches [Alt Gr]+[@]. Notez qu'une adresse de courrier électronique ne peut contenir ni accent ni espace. Sachez aussi que la casse, c'est-à-dire la différence entre les majuscules et les minuscules, n'a aucune importance. S'il existe plusieurs destinataires pour votre courrier, séparez les adresses par des points-virgules suivis d'une espace.

Information

Destinataire copie conforme et copie conforme invisible

Vous pouvez envoyer une copie du message à une autre personne en la mettant dans la zone de texte *Cc*. Celle-ci recevra une copie conforme du message, c'est-à-dire le même message, mais uniquement pour information.

Pour envoyer un message à un destinataire invisible, cliquez dans le menu **Affichage** sur la commande **Tous les en-têtes**. La copie conforme invisible (Cci) sert à envoyer un message à une ou à plusieurs personnes, à l'insu des autres destinataires (A, Cc et autres Cci éventuels). Cela peut se révéler utile, par exemple, pour adresser un message à dix personnes qui ne se connaîtraient pas. Séparez les dix adresses e-mail par des points-virgules dans la zone de texte *Cci*. Dans ce cas, chacune d'elles recevra une copie du message, sans pouvoir découvrir qui d'autre est concerné.

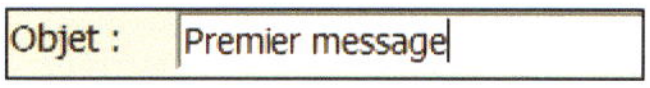

5 Dans la zone de texte *Objet*, saisissez un résumé sur le contenu du message. Généralement, l'objet comprend entre trois et six mots. Ne laissez jamais l'objet vide. Ce champ sert au destinataire à se faire rapidement une idée du contenu du message. Cela peut également lui servir pour retrouver votre courrier.

6 Dans le corps de texte, saisissez le contenu du message, en respectant quelques règles :

- Soyez aussi bref et concis que possible. Mettez-vous à la place de votre lecteur s'il reçoit trois cents messages à lire chaque jour.
- Ne saisissez surtout pas tout votre texte en majuscules. Cela est très pénible à lire et souvent perçu comme l'expression de la colère ou de l'énervement.
- Ne perdez pas de temps dans la mise en forme, sauf si nécessaire. Préférez le texte brut en utilisant le menu **Format** et sa commande **Texte brut**.

information

Texte brut ou enrichi

Le format enrichi HTML permet de réaliser des mises en formes élaborées (modification de la police, insertion d'images, création de tableaux, etc). Néanmoins certains virus ou spammeurs utilisent ce format pour insérer du code actif malicieux. Aussi, de nombreux utilisateurs activent la lecture des messages en texte clair depuis le menu **Outils/Options** sous l'onglet **Lecture**.

- La politesse n'est pas un luxe. Les règles de courtoisie s'appliquent également sur Internet. Commencez votre message par « Bonjour » ou par le prénom de la personne, si vous la connaissez. Terminez-le par une petite formule de politesse et signez-le, même si le destinataire peut voir qui est l'expéditeur.

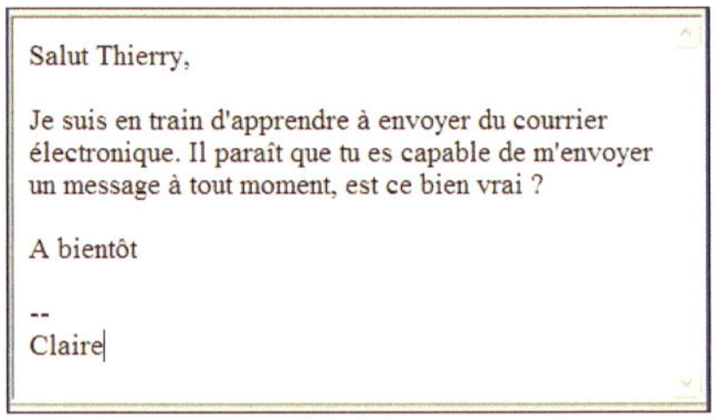

7 Une fois que le message a été relu, cliquez sur le bouton **Envoyer**. Le message est alors placé dans la boîte d'envoi, jusqu'à la prochaine connexion.

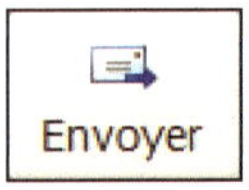

Recommencez à partir de l'étape 1 pour chaque message que vous avez à expédier. Rédigez autant de messages que vous le souhaitez.

8 Lorsque vous avez terminé la rédaction de nouveaux messages et des réponses à vos messages reçus, cliquez sur le bouton **Envoyer et recevoir tout**. L'ordinateur se connecte alors à Internet, puis envoie vos messages et vérifie s'il n'y en a pas de nouveaux qui vous sont adressés.

Tous les messages envoyés à votre serveur de messagerie quittent la boîte d'envoi et se retrouvent alors classés dans les *Eléments envoyés*. Selon les conditions de fonctionnement du réseau, votre message peut mettre entre quelques secondes et plusieurs heures (dans certains cas plutôt rares) pour parvenir dans la boîte aux lettres du destinataire final.

attention

Facture de téléphone

N'oubliez pas de vous déconnecter une fois le message envoyé. Double-cliquez sur l'icône des deux ordinateurs, présente dans la barre des tâches (à côté de l'heure). Puis cliquez sur le bouton **Se déconnecter**. Vous pourrez alors prendre tout votre temps pour lire vos messages reçus et, pourquoi pas, y répondre.

Attacher une pièce jointe

Les messages électroniques peuvent jouer le rôle de transporteurs en envoyant un fichier en plus de votre message. Ce fichier peut être une photo, un extrait musical, un texte, etc.

1 Pour joindre un fichier, composez un nouveau message, adressez-le, et indiquez un objet. Saisissez un petit message d'accompagnement.

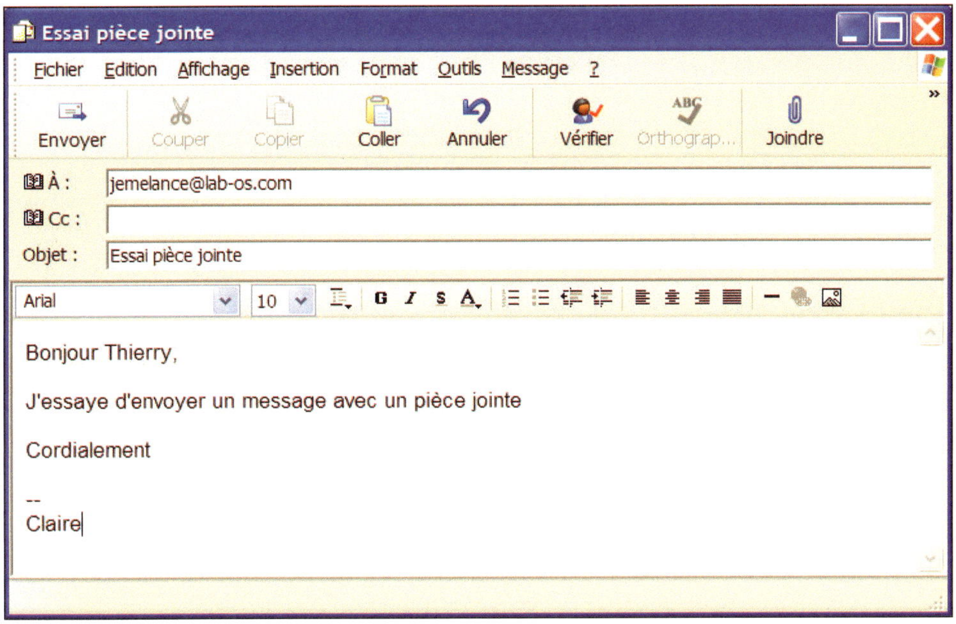

2 Dans le menu **Insertion** du message, cliquez sur la commande **Pièce jointe**.

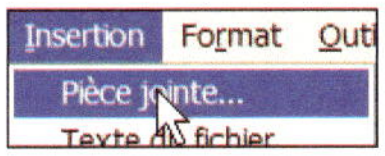

Ou, si la fenêtre du message est suffisamment agrandie, cliquez sur le bouton **Joindre**.

3 Dans la boîte de dialogue **Insérer une pièce jointe**, sélectionnez le dossier qui contient le document concerné, puis double-cliquez dessus pour l'attacher au message. Dans cet exemple, vous allez attacher une photo fournie avec Windows.

4 Dans la liste déroulante *Regarder dans*, cliquez sur *Documents partagés*.

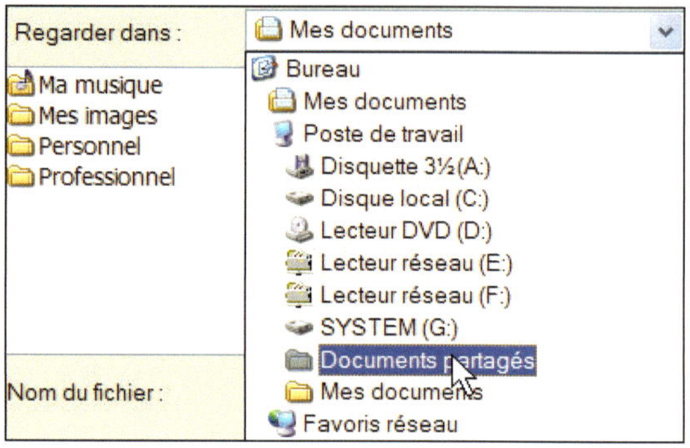

5 Double-cliquez sur l'icône *Images partagées*.

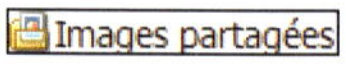

6 Double-cliquez sur l'icône *Echantillons d'images*.

7 Double-cliquez sur l'image que vous souhaitez attacher au message.

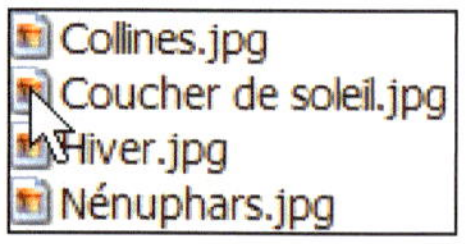

8 Une fois la pièce jointe insérée, cliquez sur le bouton **Envoyer**.

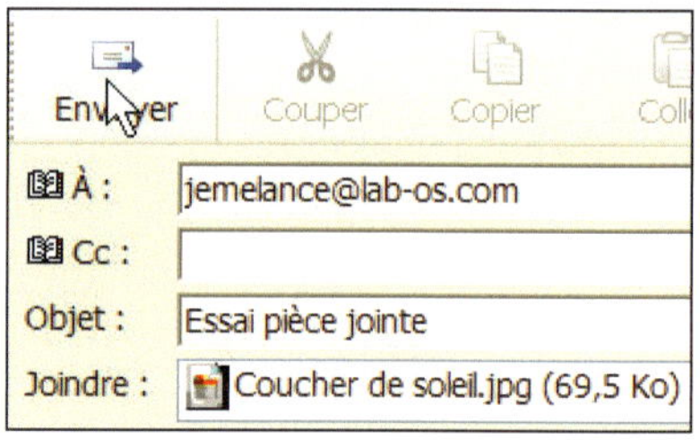

9 Cliquez sur le bouton **Envoyer et recevoir tout**. L'ordinateur se connecte alors à Internet, puis envoie vos messages et vérifie s'il n'y en a pas de nouveaux qui vous sont destinés.

Envoyer une image par courrier électronique

Vous souhaitez envoyer votre chef-d'œuvre par e-mail à votre famille ?

1 Dans le menu **Démarrer**, cliquez sur la commande **Mes images**.

2 Cliquez du bouton droit sur l'image à envoyer. Dans le menu contextuel, pointez sur la commande **Envoyer vers**, puis cliquez sur **Destinataire**.

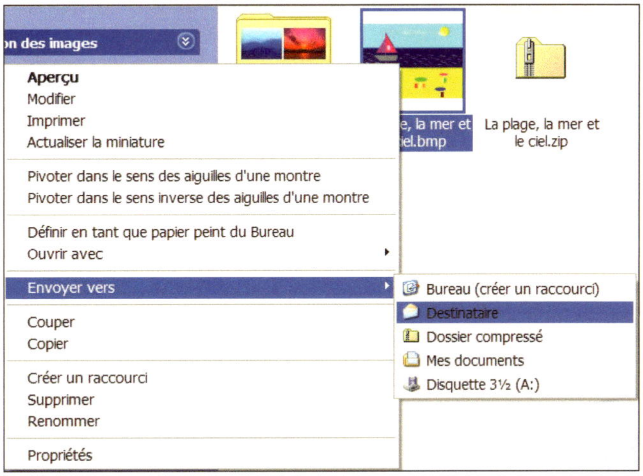

3 Dans la boîte de dialogue **Envoyer des images via courrier électronique**, cliquez sur le lien *Afficher plus d'options*.

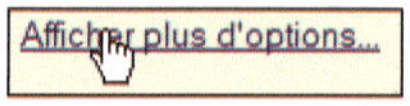

4 Choisissez l'option *Réduire la taille de toutes mes images*. Éventuellement, ajustez la résolution en fonction de la qualité souhaitée.

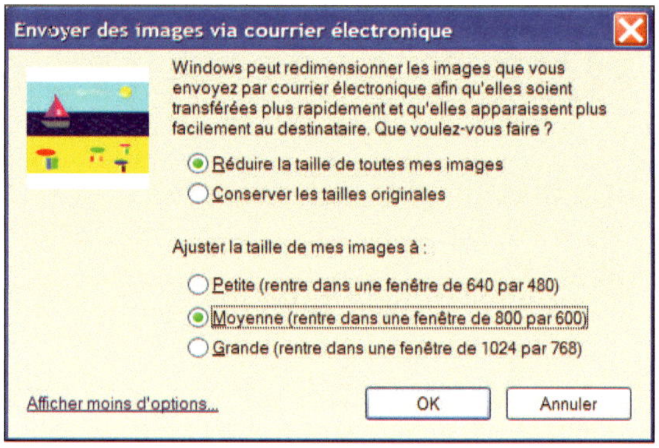

5 Cliquez sur le bouton OK.

6 Saisissez l'adresse e-mail du destinataire dans la zone de texte *A:* ; modifiez l'objet et le texte dans le corps du message.

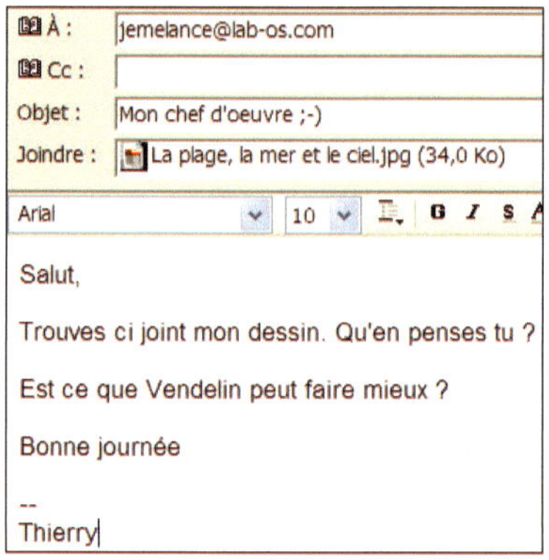

7 Une fois le message terminé, cliquez sur le bouton **Envoyer**.

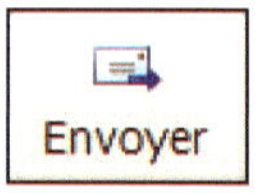

information

Comment cela marche-t-il ?

Windows XP a compressé l'image pour coder les redondances dans un format (JPEG) utilisant moins de place pour stocker pratiquement autant d'information. Cette compression dégrade sensiblement la qualité des images mais permet de réduire de façon très significative les temps de communication.

Lire ses messages et détacher les pièces jointes

Une messagerie électronique, c'est la possibilité d'envoyer partout dans le monde des messages et des documents en pièces jointes, mais c'est également la possibilité d'en recevoir. Voyons comment gérer les courriers qui vous arrivent.

Lire son courrier

Pour lire le courrier reçu :

1 Si vous n'êtes pas connecté à Internet, cliquez sur le bouton **Envoyer et recevoir tout** pour provoquer la réception du courrier.

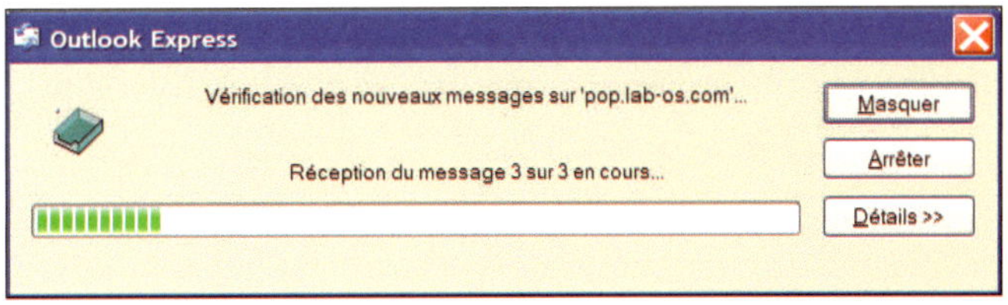

2 Cliquez sur la boîte de réception.

3 Dans la partie supérieure droite, cliquez sur le message à lire. Son contenu s'affiche en dessous.

astuce

Changer de message sans la souris

Pour passer d'un message à l'autre, utilisez les flèches de direction haut et bas.

4 Le message est considéré comme lu lorsque vous êtes resté au moins cinq secondes dessus. L'enveloppe s'ouvre et le texte passe en maigre.

5 Pour marquer un courrier comme non lu, cliquez du bouton droit sur le courrier puis sur la commande **Marquer comme non lu(s)**.

Pour récupérer une pièce jointe attachée au message

Pour récupérer une pièce jointe, vous avez deux possibilités :

- Ouvrir le fichier attaché à l'aide d'un programme déjà installé sur l'ordinateur.
- Enregistrer le fichier sur le disque dur, afin de l'ouvrir ultérieurement si vous vous procurez le programme permettant d'en lire son contenu.

Optez de préférence pour la seconde solution, pour au moins deux raisons :

- Vous savez où le fichier est enregistré sur votre disque dur ; vous pouvez donc le modifier, le mettre à jour, pour éventuellement le renvoyer.
- Vous pouvez en profiter pour le scanner à l'aide d'un antivirus récent. Cela vous permettra de détecter la présence éventuelle d'un virus dans le fichier reçu, avant de l'ouvrir.

Pour détacher la pièce jointe :

1 Cliquez sur le trombone situé à droite dans la séparation verticale.

2 Cliquez sur la commande **Enregistrer les pièces jointes**.

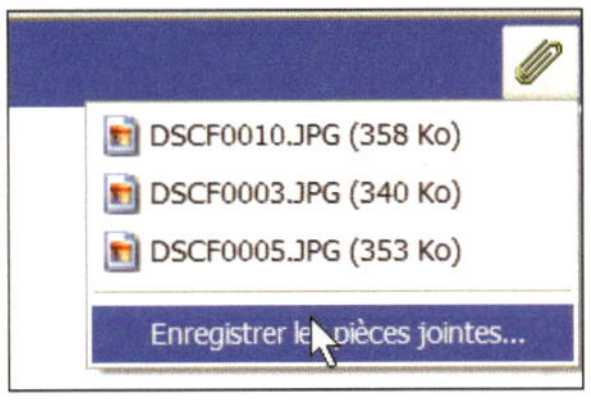

3 Dans la boîte de dialogue **Enregistrer les pièces jointes**, cliquez sur le bouton **Parcourir**, pour désigner le dossier de destination.

4 Sélectionnez le dossier de destination dans la boîte de dialogue **Rechercher un dossier**.

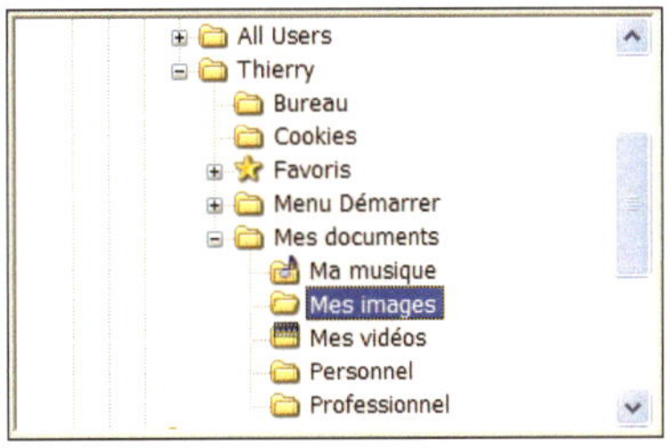

5 Puis cliquez sur le bouton OK et, enfin, sur **Enregistrer**.

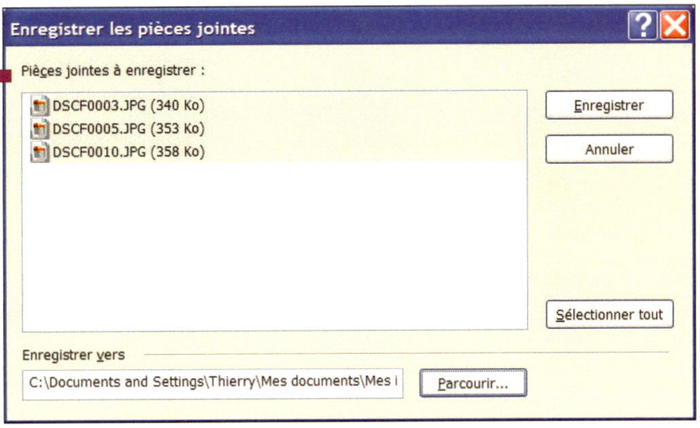

6 La pièce jointe a été enregistrée dans le dossier de destination ; il ne vous reste plus qu'à la retrouver à partir du Poste de travail. Puis ouvrez-la en double-cliquant dessus.

Méfiez-vous des virus

Les virus sont des programmes informatiques conçus pour se propager et parfois accomplir des actions malicieuses. La majorité des virus modernes se multiplient grâce au courrier électronique, généralement en s'envoyant en tant que pièce jointe. Par précaution, n'ouvrez jamais une pièce jointe si vous ne l'attendiez pas. En cas de doute, demandez confirmation à l'expéditeur du message sur l'authenticité de son message. De plus, utilisez un antivirus régulièrement mis à jour, la plupart suppriment directement les virus lors de la réception du message.

Répondre à ses messages

Parfois, vous pouvez être amené à répondre à un message reçu, pour apporter une réponse, un complément d'information ou un démenti.

1 Sélectionnez le message auquel vous souhaitez répondre dans la boîte de réception, puis cliquez sur le bouton **Répondre** (ou **Répondre à l'expéditeur** selon votre version d'Outlook Express).

2 Une nouvelle fenêtre s'ouvre. L'ancien expéditeur devient maintenant votre destinataire. L'objet est recopié, précédé de la mention `Re:`, signifiant « réponse ». Supprimez la première ligne du message en appuyant sur la touche [Suppr].

3 Choisissez de répondre sous le message de l'expéditeur ou au fur et à mesure des points abordés. N'hésitez pas à supprimer toutes les parties devenues inutiles dans le message. En effet, vous paierez du temps de connexion pour envoyer le message sur Internet, et votre destinataire en paiera également pour le recevoir. Souvenez-vous : plus le message est court, mieux c'est.

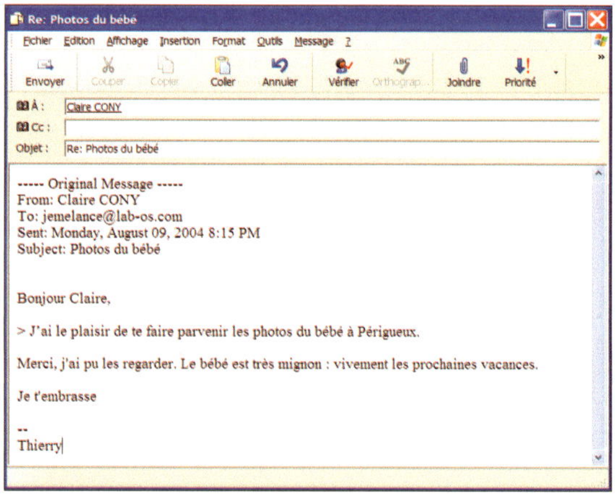

information

Citer ou quoter un message

Il est impoli de répondre au-dessus du message de votre ancien expéditeur. En effet, la netiquette considère qu'en procédant ainsi vous coupez la parole à votre interlocuteur ; parfois, on peut même supposer que le message d'origine n'a pas été lu. Le message d'origine est identifié de façon traditionnelle par le symbole >. À chaque niveau de réponse, un niveau de signe > est ajouté en début de ligne.

4 Cliquez sur le bouton **Envoyer**.

Supprimer un courrier électronique reçu

Vous pouvez classer certains de vos messages électroniques reçus en utilisant la fiche *Classer ses courriers et utiliser les règles dans Outlook Express*. Néanmoins, certains des messages que vous recevez ne vous sont d'aucune utilité ; aussi, vous pouvez les supprimer :

1 Dans la boîte de réception d'Outlook Express, sélectionnez le message à supprimer.

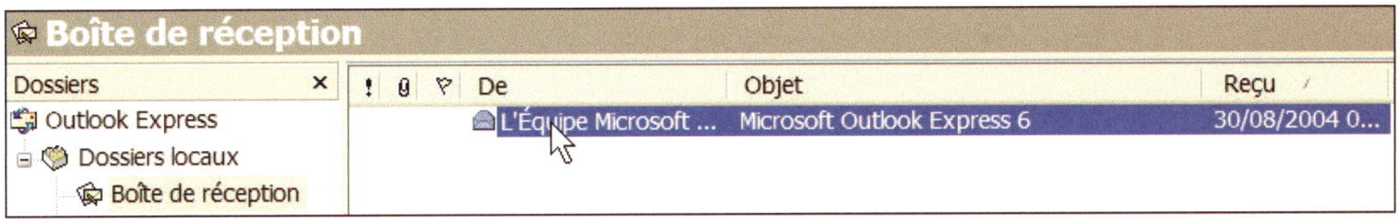

2 Appuyez sur la touche Suppr ou cliquez sur le bouton **Supprimer**.

3 Le message a été déplacé dans les *Eléments supprimés*.

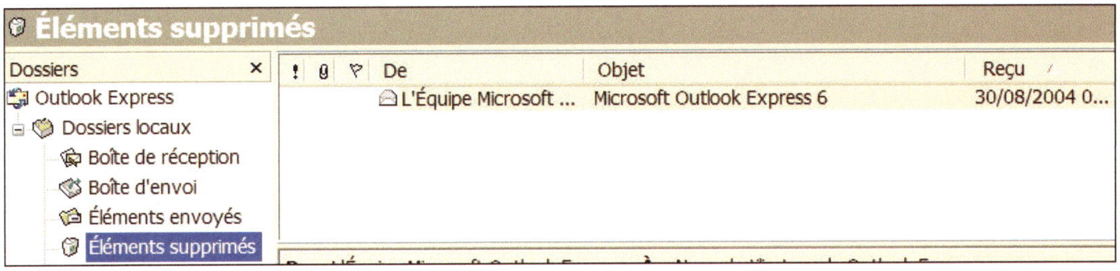

information

Récupérer un message dans les Eléments supprimés

Pour restaurer un message supprimé accidentellement, utilisez, depuis les *Eléments supprimés*, la technique du cliquer-glisser pour déplacer le message vers la boîte de réception ou un autre conteneur.

Fiche 56

Outlook Express intègre une sécurité pour éviter la suppression directe des messages ; vous devez supprimer une nouvelle fois le message pour le faire disparaître. Pour supprimer de façon permanente un message :

1 Depuis les *Eléments supprimés*, sélectionnez le ou les messages à supprimer.

information

Sélections multiples

Pour supprimer plusieurs messages simultanément, utilisez les touches [Maj] et/ou [Ctrl]. Au besoin, reportez-vous à la fiche *Sélectionner un ou plusieurs dossiers ou fichiers*.

2 Appuyez sur la touche [Suppr] ou cliquez sur le bouton **Supprimer**.

3 Confirmez la suppression du ou des messages en cliquant sur le bouton **Oui**.

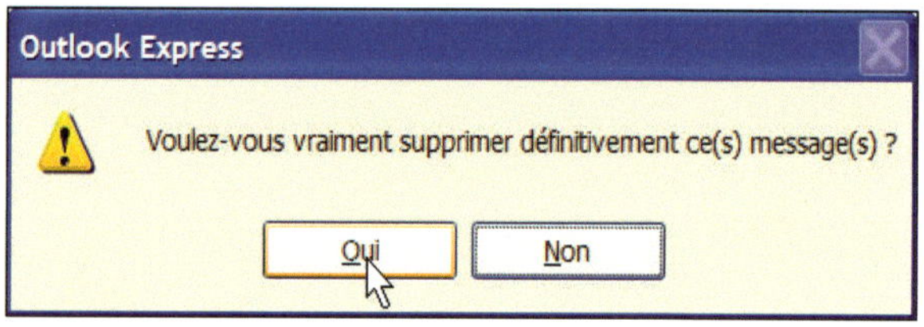

astuce

Supprimer directement un message

Si vous ne souhaitez pas passer par les *Eléments supprimés*, appuyez, depuis la boîte de réception ou un autre conteneur, sur la touche [Maj] en même temps que la touche [Suppr]. Après confirmation, le message sera directement supprimé.

Lire les groupes de discussion

Après vous être abonné aux groupes de discussion (appelés aussi news ou forums), vous allez pouvoir y accéder en lecture et en écriture. Généralement, avant de poster votre premier message, il est recommandé de lire les messages déjà présents pour :

- vérifier que votre question n'a pas déjà été posée ;
- vous imprégner de l'ambiance du groupe de discussion ;
- repérer quels sont les contributeurs habituels.

Pour lire les groupes de discussion :

1 Démarrez **Outlook Express** depuis le menu **Démarrer**.

2 Cliquez devant le + situé devant le nom du serveur de news.

Pour configurer votre compte de news, consultez la fiche Configurer les groupes de discussion avec Outlook Express du chapitre Configurer et maintenir son ordinateur.

3 Cliquez sur le groupe de discussion qui vous intéresse dans la partie gauche d'Outlook Express.

Pour vous abonner à d'autres groupes de discussion, consultez la fiche S'abonner et synchroniser les groupes de discussion.

4 La première fois, cliquez sur l'en-tête de colonne *Envoyé* afin de classer les posts dans le sens décroissant (les plus récents d'abord).

5 La liste des messages est téléchargée. Par défaut, seuls les trois cents derniers messages sont téléchargés ; pour modifier cette valeur, cliquez dans le menu **Outils** sur la commande **Options**. Sous l'onglet **Lecture**, modifiez la valeur du nombre d'en-têtes téléchargés ou décochez la case *Télécharger* si vous disposez d'une connexion haut débit.

6 Repérez les objets des messages qui vous intéressent, puis cliquez sur un des messages. Comme pour le courrier électronique, son contenu apparaît dans le volet inférieur.

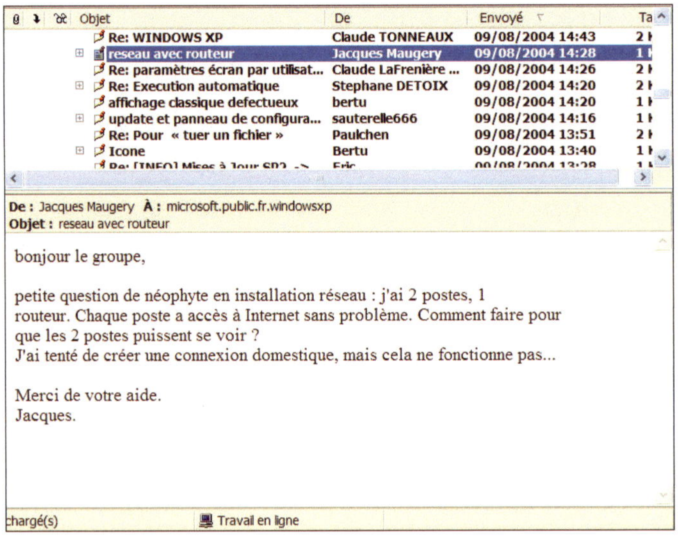

7 Cliquez sur le + s'il apparaît devant le message ; cela indique qu'une réponse a été fournie.

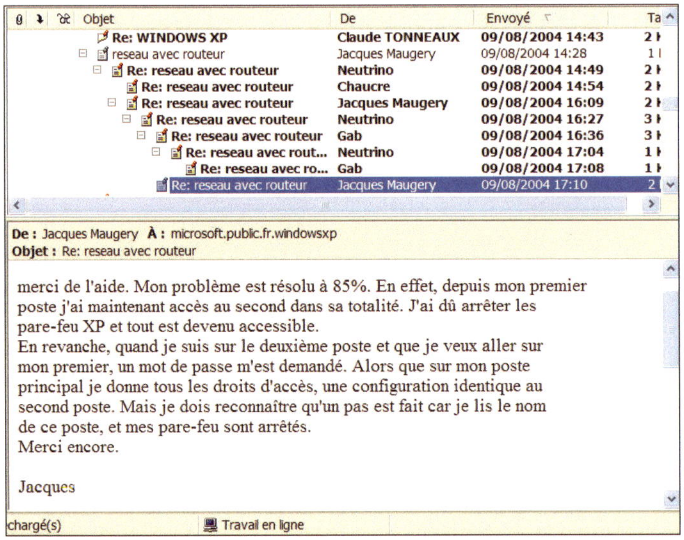

8 Remarquez que les réponses aux réponses sont de plus en plus indentées vers la droite. Il est ainsi facile de suivre les fils de discussion.

Poser une question dans les groupes de discussion

Si vous éprouvez des difficultés ou si vous souhaitez débattre d'un sujet, choisissez le meilleur groupe de discussion. En effet, chaque groupe de discussion dispose d'une charte indiquant quels sont les sujets permis et, parfois, ceux interdits. Assurez-vous d'avoir consulté les foires aux questions (FAQ) ; par exemple, celle de Windows XP se trouve à l'adresse www.d2i.ch/pn.

Pour poser une question :

1. Démarrez **Outlook Express** depuis le menu **Démarrer**.

2. Sélectionnez le groupe de discussion.

3. Cliquez sur le bouton **Nouvelle** (ou **Ecrire un message** selon votre version d'Outlook Express).

4. Saisissez un objet le plus explicite possible. N'hésitez pas à catégoriser votre type de message en le mettant entre crochets.

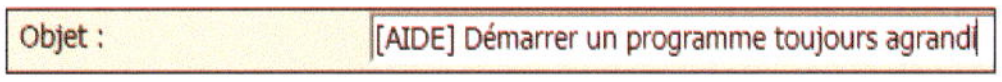

5. Composez le message en respectant les règles du courrier électronique (politesse, pas de texte entièrement en majuscules, être bref et concis). Exprimez-vous avec votre vocabulaire tout en étant explicite. N'attachez pas de fichier au message : cela obligerait des dizaines de milliers de personnes à le télécharger même si elles ne lisent jamais votre message.

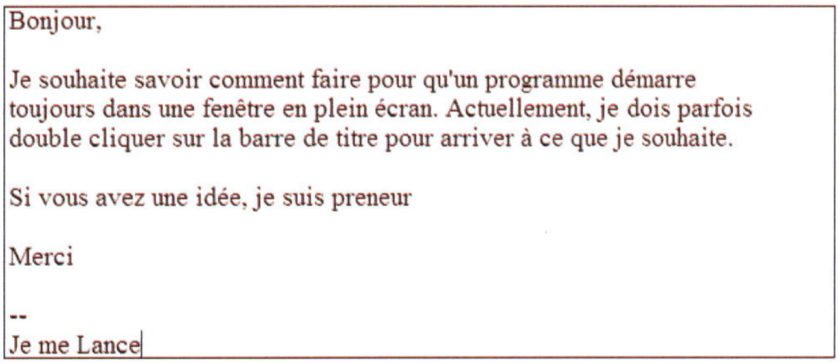

6 Vérifiez le contenu de votre message, puis cliquez sur le bouton **Envoyer**.

7 Après quelques minutes, votre message apparaîtra dans le groupe de discussion. Il ne vous reste plus qu'à attendre quelques minutes, heures ou jours pour obtenir une réponse.

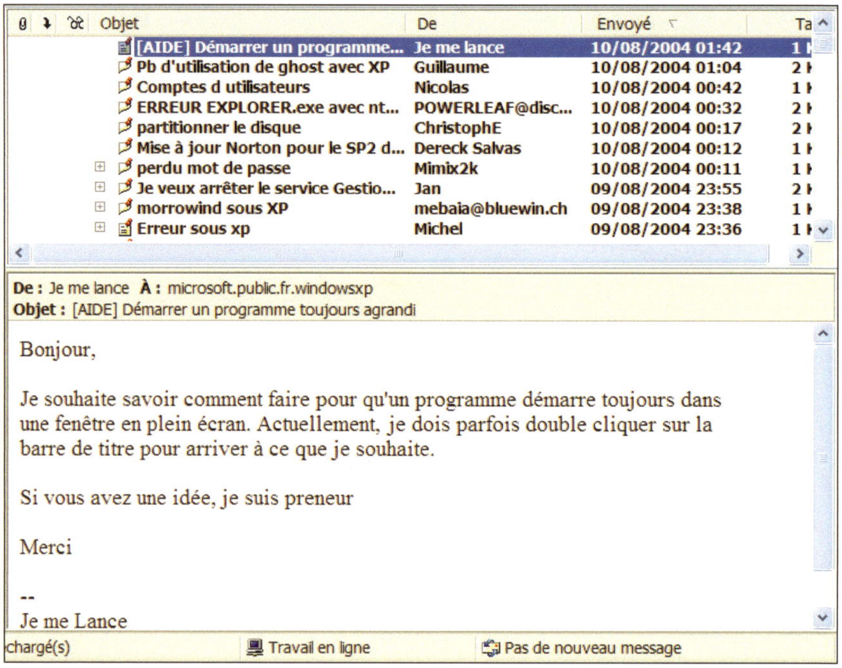

8 La réponse est postée dans le même fil, il ne vous reste plus qu'à la lire et, au besoin, à l'utiliser. S'il s'agit d'un problème technique, répondez toujours à votre interlocuteur, que sa méthode fonctionne ou non. Cela permet aux autres lecteurs et contributeurs de vérifier que la solution proposée fonctionne ou non.

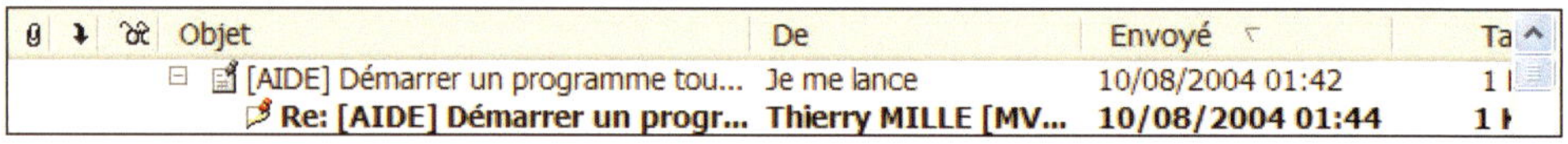

Pour répondre à une publication, voyez la fiche Répondre aux groupes de discussion.

Répondre aux groupes de discussion

Vous pouvez répondre à des messages qui vous été adressés en réponse à l'un des vôtres ou à un autre message car vous connaissez la réponse ou pouvez apporter quelque chose en partageant votre connaissance avec les autres.

Pour répondre :

1 Vous pouvez rapidement identifier les fils de discussion auxquels vous participez en utilisant le menu **Affichage**, puis en pointant sur **Affichage en cours** et en cliquant sur **Afficher les réponses à mes messages**. Le raccourci clavier est Ctrl+H.

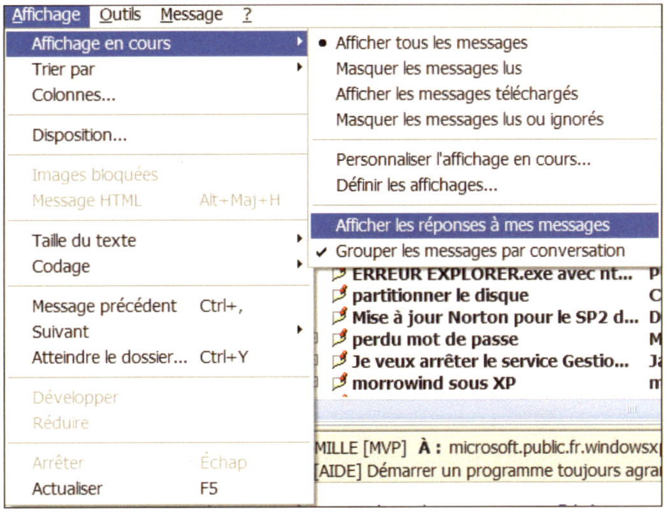

Astuce

Repérer ses fils

Vous pouvez cliquer devant votre question dans la colonne sous la paire de lunettes. Si de nouveaux messages sont postés en réponse, le nom du groupe de discussion et le fil de discussion deviendront rouges.

2 Sélectionnez le message auquel vous souhaitez répondre.

3 Par politesse vis-à-vis des autres utilisateurs qui peuvent suivre cette conversation, répondez au groupe et non à l'auteur directement par courrier électronique. Cliquez sur le bouton **Répondre au groupe**.

4 Une nouvelle fenêtre s'affiche. Répondez sous la question en prenant soin de supprimer tous les éléments superflus. Vous pouvez ainsi répondre point par point tout en conservant une discussion facilement lisible pour tous. À chaque niveau de réponse, un symbole > est ajouté devant les anciennes lignes.

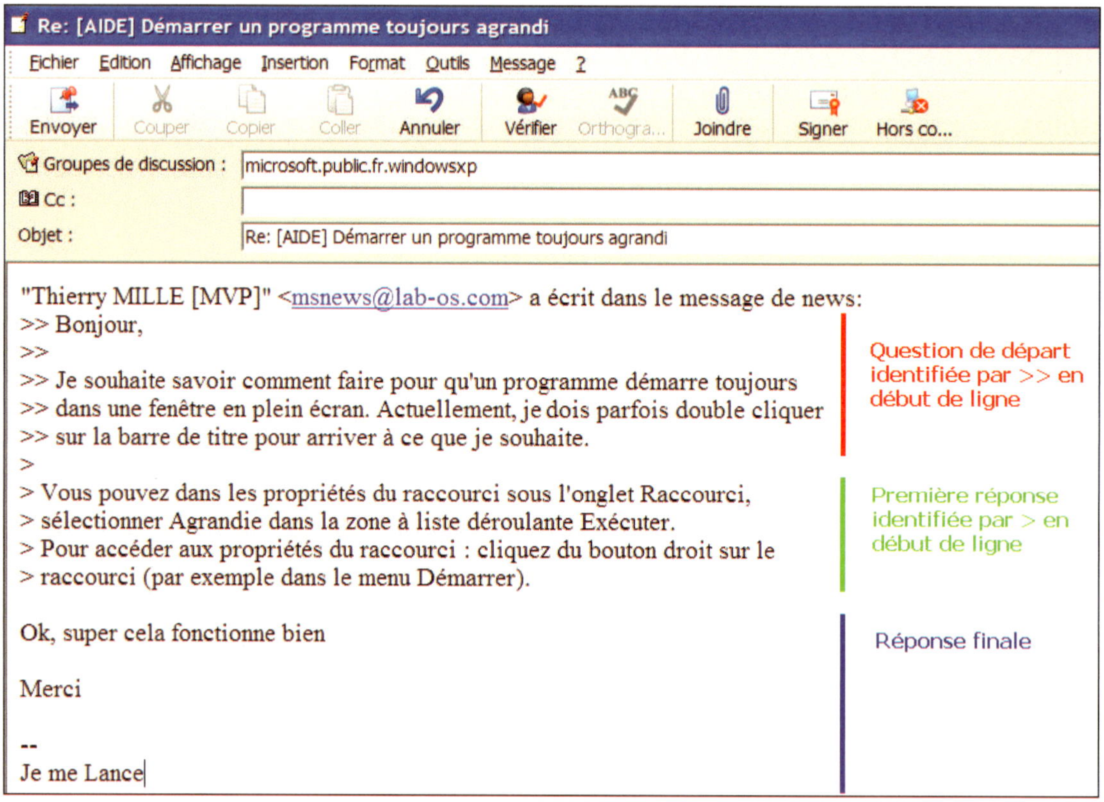

5 Cliquez sur le bouton **Envoyer** ; votre réponse apparaîtra dans quelques minutes.

S'abonner et synchroniser les groupes de discussion

Vous pouvez changer de groupe de discussion aussi souvent que vous le souhaitez en vous abonnant à de nouveaux. Sur le serveur de votre fournisseur d'accès à Internet, il existe des dizaines de milliers de groupes sans aucun rapport avec l'informatique (généalogie, cuisine, bricolage, sports, religion, recherche ou offres d'emploi, etc.). Si vous fréquentez de façon régulière certains groupes de discussion, vous pourrez les synchroniser. La synchronisation va vous permettre de lire les messages plus rapidement ou de pouvoir lire les discussions hors connexion (selon le type de synchronisation réalisé).

S'abonner à de nouveaux groupes de discussion

Pour vous abonner à de nouveaux groupes de discussion :

1. Cliquez du bouton droit sur le serveur de groupes de discussion dans la liste des dossiers d'Outlook Express.

2. Cliquez sur la commande **Groupes de discussion**.

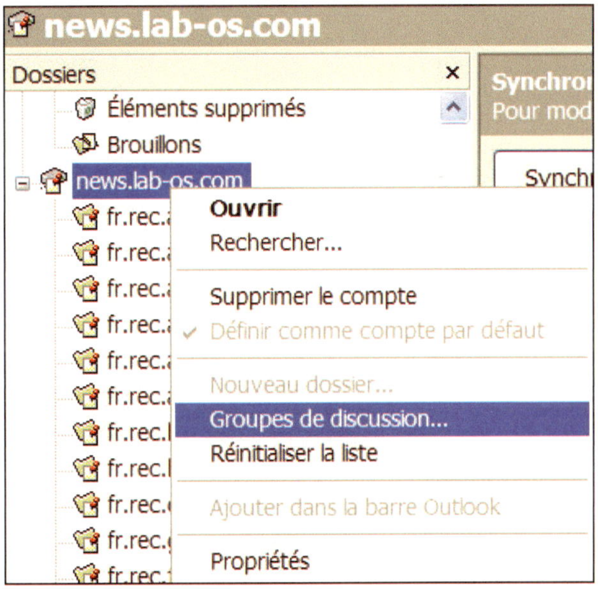

3 Choisissez de nouveaux abonnements, en double-cliquant sur un groupe pour vous y abonner. Une punaise apparaît devant les groupes auxquels vous êtes abonné.

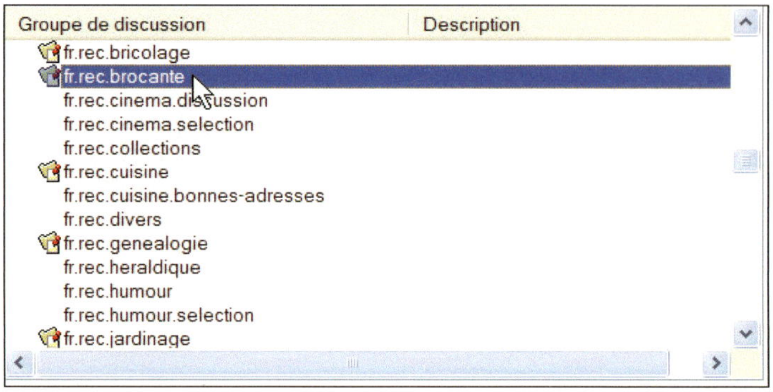

4 Sous l'onglet **Abonné**, vous pouvez lister tous les groupes que vous souhaitez pouvoir consulter.

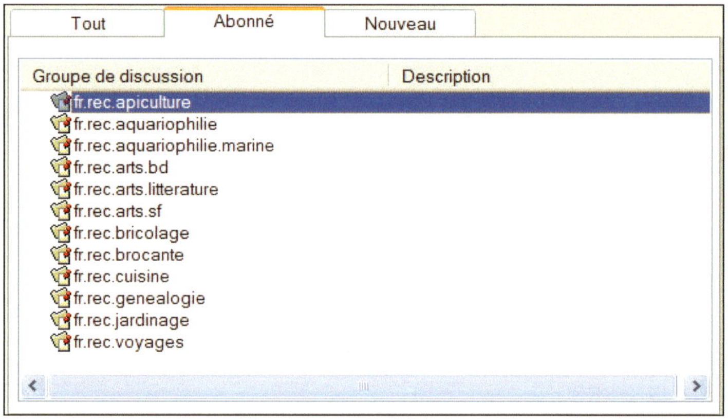

5 Si de nouveaux groupes ont été créés, Outlook Express vous en avertit lors de son premier démarrage dans la journée. Vous pouvez aussi lister les nouveaux groupes sous l'onglet **Nouveau**.

6 Cliquez sur le bouton OK.

Supprimer l'abonnement à certains groupes de discussion

Pour annuler l'abonnement à un groupe de discussion :

1 Cliquez du bouton droit sur le groupe de discussion.

2 Cliquez sur la commande **Annuler l'abonnement**.

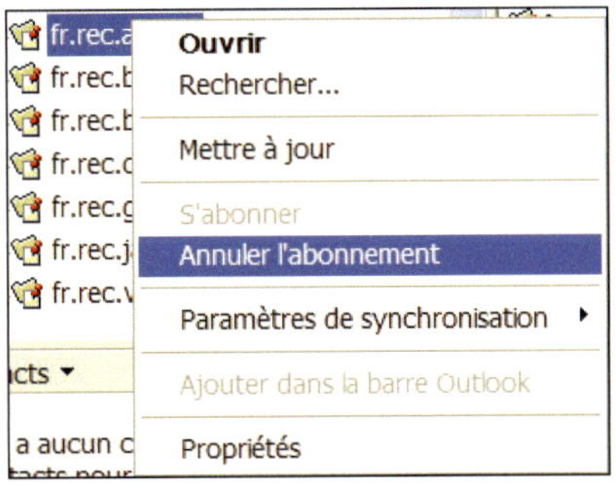

3 Confirmez en cliquant sur le bouton OK.

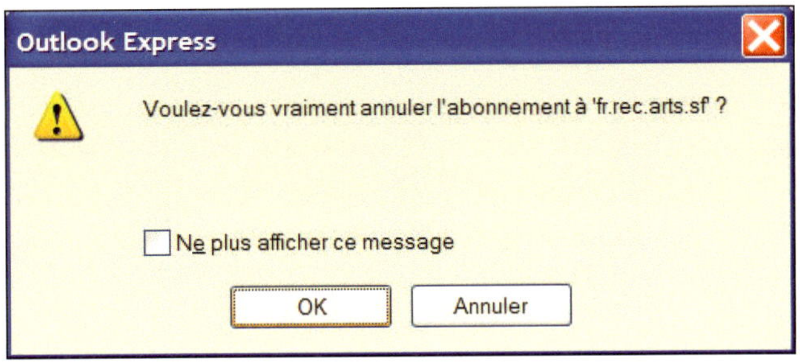

Définir les paramètres de synchronisation

Vous avez la possibilité de synchroniser automatiquement la réception des nouveaux messages postés dans certains des groupes de discussion auxquels vous êtes abonné :

1 Cliquez du bouton droit sur le serveur de news puis sur la commande **Propriétés**.

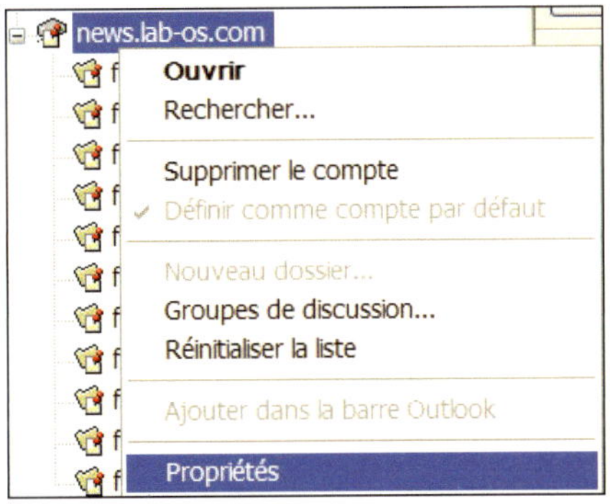

2 Sous l'onglet **Général**, cochez la case *Inclure ce compte lors de la vérification des nouveaux messages*. Puis cliquez sur le bouton OK.

3 Sélectionnez le serveur de news. Dans la partie droite d'Outlook Express, sélectionnez les groupes de discussion avec les touches Maj (groupes adjacents dans la liste) ou Ctrl (groupes non adjacents).

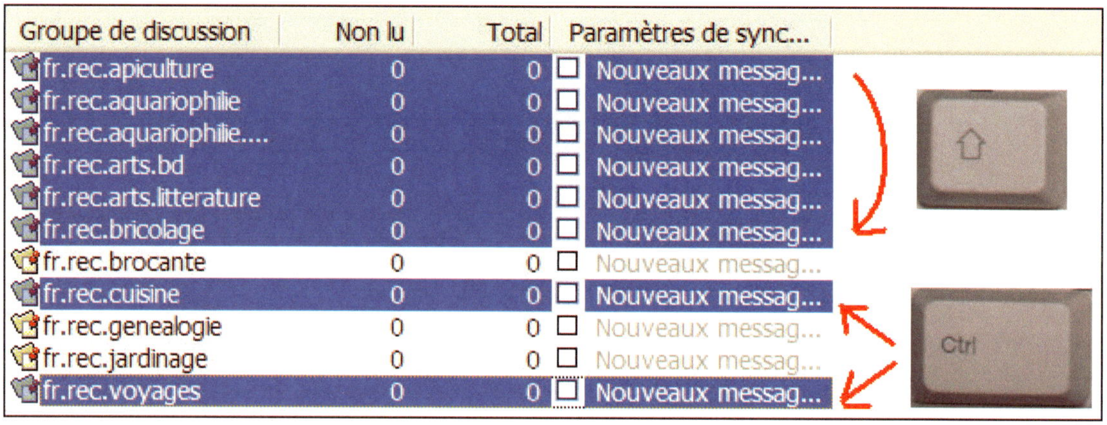

4 Cliquez sur le bouton **Paramètres**, puis sur la commande **Tous les messages**.

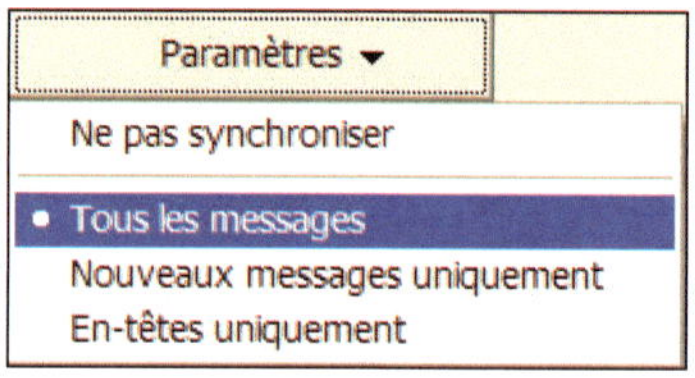

5 Vous pouvez démarrer manuellement une synchronisation en cliquant dans le menu **Outils** sur la commande **Synchroniser tout**.

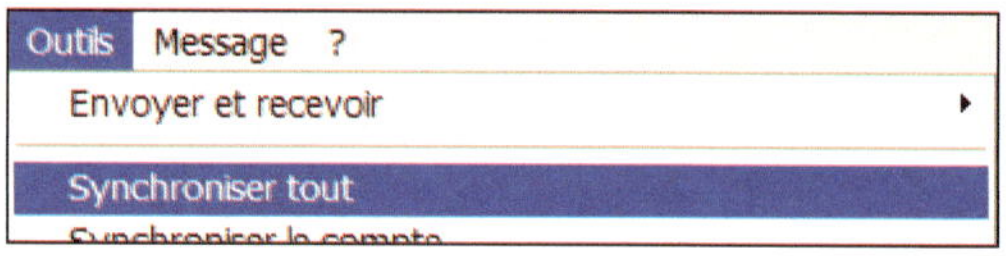

Créer un compte Passport

Un compte Passport est un identifiant qui peut être utilisé sur tous les sites utilisant cette authentification. Grâce à lui, vous allez, notamment, pouvoir utiliser le logiciel de dialogue instantané Messenger de Microsoft. Pour l'obtenir, vous devez disposer d'une adresse e-mail :

1. Depuis Internet Explorer, rendez-vous sur le site www.passport.com.

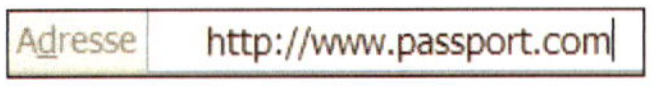

2. Cliquez sur le bouton **Inscrivez-vous pour obtenir votre .NET Passport Gratuit dès aujourd'hui**.

3. Saisissez l'adresse e-mail que vous souhaitez utiliser pour Messenger.

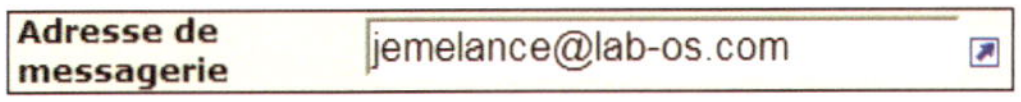

4. Saisissez également à deux reprises un mot de passe. Celui-ci devra comprendre au moins six caractères, sans espaces.

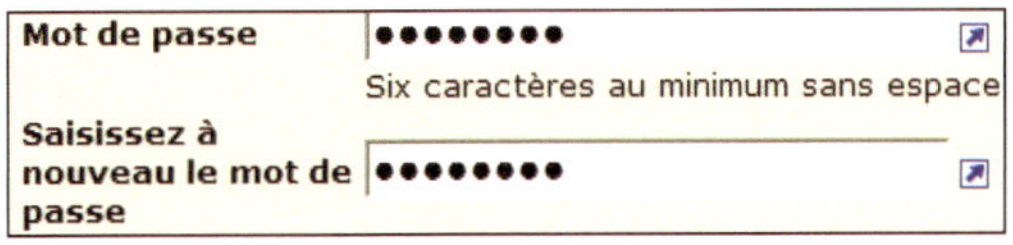

5. Recopiez le texte contenu dans l'image.

6. Ressaisissez votre adresse de messagerie pour accepter les conditions d'utilisation.

7. En bas de la page, cliquez sur le bouton **J'accepte**.
8. Si votre adresse e-mail n'est pas déjà utilisée par le service .NET, votre inscription est validée. Cliquez sur le bouton **Continuer** puis quittez Internet Explorer.
9. Regardez votre boîte aux lettres ; vous avez reçu un message vous demandant de cliquer sur un lien pour vérifier votre adresse e-mail.

Configurer Windows Messenger pour la première fois

Pour votre première connexion, suivez cette fiche :

1 Dans le menu **Démarrer**, cliquez sur la commande **Windows Messenger**.

information

Windows Messenger ou MSN Messenger ?

Vous pouvez aussi télécharger MSN Messenger depuis le site `http://messenger.msn.fr`. MSN Messenger est utilisable sur toutes les versions de Windows, alors que Windows Messenger n'existe que sous Windows XP. MSN Messenger propose des fonctionnalités supplémentaires comme l'utilisation de portraits, la possibilité d'indiquer que vous disposez d'une webcam, etc.

2 Cliquez sur le lien *Cliquez ici pour ouvrir une session*.

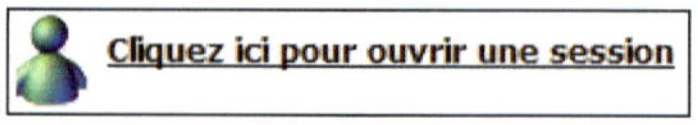

3 Cliquez sur le bouton **Suivant**.

4 Choisissez l'option *Oui*, puis cliquez à nouveau sur le bouton **Suivant**.

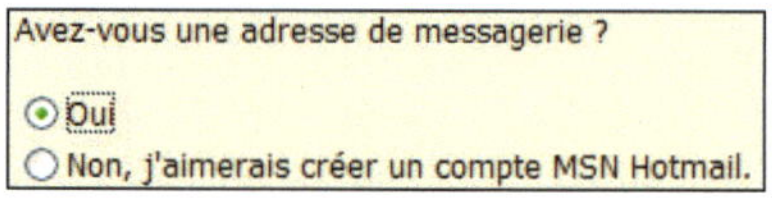

5 Sélectionnez l'option *Oui je souhaite me connecter avec mon compte Passport*, puis cliquez sur le bouton **Suivant**.

6 Saisissez l'adresse e-mail que vous avez enregistrée pour votre compte Passport. Saisissez aussi le mot de passe du compte Passport. Si vous avez un compte utilisateur Windows pour vous seul, vous pouvez cocher la case *Associer mon compte Passport avec mon compte utilisateur Windows*. Puis cliquez sur le bouton **Suivant**.

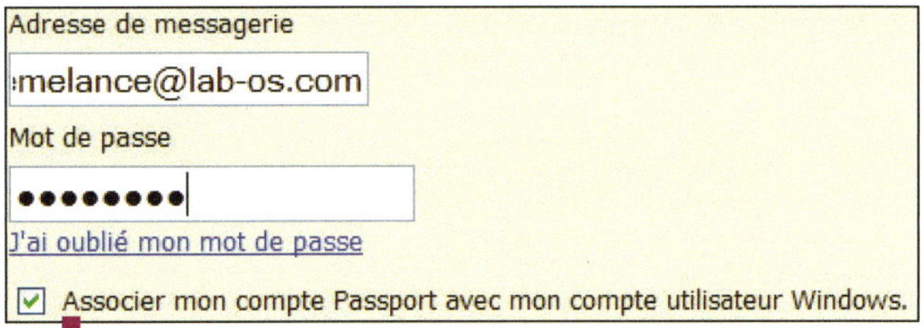

7 Cliquez sur le bouton **Terminer** ; vous êtes maintenant connecté.

Ajouter un contact

Vous devez connaître l'adresse e-mail d'un de vos proches pour l'ajouter. Cette adresse doit être enregistrée en tant que compte Passport. Au besoin, demandez-lui d'en créer une s'il n'en dispose pas.

1 Si vous connaissez l'adresse e-mail d'un contact, cliquez sur le lien *Ajouter un contact*.

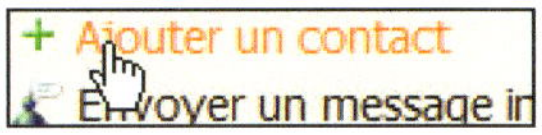

2 Conservez l'option *Par adresse de messagerie ou nom d'utilisateur*, puis cliquez sur le bouton **Suivant**.

3 Saisissez l'adresse e-mail du contact, puis cliquez sur le bouton **Suivant**.

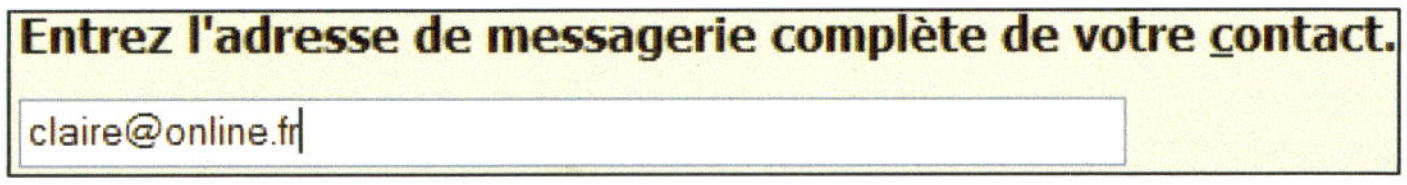

4 Pour vos prochains contacts, si vous avez créé des groupes, sélectionnez le groupe où classer le contact.

5 Si le contact est connu de Windows Messenger, il est ajouté ; vous en recevez confirmation immédiate. Si vous n'avez plus de contact à ajouter, cliquez sur le bouton **Terminer**. Sinon cliquez sur le bouton **Suivant** pour poursuivre.

Si un contact vous ajoute à sa liste, vous devrez l'autoriser pour pouvoir discuter avec lui :

1 Vous serez notifié en temps réel si vous êtes déjà connecté ou à la prochaine connexion si le contact vous ajoute à sa liste lorsque vous n'êtes pas connecté.

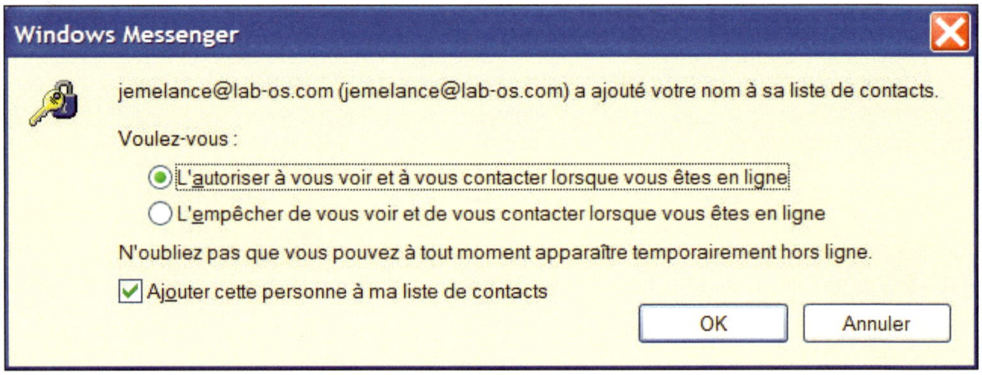

2 Cliquez sur le bouton OK ; vous pouvez discuter avec ce nouveau contact.

Discuter en temps réel

Vous pouvez converser en temps réel à travers toute la planète, grâce au clavier ; cela a donné l'expression « clavarder » :

1 Double-cliquez sur un de vos contacts actuellement en ligne.

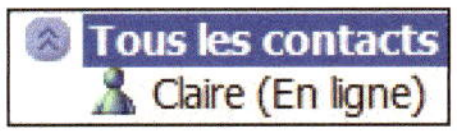

2 Une nouvelle fenêtre s'ouvre ; saisissez votre texte dans sa zone inférieure.

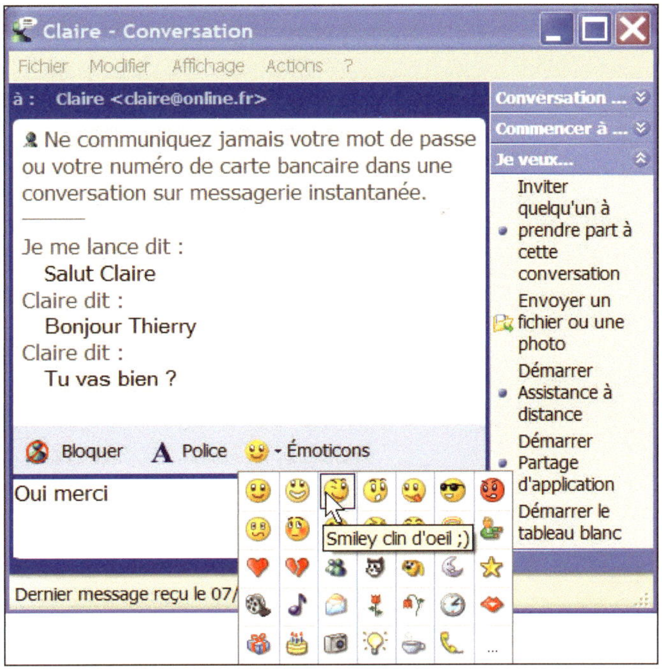

Les émoticônes

Il existe de nombreuses expressions phonétiques et des émoticônes. Ces dernières servent à retranscrire vos émotions, à l'aide de codes clavier. Par exemple, un petit sourire s'écrira `:)` ; en fait, il faut tourner la forme de 90° dans le sens horaire pour vous imaginer un visage qui sourit. Pour un fou rire, il faut taper `:D`, un clin d'œil, `;-)`, etc. De nombreuses expressions sont directement accessibles grâce au bouton **Emoticons** ; pour obtenir une liste complète, rendez-vous à l'adresse http://help.microsoft.com/FR_FR/data/messengerv4_1.its51/$content$/EMOTICONS.HTM?H-APP=Windows+Messenger.

Paramétrer son état de présence

Votre état est visible pour les utilisateurs qui vous ont ajouté dans leur liste des contacts (même si vous les avez supprimés de votre liste). Pour changer votre état :

1 Dans le menu **Fichier**, pointez sur **Mon statut**.

2 Choisissez dans le menu votre état. L'état **Apparaître hors ligne** vous permet de voir qui est actuellement connecté, sans que l'on puisse savoir que vous êtes vous-même connecté.

astuce

À tout moment

Cliquez du bouton droit sur l'icône de Messenger dans la barre des tâches. Puis changez votre état dans le menu contextuel.

Vous pouvez éventuellement bloquer une ou plusieurs personnes ; dans ce cas, vous apparaîtrez hors ligne uniquement pour ces personnes.

1 Cliquez du bouton droit sur la personne à bloquer puis cliquez sur la commande **Bloquer**.

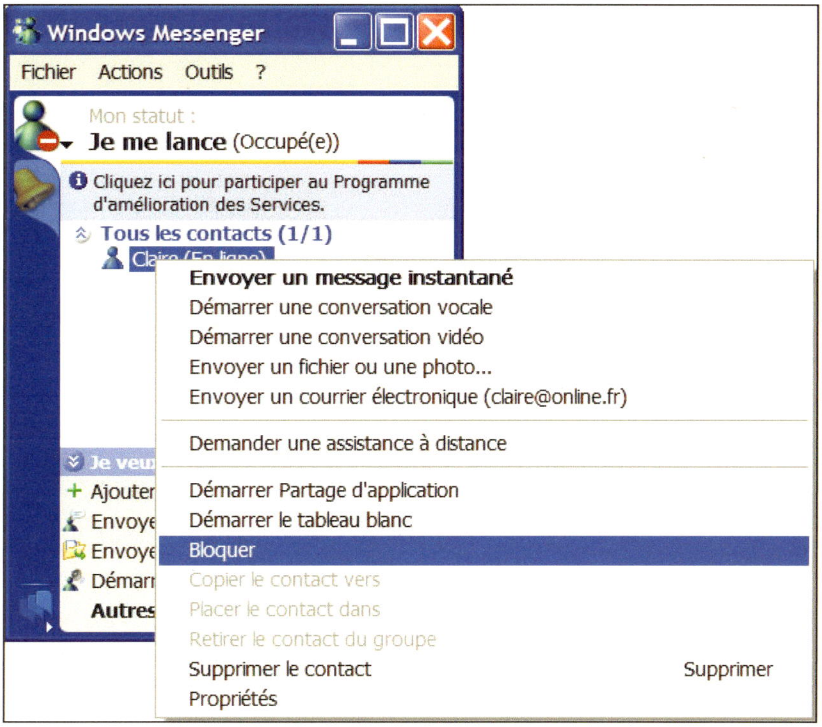

2 La personne est immédiatement bloquée ; vous ne pourrez plus vous contacter tant qu'elle restera dans cet état. Pour la débloquer, cliquez à nouveau du bouton droit sur le contact, puis sur la commande **Débloquer**.

Information

Liste rouge

Dans le menu **Outils/Options**, sous l'onglet **Confidentialité**, vous avez la possibilité de bloquer ou de débloquer facilement des contacts en les mettant dans votre liste rouge ou votre liste verte.

Se parler et se voir à travers Internet

Grâce à Windows Messenger, vous pouvez discuter de vive voix avec l'un de vos contacts à travers Internet. Cela peut être très pratique lors d'un dépannage. Si vous souhaitez voir le dernier neveu exilé de l'autre côté de la planète, vous pouvez utiliser les fonctionnalités de vidéoconférence avec une webcam.

Pour démarrer une vidéoconférence :

définition

Webcam

Une webcam est une petite caméra connectée à l'ordinateur. De cette façon, vous pouvez vous filmer, vous prendre en photo ou encore faire de la vidéoconférence sur Internet.

1 Double-cliquez sur le contact avec qui vous souhaitez démarrer la conversation vocale ou la vidéoconférence. Sachez que la vidéoconférence inclut une conversation vocale.

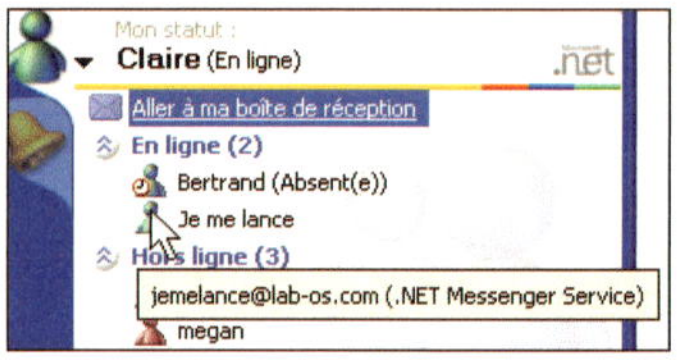

2 Cliquez sur le bouton **Conversation vidéo** ou **Commencer à parler**.

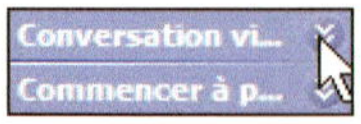

3 Vous pouvez maintenant converser les mains libres (à condition que votre interlocuteur sache parler !).Vous devez, bien sûr, avoir préalablement connecté un micro et branché des haut-parleurs ou un casque audio.

Chapitre 6

Découvrir le monde numérique

Windows XP vous propose une première expérience réussie du multimédia. Vous pourrez simplement transférer vos photos numériques sur votre ordinateur et les faire défiler en diaporama, écouter vos CD audio ou vous connecter sur la radio de votre choix, réaliser vos premiers montages vidéo.

Fiche 66 • Scanner un document *128-131*
Fiche 67 • Créer un diaporama *132-133*
Fiche 68 • Imprimer ses photos *134-136*
Fiche 69 • Commander des photos en ligne *137-138*
Fiche 70 • Faire développer ses photos *139-140*
Fiche 71 • Lire des CD audio ou des WMA ou des MP3 .... *141-143*
Fiche 72 • Copier des CD dans votre ordinateur *144-145*
Fiche 73 • Écouter des radios exotiques *146-147*
Fiche 74 • Regarder un DVD *148-149*
Fiche 75 • Connecter son Caméscope à l'ordinateur *150-151*
Fiche 76 • Acquérir les vidéos *152-154*
Fiche 77 • Importer des vidéos, des images et des bandes-son *155-158*
Fiche 78 • Monter les vidéos *159-160*
Fiche 79 • Ajouter des transitions *161-162*
Fiche 80 • Ajouter des effets *163-164*
Fiche 81 • Ajouter un titre, un titre de chapitre ou un générique de fin .. *165-166*
Fiche 82 • Ajouter du son *167-169*
Fiche 83 • Créer et diffuser sa vidéo *170-172*

Scanner un document

Vous disposez d'un document ou d'une photo sur papier et souhaitez le faire entrer dans l'ordinateur. Vous devez donc le numériser à l'aide d'un scanner.

Si vous éprouvez des problèmes pour brancher votre scanner, consultez la notice fournie avec votre matériel et, éventuellement, l'assistance technique du constructeur.

Pour numériser un support papier :

1. Placez le document à numériser face contre la vitre du scanner.

2. Affichez le contenu du Poste de Travail en cliquant dans le menu **Démarrer** puis sur **Poste de travail**.

3. Depuis le Poste de travail, double-cliquez sur l'icône représentant votre scanner.

information

Numériser depuis une application

Vous pouvez aussi démarrer le processus de numérisation depuis un programme de dessin ou depuis un traitement de texte. Par exemple, depuis Paint, utilisez le menu **Fichier** et la commande **D'un scanneur ou d'un appareil photo**. Depuis Word, utilisez le menu **Insertion**, puis **Image**, enfin **A partir d'un scanneur ou d'un appareil photo numérique**.

4. Sélectionnez **Assistant Scanneur-appareil photo Microsoft**, puis cliquez sur le bouton OK.

5 L'assistant démarre ; cliquez sur le bouton **Suivant**.

6 Cliquez sur le bouton **Aperçu**, pour identifier la zone à numériser.

7 Éventuellement, ajustez la zone de numérisation finale à l'aide des poignées de redimensionnement.

8 Vous pouvez modifier les options de numérisation, en fonction de la qualité souhaitée. Si vous cliquez sur le bouton **Paramètres personnalisés**, vous pourrez définir la résolution, la luminosité et le contraste.

Points par pouce

La résolution optique des scanners s'exprime en points par pouce (ppp) ou en *dot per inch* (dpi). Il s'agit du nombre de points qui vont être analysés sur une distance de 1 pouce (soit 2,54 cm) du document original. Plus cette résolution est grande, plus le nombre de points « analysés » sera important, et plus la taille du fichier final le sera aussi. Il vous faut choisir une résolution adaptée à votre usage. Pour afficher une image sur un moniteur (site web), une résolution de 72 ppp est suffisante. Pour l'impression et en fonction des caractéristiques de l'imprimante, vous pourrez aller de 300 ppp (standard) jusqu'à 1 200 ppp (qualité photo).

9 Cliquez sur le bouton **Suivant**.

10 Saisissez un nom pour l'image ; vous pouvez aussi spécifier un emplacement. Par défaut, le document sera enregistré dans un sous-dossier de *Mes images* portant le même nom que celui de l'image. Cliquez sur le bouton **Suivant**.

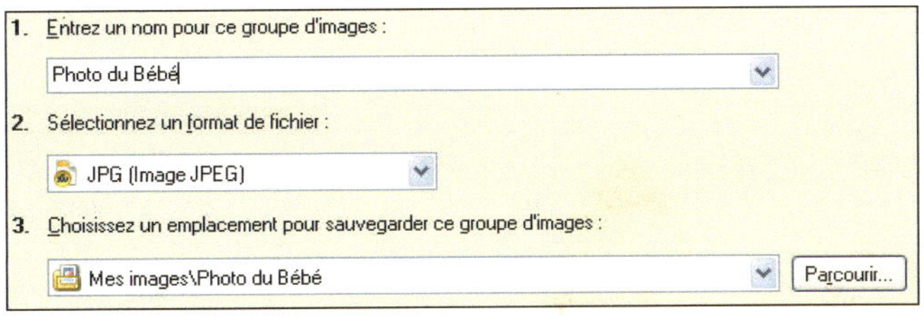

11 Patientez quelques secondes. L'image est maintenant numérisée.

12 Sélectionnez l'option *Rien. J'ai terminé de travailler sur ces images*, puis cliquez sur le bouton **Suivant**.

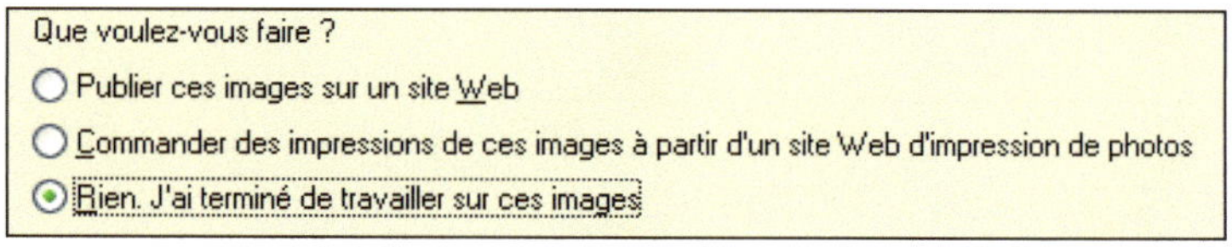

13 Cliquez sur le bouton **Terminer**. Le dossier contenant l'image scannée s'ouvre automatiquement dans une fenêtre.

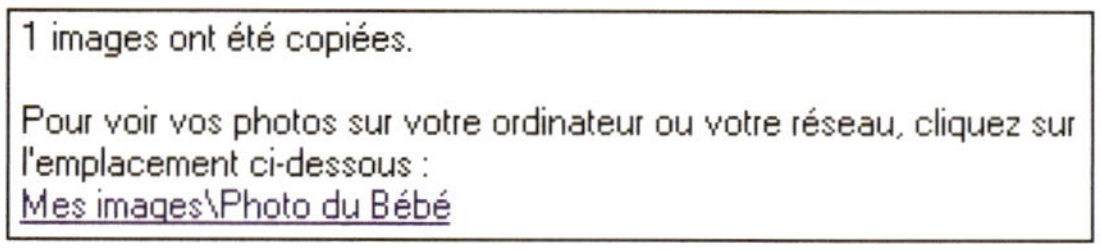

Récupérer ses photos

Pour voir vos photos depuis l'appareil photo (ou une webcam) :

1 Connectez votre appareil photo à l'ordinateur. Puis mettez l'appareil photo sous tension et en position lecture.

2 Si des images ont été trouvées, l'Assistant Scanneur - appareil photo s'ouvre automatiquement et vous aide à importer vos images. Sélectionnez la commande **Copier les images sur mon ordinateur**. Puis cliquez sur le bouton OK.

L'Assistant Scanneur-appareil photo s'ouvre. Cliquez sur **Suivant**.

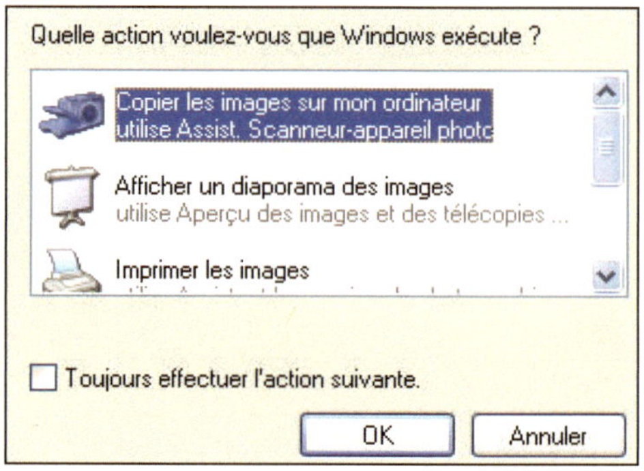

3 Sélectionnez les images que vous souhaitez importer.

4 Au besoin, vous pouvez même réaliser les opérations du tableau suivant.

Icône	Action	Raccourci clavier
	Faire pivoter la photo sélectionnée dans le sens horaire.	Ctrl+R
	Faire pivoter la photo sélectionnée dans le sens antihoraire.	Ctrl+L
	Obtenir la taille, la date et le format de la photo.	Alt+Entrée
Effacer tout	Désélectionner toutes les photos.	Ctrl+N
Sélectionner tout	Sélectionner toutes les photos.	Ctrl+A

5 Cliquez sur le bouton **Suivant**.

6 Saisissez un nom pour le groupe d'images.

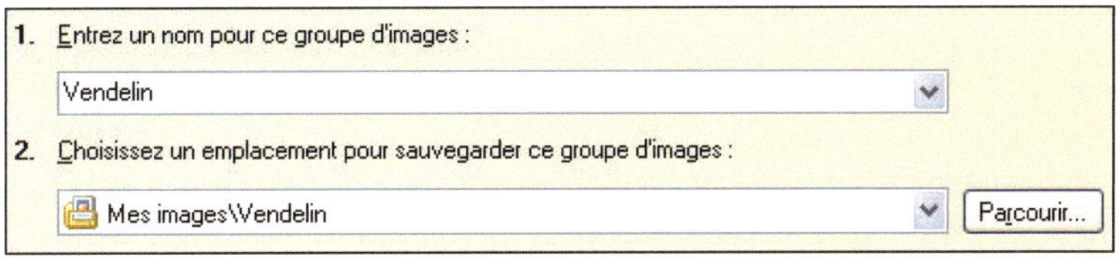

7 Cochez la case *Supprimer les images de mon périphérique après les avoir copiées*. Cliquez sur le bouton **Suivant**.

8 Windows XP enregistre les images dans le dossier de destination, puis les supprime du périphérique d'acquisition. Patientez quelques secondes.

9 Sélectionnez l'option : *Rien. J'ai terminé de travailler sur ces images*. Puis cliquez sur le bouton **Suivant**.

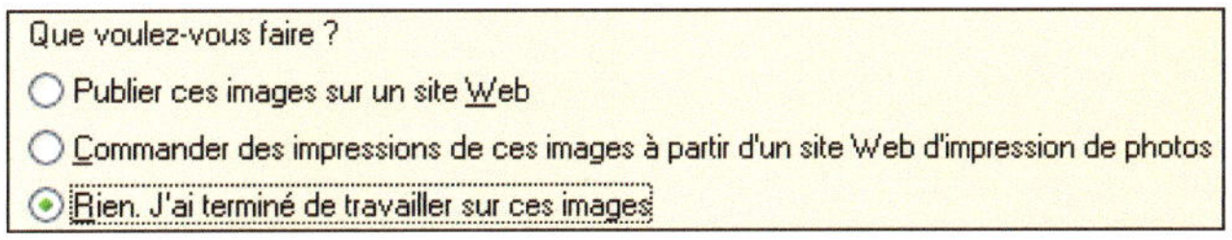

10 Cliquez sur le bouton **Terminer** ; vous pouvez voir vos images copiées dans l'ordinateur. Éteignez l'appareil photo pour économiser ses batteries.

Créer un diaporama

Une fois les images copiées dans un dossier, vous pouvez soit les afficher une par une en double-cliquant dessus, soit les afficher sous forme de diaporama :

1 Dans le menu **Démarrer**, cliquez sur la commande **Mes images**.

2 Sélectionnez le dossier qui contient les photos que vous souhaitez afficher en diaporama.

3 Cliquez sur le lien *Afficher un diaporama*, dans le panneau latéral gauche.

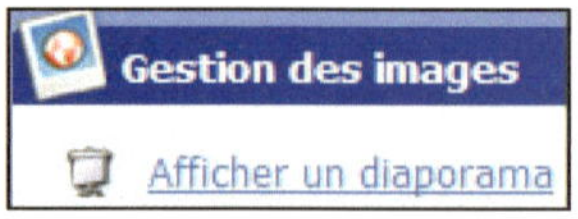

4 Le diaporama démarre.

5 Lorsque les photos se succèdent à l'écran, si vous déplacez la souris, des boutons **Magnétos** apparaissent en haut à droite de l'écran :

- Le bouton **Démarrer le diaporama** est le mode de fonctionnement normal ; chaque image défile régulièrement.
- Le bouton **Interrompre le diaporama** permet de rester sur l'image en cours.
- Le bouton **Image précédente** permet de revenir à la photo précédente.
- Le bouton **Image suivante** permet de passer à l'image suivante de façon forcée sans attendre le délai.
- Le bouton **Fermer la fenêtre** permet d'arrêter le diaporama pour revenir à l'Explorateur Windows ; vous pouvez également appuyer sur la touche Echap.

Imprimer ses photos

Vous pouvez imprimer vos photos grâce au module de mise en page de Windows XP :

1 Dans le menu **Démarrer**, cliquez sur la commande **Mes images**.

2 Double-cliquez sur le dossier qui contient vos photos.

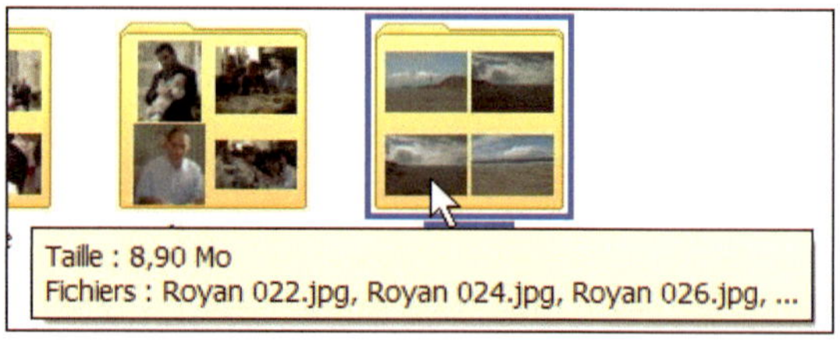

3 Assurez-vous que le dossier a été personnalisé pour les images. Au besoin, suivez cette procédure :

- Cliquez du bouton droit sur un espace vide dans la partie droite de l'Explorateur Windows.
- Dans le menu contextuel, choisissez **Personnaliser ce dossier**.

- Dans la boîte de dialogue **Propriétés de Nom du dossier**, vérifiez que vous êtes sous l'onglet **Personnaliser**.
- Dans la liste déroulante *Utilisez ce type de dossier comme modèle*, choisissez *Images* ou *Album Photos*.
- Validez en cliquant sur le bouton OK.

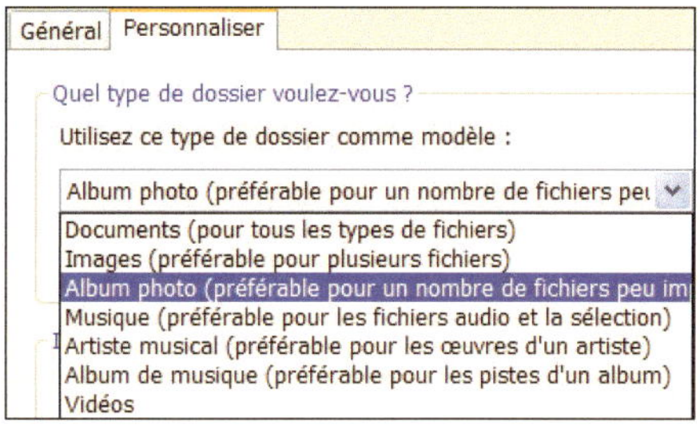

- Au besoin, masquez la liste des dossiers en cliquant sur le bouton **Dossiers** de la barre d'outils de l'Explorateur Windows.

4 Dans la partie gauche, au niveau des commandes contextuelles, cliquez sur le lien *Imprimer les images*.

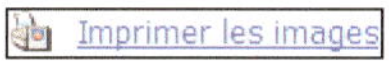

5 Dans la boîte de dialogue de l'Assistant Impression de photographies, cliquez sur le bouton **Suivant**.

6 Sélectionnez les photos du dossier à imprimer à l'aide des cases à cocher qui se trouvent dans chaque angle supérieur droit de photo. Notez qu'il est possible desélectionner toutes les photos (en cliquant sur le bouton **Sélectionner tout**) ou au contraire de toutes les désélectionner (bouton **Effacer tout)**.Ensuite, cliquez sur le bouton **Suivant**.

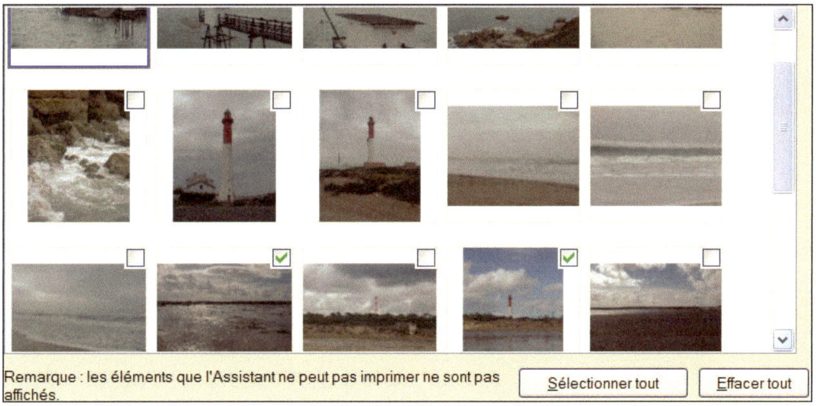

7 Sélectionnez l'imprimante à utiliser pour la sortie papier. Vous pouvez aussi paramétrer l'impression (format du papier, qualité, bac papier à utiliser, réglages du périphérique et des couleurs…) à l'aide du bouton **Options d'impression**. Ensuite, cliquez sur le bouton **Suivant**.

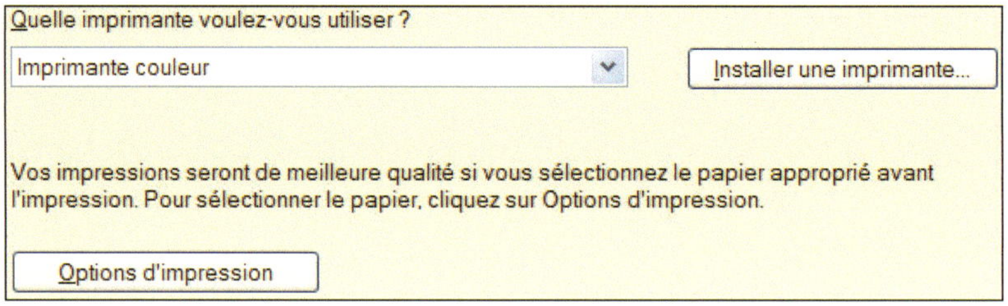

8 Dans la liste *Configurations disponibles*, choisissez votre tirage parmi les possibilités. Dans la liste *Nombre d'utilisations de chaque image*, choisissez combien de fois chaque image devra être imprimée. Par exemple, s'il s'agit d'un tirage feuille contact, il est possible de mettre jusqu'à trente-cinq fois la même photo. Cliquez sur le bouton **Suivant**.

9 Le tirage est envoyé vers votre périphérique d'impression ; vérifiez qu'il y a du papier et admirez vos photos.

Commander des photos en ligne

Si vous le souhaitez, vous pouvez faire tirer vos photos chez un photographe. Les épreuves numériques seront envoyées par Internet.

1 Localisez le dossier qui contient les images à commander par Internet en passant par le menu **Démarrer** puis en choisissant **Poste de travail**. Cliquez éventuellement sur le bouton **Dossier** pour afficher toute l'arborescence des fichiers présents sur votre ordinateur. Une fois localisé le dossier qui vous intéresse, cliquez à nouveau sur **Dossier** pour faire réapparaître le panneau de commandes contextuelles à gauche.

2 Sélectionnez le dossier contenant les images.

3 Dans le panneau gauche, cliquez sur le lien *Commander des photos via Internet*.

4 Dans l'Assistant Commande d'impressions en ligne, cliquez sur le bouton **Suivant**.

5 Sélectionnez les photos que vous souhaitez commander puis cliquez sur **Suivant**.

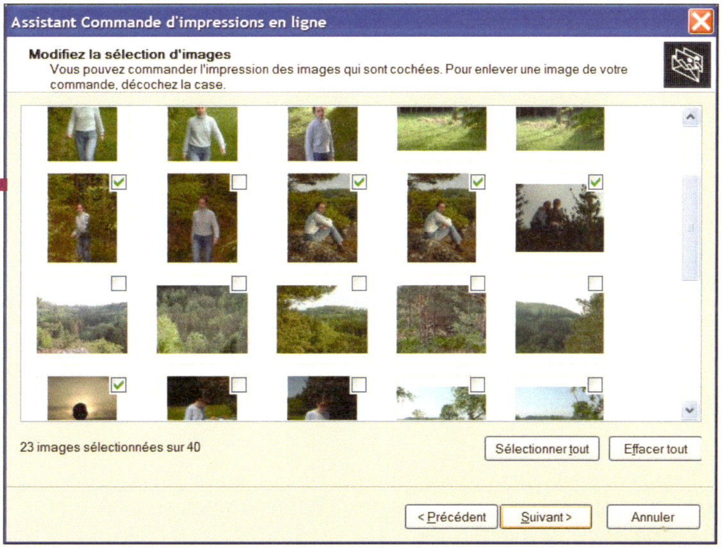

6 Selon vos paramètres régionaux, différentes entreprises vous proposent leurs services. Sélectionnez-en une.

7 Sélectionnez le nombre de tirages souhaités pour chaque photo, chez MSN Photos : le prix s'affiche en bas de la boîte de dialogue.

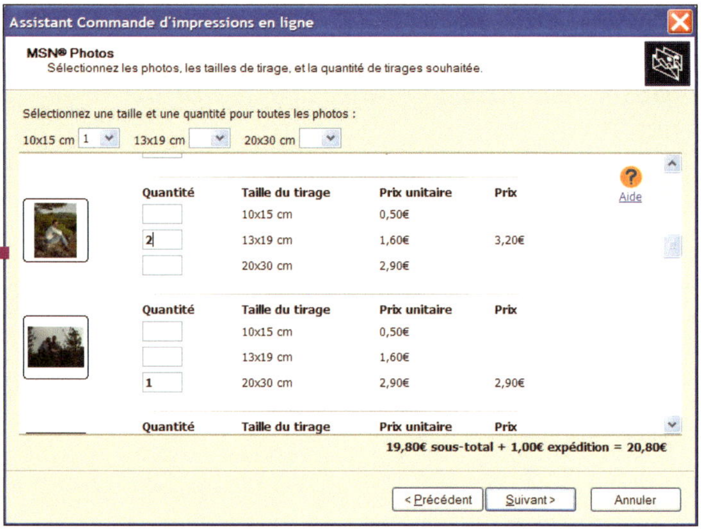

8 Si vous optez pour MSN Photos, utilisez un compte Passport pour vous identifier dans la boîte de dialogue suivante, indiquez les informations vous concernant, puis validez en indiquant vos coordonnées bancaires. Enfin, attendez le facteur.

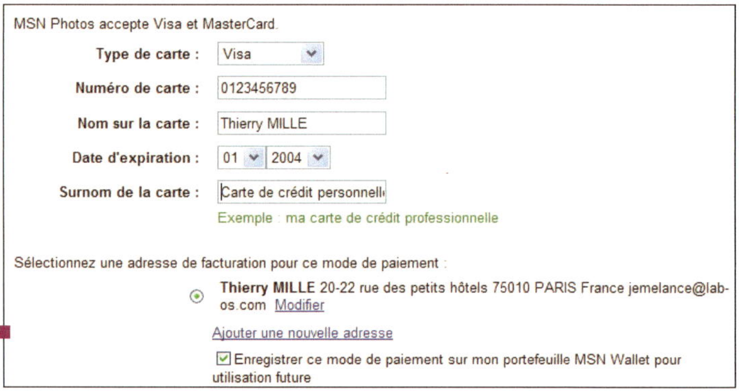

information

Résolution insuffisante

Si vos photos ne comptent pas suffisamment de pixels, vous serez prévenu par une icône d'avertissement. Dans ce cas, optez pour une taille de tirage plus petite ou ne faites pas tirer cette photo. Un appareil photo d'au moins 2 millions de pixels (2 megapixels) est vivement recommandé. Aujourd'hui, les nouveaux appareils ont des résolutions d'au moins 3 megapixels, ce qui permet de faire de beaux tirages en 20*30 cm.

Faire développer ses photos

Vous allez pouvoir remettre les photos les plus intéressantes sur la carte mémoire de l'appareil photo, puis apporter cette carte chez votre photographe habituel. Il pourra vous faire de vrais tirages papier de vos photographies.

1 Dans le menu **Démarrer**, cliquez sur la commande **Mes images**.

2 Sélectionnez le dossier qui contient les photos. Si vous souhaitez récupérer des photos présentes dans plusieurs dossiers, reprenez la fiche au point suivant pour chaque nouveau dossier.

3 Sélectionnez les photos que vous souhaitez faire tirer chez votre photographe. Si vous souhaitez sélectionner plusieurs photos qui se suivent, cliquez sur la première de la sélection puis, tout en maintenant la touche Maj enfoncée, cliquez sur la dernière de la sélection. Pour sélectionner des photos non contiguës, utilisez la touche Ctrl.

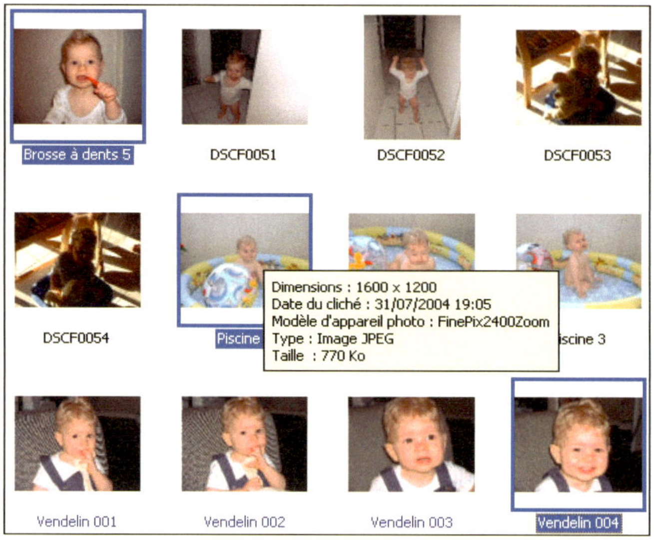

Reportez-vous à la fiche ***Sélectionner un ou plusieurs dossiers ou fichiers*** *du chapitre* ***Gérer ses dossiers et ses fichiers*** *pour apprendre à réaliser des sélections multiples.*

4 Connectez votre appareil photo numérique et positionnez-le en lecture.

5 Cliquez du bouton droit sur l'une des photos sélectionnées. Pointez sur la commande **Envoyer vers** et, enfin, cliquez sur la commande **Disque amovible**.

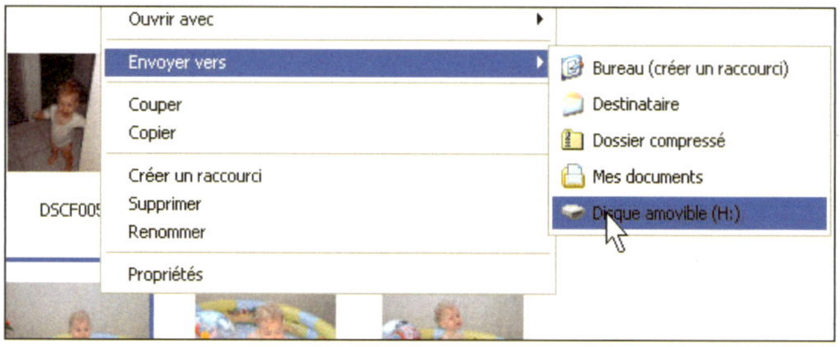

6 Vos photos sont transférées vers la carte mémoire.

Lire des CD audio ou des WMA ou des MP3

Pour écouter de la musique à partir d'un CD audio :

1. Démarrez le lecteur Windows Media à partir du menu **Démarrer** en choisissant **Tous les programmes** puis **Lecteur Windows Media**.

2. Introduisez le CD audio dans votre lecteur CD.

3. Cliquez sur le bouton **Lecture en cours**. Si vous êtes connecté à Internet, le lecteur Windows Media ira automatiquement chercher les informations concernant votre CD audio.

4 Le CD est lu automatiquement ; vous pouvez à tout instant utiliser les boutons suivants pour la lecture des pistes.

Commandes de lecture

Icône	Action	Raccourci clavier
	Le bouton [Pause] permet d'arrêter la lecture pour la reprendre au même endroit de la piste.	[Ctrl]+[P]
	Le bouton [Stop] permet d'interrompre la lecture de la piste en cours. Lors de la reprise, le lecteur Windows Media reprendra en début de piste.	[Ctrl]+[S]
	Le bouton [Piste précédente].	[Ctrl]+[B]
	Le bouton [Piste suivante].	[Ctrl]+[F]
	Le bouton [Muet] permet de couper ou de remettre le son.	[F8]
	Pour diminuer ou augmenter le volume sonore.	[F9] ou [F10]

Si vous avez copié de la musique à partir de CD audio, vous pouvez écouter votre musique sans utiliser de CD.

*Pour copier la musique dans votre ordinateur, consultez la fiche **Copier des CD dans votre ordinateur.***

La première fois que vous voudrez lire des fichiers audio copiés dans un dossier de votre ordinateur :

1 Cliquez dans le menu **Outils** puis sur la commande **Rechercher des fichiers multimédias**. Vous pouvez aussi appuyer sur la touche [F3].

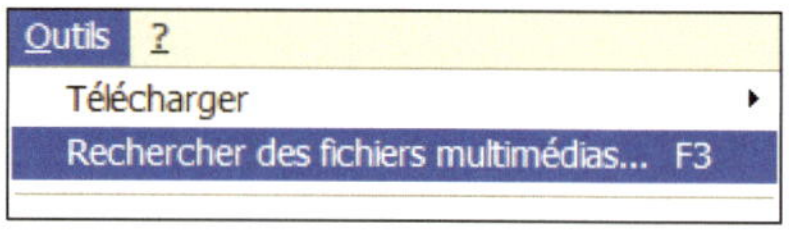

2 Éventuellement, indiquez où chercher des fichiers multimédias avec le bouton **Parcourir**, puis cliquez sur le bouton **Rechercher**.

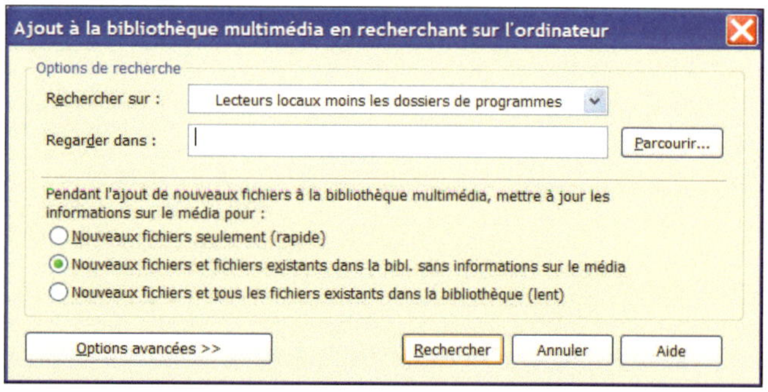

3 Cliquez sur le bouton **Fermer**.

Pour écouter votre musique :

1 Cliquez sur le bouton **Lecture en cours**.

2 Dans la zone à liste déroulante des sélections, sélectionnez *Toute la musique*.

3 Double-cliquez sur les morceaux que vous souhaitez écouter.

Copier des CD dans votre ordinateur

Les fichiers WMA prennent très peu de place sur votre disque dur et vous permettent de stocker dans votre ordinateur tous les CD audio que vous possédez. Vous pouvez ainsi faire des compilations sans changer de CD.

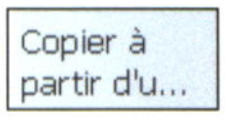

1 Après avoir inséré le CD audio qui contient les pistes à copier en fichiers WMA, cliquez sur le bouton **Copier à partir d'un CD** de la barre des tâches, sur la gauche du lecteur Windows Media.

astuce

Obtenir facilement la liste des noms des pistes et de l'album

Si vous disposez d'une connexion Internet, cliquez sur le bouton **Obtenir les noms** dans la barre d'outils. Le lecteur Windows Media va alors se connecter à Internet pour se procurer toutes les informations relatives aux pistes.

2 Sélectionnez les pistes à copier en cochant les cases correspondantes.

1	I Am A Rock	2:51	Simon & Garfunkel	Blues	Blues	Muze
2	Homeward Bound	2:27	Simon & Garfunkel	Blues	Blues	Muze
3	America	3:28	Simon & Garfunkel	Blues	Blues	Muze
4	59th St. Bridge Song	1:41	Simon & Garfunkel	Blues	Blues	Muze
5	Wednesday Morning 3 A.m.	2:12	Simon & Garfunkel	Blues	Blues	Muze
6	El Condor Pasa	3:06	Simon & Garfunkel	Blues	Blues	Muze
7	At The Zoo	2:18	Simon & Garfunkel	Blues	Blues	Muze
8	Scarborough Fair (canticle)	3:08	Simon & Garfunkel	Blues	Blues	Muze
9	Boxer, The	5:12	Simon & Garfunkel	Blues	Blues	Muze
10	Sound of Silence	3:05	Simon & Garfunkel	Blues	Blues	Muze
11	Mrs. Robinson	3:54	Simon & Garfunkel	Blues	Blues	Muze
12	Keep The Customer Satisfied	2:33	Simon & Garfunkel	Blues	Blues	Muze
13	Song For The Asking	1:42	Simon & Garfunkel	Blues	Blues	Muze
14	Hazy Shade Of Winter	2:17	Simon & Garfunkel	Blues	Blues	Muze
15	Cecilia	2:51	Simon & Garfunkel	Blues	Blues	Muze
16	Old Friends, Bookends Theme	3:56	Simon & Garfunkel	Blues	Blues	Muze
17	Bridge Over Troubled Water	4:52	Simon & Garfunkel	Blues	Blues	Muze

3 Cliquez sur le bouton **Copier la musique**.

4 La première fois, activez ou non la protection contre la copie. Puis cliquez sur le bouton **Suivant**.

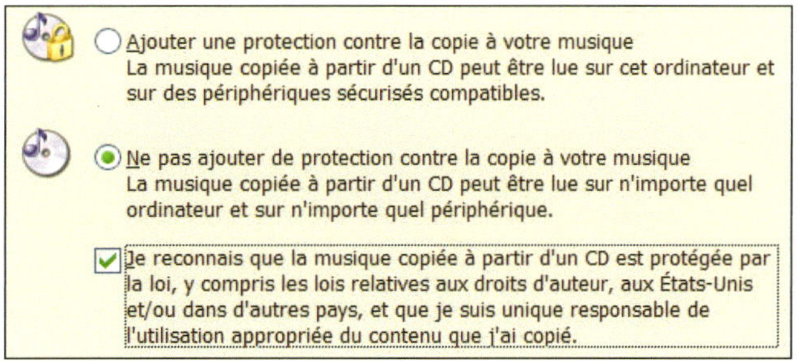

5 Sélectionnez la qualité de l'encodage. Cliquez sur le bouton **Terminer**.

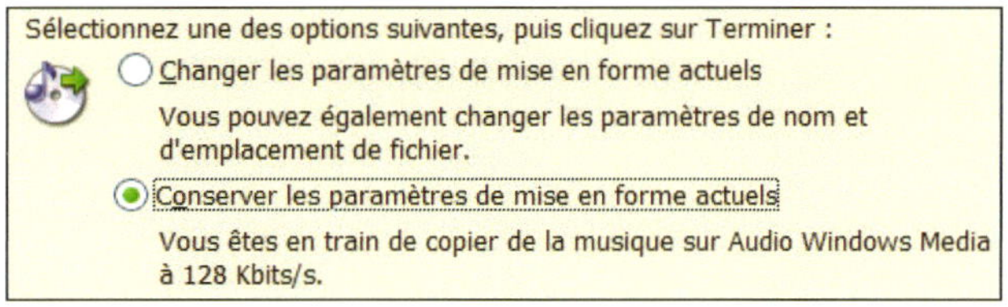

6 Si vous souhaitez arrêter immédiatement la copie, cliquez sur le bouton **Arrêter la copie**, sinon patientez quelques minutes.

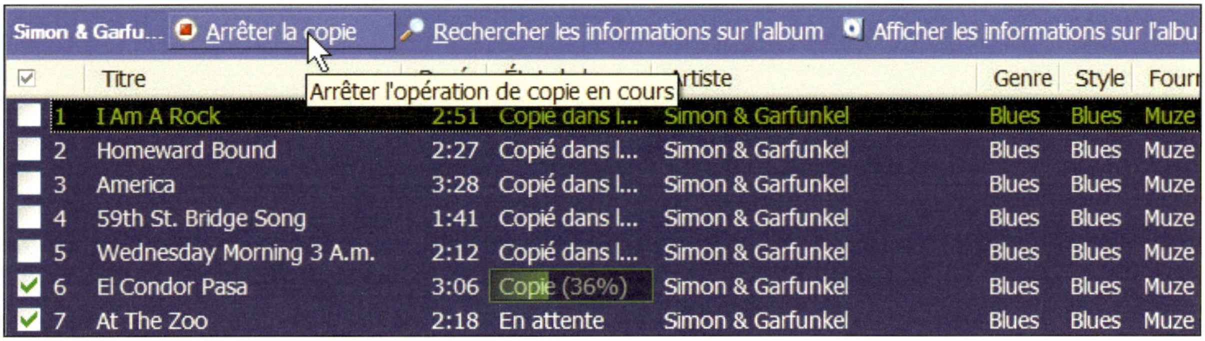

7 Pour lire vos fichiers, vous pouvez les retrouver dans le dossier *Ma musique*.

Écouter des radios exotiques

Si vous êtes connecté à Internet en permanence et de préférence à haut débit, vous pouvez écouter des radios situées n'importe où autour de la planète :

1 Démarrez le lecteur Windows Media par le menu **Démarrer/Tous les programmes/Lecteur Windows Media**.

2 Cliquez sur le bouton **Tuner radio**.

3 Vous pouvez éventuellement sélectionner une radio qui apparaît en première page en fonction d'accords entre Microsoft et les radios et selon vos paramètres régionaux.

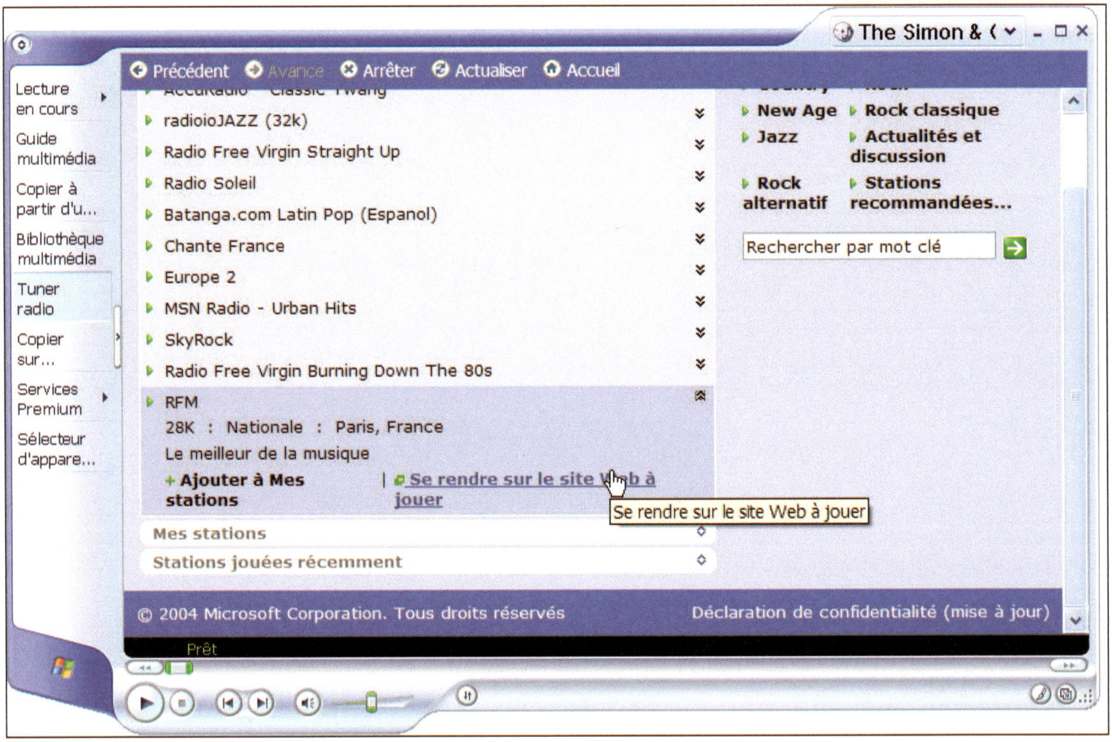

4 Vous pouvez cliquer sur le bouton lançant une recherche (sans mettre de mot clé particulier).

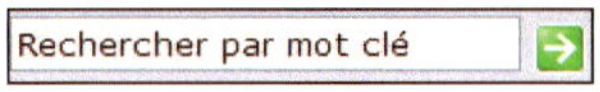

5 Puis démarrez une recherche simple en fonction de vos goûts musicaux.

6 Si vous cherchez une radio dans un pays en particulier, cliquez sur le lien *Utiliser la recherche avancée*.

7 Vous pourrez sélectionner le pays, puis cliquer sur le bouton de recherche.

8 Une fois la liste des radios affichée, sélectionnez celle qui vous intéresse, puis cliquez sur le lien *Lecture*.

Regarder un DVD

Vous pouvez regarder des DVD avec votre ordinateur à condition qu'il soit équipé d'un lecteur de DVD et du codec pour lire les DVD. Si votre ordinateur est équipé d'une sortie TV, vous pouvez éventuellement le brancher sur votre téléviseur.

définition

Codec

Un codec est un composant logiciel qui permet de coder ou de décoder une information. L'information sur les DVD est stockée de façon compressée pour prendre moins de place sur le support de stockage. Vous devez disposer d'un codec DVD pour décompresser et lire les films.

Pour récupérer un codec DVD, vous pouvez soit installer un logiciel de lecture de DVD (généralement fourni avec votre ordinateur), soit en acheter un comme Vidéo DVD Player (`www.microapp.com/fiche_produit.cfm?ref_produit=4274`) ou directement sur Internet.

Pour lire un DVD avec le lecteur Windows Media, sélectionnez le DVD dans la liste déroulante en haut et à droite du lecteur. Vous pouvez également cliquer sur la commande **DVD, VCD ou CD audio**, dans le menu **Lecture**.

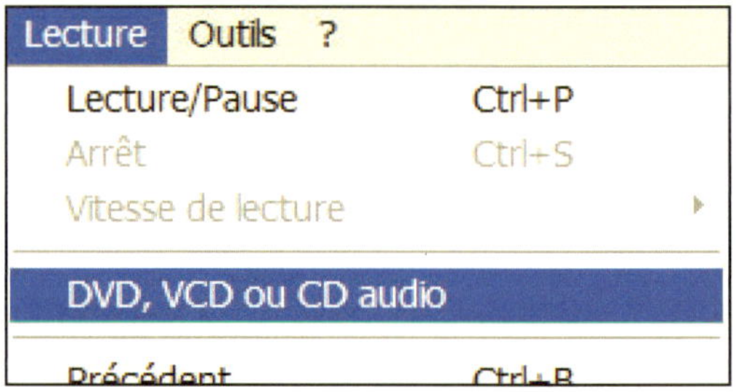

Passez en mode Plein écran en appuyant sur les touches Alt+Entrée.

Lorsqu'un mouvement de souris est détecté, les commandes contextuelles apparaissent ; vous pouvez alors mettre la lecture en pause, revenir en arrière, etc.

Changer la langue ou les sous-titrages

Selon le programme que vous avez utilisé pour installer le codec, vous pouvez peut-être changer la langue et/ou les sous-titrages en cliquant du bouton droit sur l'image.

Connecter son Caméscope à l'ordinateur

Vous pouvez faire l'acquisition de vos vidéos à partir de trois sources :

- un appareil analogique (Caméscope ou magnétoscope) ;
- une carte télévision ;
- un Caméscope numérique.

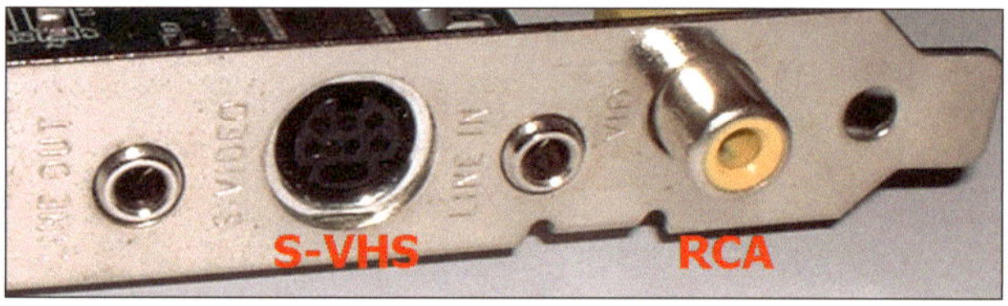

Pour connecter un appareil analogique, il vous faut une carte d'acquisition. Celle-ci peut être interne (ce qui nécessite l'ouverture de l'ordinateur pour l'ajouter) ou externe (un boîtier Dazzle, par exemple). L'entrée de la vidéo devra se faire au niveau de l'ordinateur soit par connecteur RCA (jaune) soit par une prise S-VHS. L'entrée du son dans l'ordinateur est réalisée par la carte son de l'ordinateur. Une carte interne coûte plus de 200 euros, un boîtier externe (moins performant) coûte moins de 80 euros.

attention

Câbles USB et firewire

Le câble USB des Caméscopes numériques ne sert qu'à transférer les photos. Ne branchez jamais le câble USB et le câble firewire simultanément sur votre appareil.

Si votre magnétoscope ou votre Caméscope analogique ne dispose pas de connecteur RCA ou S-VHS, vous devrez utiliser un convertisseur Péritel en plus. Le coût des connecteurs et du convertisseur est de l'ordre de 20 euros.

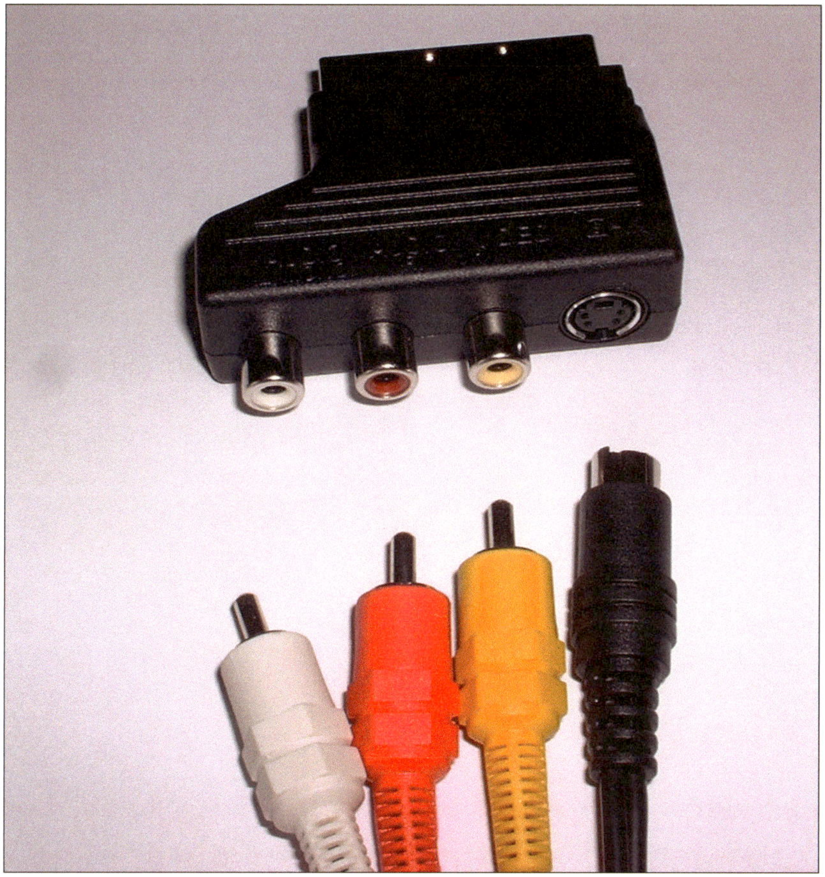

Si vous utilisez une carte TV, vous n'avez rien à faire de spécial. Cette carte peut même faire l'acquisition depuis un appareil analogique si vous n'avez pas besoin d'une très haute qualité. Une carte télévision permet de regarder des programmes télévisés directement dans son ordinateur et, pourquoi pas, de les enregistrer. Son coût est d'environ 80 euros.

Si vous utilisez un Caméscope numérique, il faut une entrée firewire (IEEE-1394) au niveau de l'ordinateur pour réaliser l'acquisition de la vidéo numérique.

Si vous n'en disposez pas, vous devrez ajouter une carte firewire (moins de 40 euros).

Acquérir les vidéos

La première partie d'un montage vidéo, après avoir réalisé les prises de vue, est de faire l'acquisition de la vidéo, c'est-à-dire de faire entrer votre vidéo dans l'ordinateur :

1 Démarrez Windows Movie Maker par le menu **Démarrer** en choisissant **Tous les programmes**, puis **Accessoires** et enfin **Windows Movie Maker**.

2 Dans la rubrique *Capturer la vidéo*, du volet **Tâches de la vidéo**, situé sur la gauche de l'écran, cliquez sur le lien *Capturer à partir du périphérique vidéo* si vous avez connecté votre Caméscope numérique ou un équipement analogique à votre ordinateur.

Si vous disposez d'une version ancienne de Windows XP, votre Windows Movie Maker peut ne pas être à jour et vous proposer une interface différente. Dans ce cas, mettez-le à jour en visitant le site Windows Update comme indiqué dans le chapitre suivant.

3 Sélectionnez votre Caméscope ou votre carte d'acquisition dans la liste.

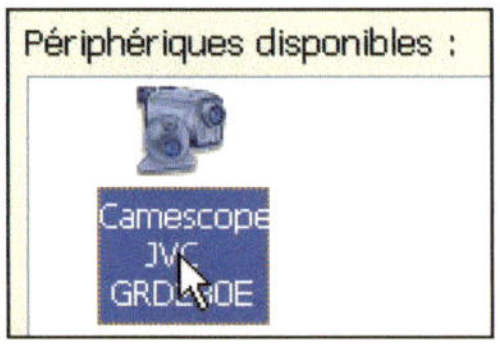

4 Si vous souhaitez faire l'acquisition du son de la bande vidéo, indiquez quelle carte vous souhaitez utiliser. Sélectionnez la piste d'entrée le cas échéant et réglez le niveau d'enregistrement.

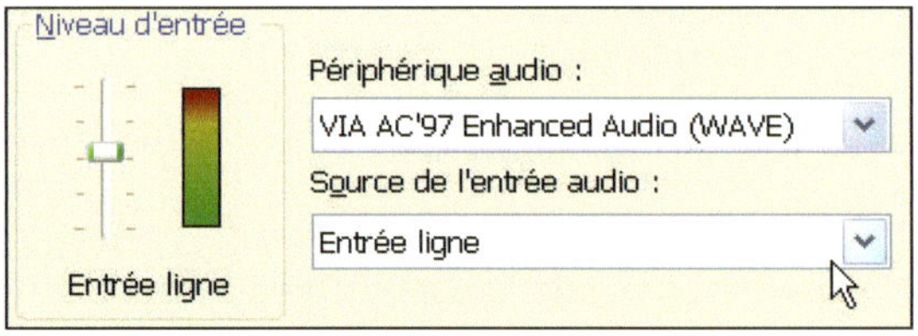

5 Cliquez sur le bouton **Configurer** pour régler les paramètres de la vidéo. Si vous utilisez une carte TV pour réaliser l'acquisition, il vous faudra sélectionner le canal sur lequel le magnétoscope est connecté (ou la chaîne de télévision à enregistrer).

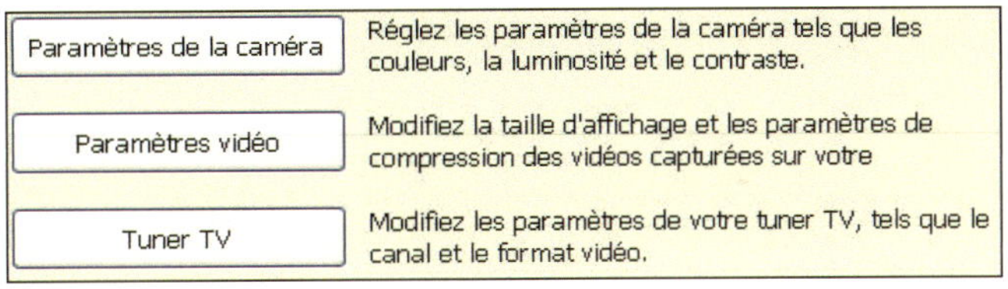

6 Cliquez sur le bouton **Suivant**.

7 Saisissez un nom pour l'enregistrement de la séquence vidéo. Au besoin, sélectionnez un dossier différent de *Mes vidéos*. Puis cliquez sur le bouton **Suivant**.

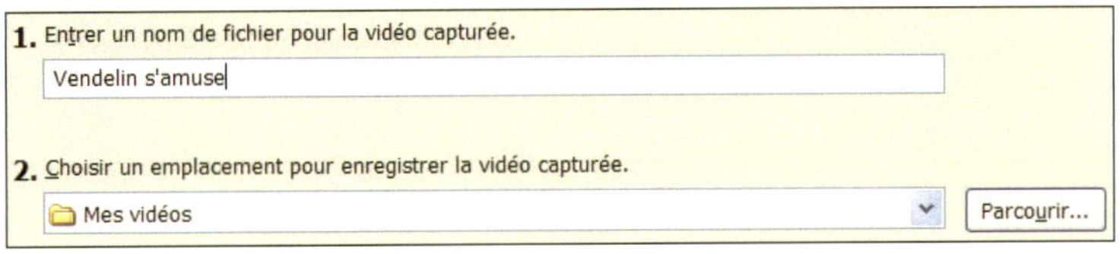

8 Sélectionnez la qualité à utiliser pour la compression de l'image. En cas de doute, sélectionnez l'option *Qualité optimale pour la lecture sur mon ordinateur (recommandé)*. Puis cliquez sur le bouton **Suivant**.

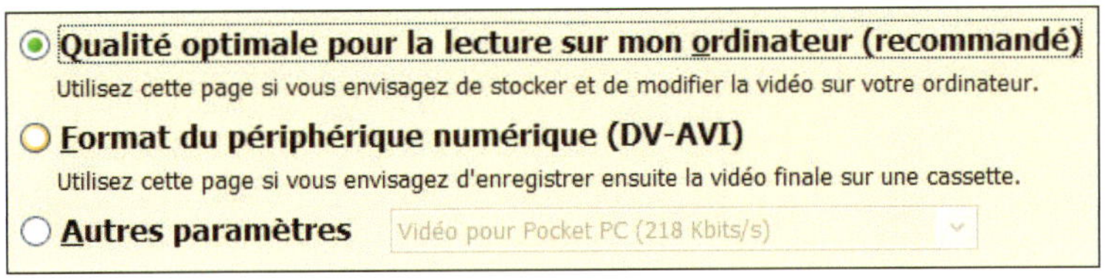

9 Si vous utilisez un Caméscope numérique, vous pourrez choisir de capturer automatiquement toute la bande vidéo ou de capturer vos séquences manuellement.

10 Préparez votre périphérique (Caméscope ou magnétoscope analogique) en le calant au bon endroit sur la bande. Puis cliquez sur le bouton **Démarrer la capture**. Appuyez sur le bouton lecture du périphérique et laissez la vidéo défiler.

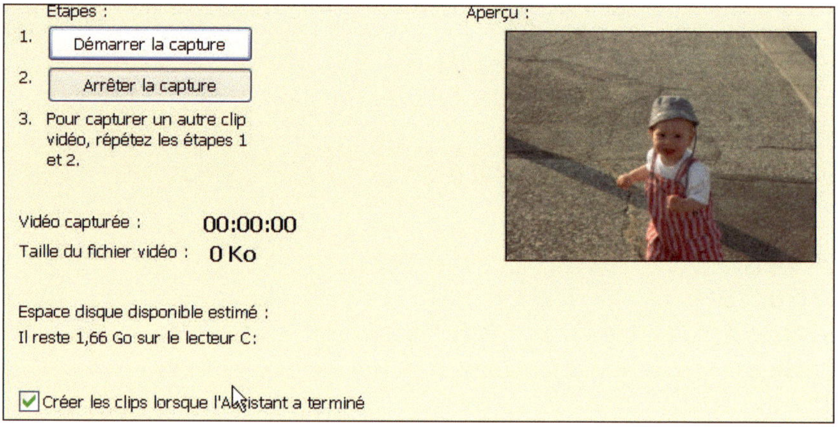

Les Caméscopes numériques sont commandés directement depuis la boîte de dialogue **Assistant capture vidéo**.

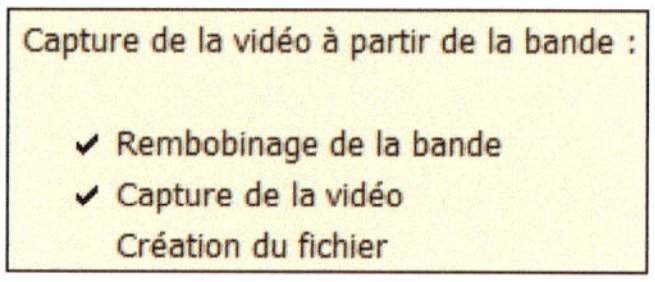

11 Une fois que la séquence vidéo qui vous intéressait est passée, cliquez sur le bouton **Arrêter la capture**.

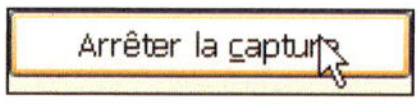

12 Cliquez sur le bouton **Terminer**. Les clips sont importés automatiquement.

Importer des vidéos, des images et des bandes-son

Avant de commencer votre montage ou en cours de montage, vous devez importer de la matière première : des vidéos déjà enregistrées, des images fixes ou des bandes-son pour étoffer votre montage vidéo. Si vous ne disposez pas de vidéo, vous pouvez utiliser cette fiche pour créer des diaporamas avec uniquement des images fixes. Dans les fiches suivantes, vous pourrez appliquer des effets et des transitions sur vos images, le tout agrémenté d'une bande-son.

Importer de la vidéo

En fin d'acquisition, les vidéos sont importées automatiquement ; néanmoins, si vous souhaitez utiliser d'autres vidéos, vous devez les importer dans votre projet manuellement :

1. Démarrez Windows Movie Maker depuis le menu **Démarrer** en choisissant **Tous les programmes**, puis **Accessoires** et, enfin, **Windows Movie Maker**.

2. Dans le volet des tâches, au niveau de la rubrique *Capturer la vidéo*, cliquez sur le lien *Importer la vidéo*.

Créer des séquences automatiquement

Si vous cochez la case *Créer des clips pour des fichiers vidéo*, Windows Movie Maker essaiera de séquencer la vidéo en clips pendant l'importation.

3 Sélectionnez le dossier dans la zone à liste *Regarder dans*, puis double-cliquez sur la vidéo à importer. Vous pouvez importer des vidéos enregistrées dans les formats les plus courants.

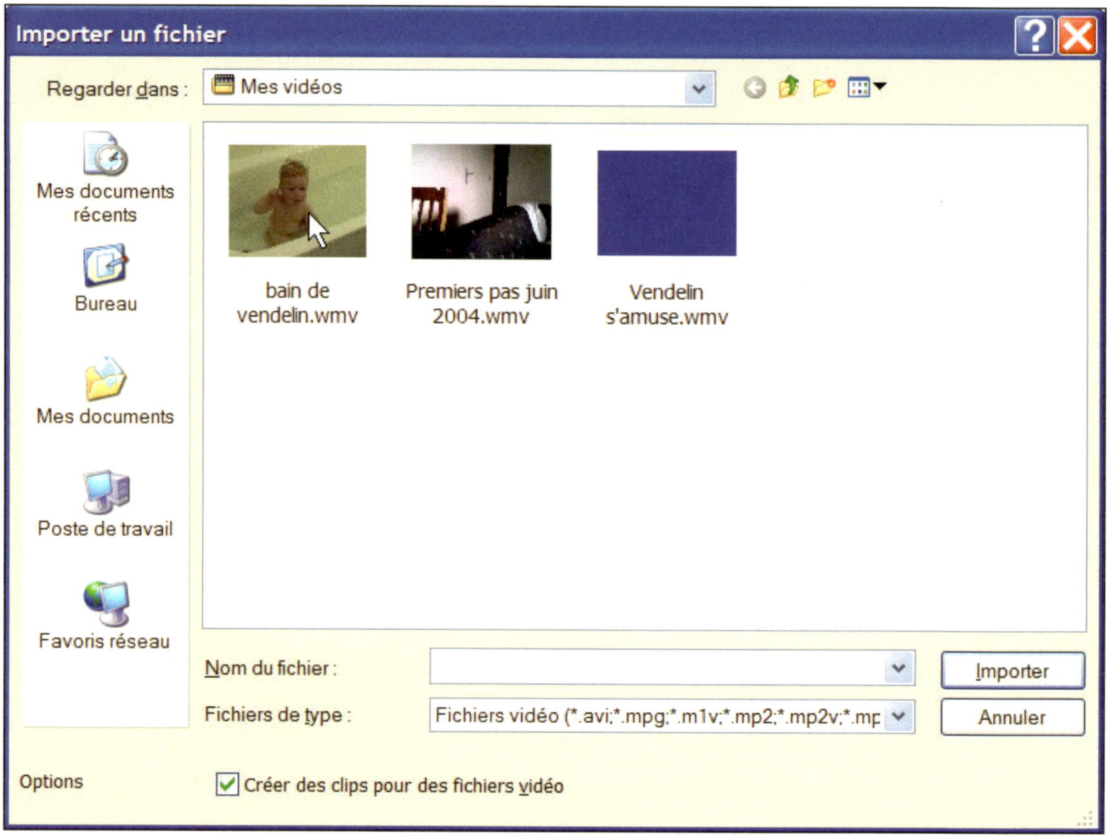

Importer des images

Vous pouvez importer des images fixes pour votre montage ; ces images pourront être insérées en fondus sous la vidéo. Vous pouvez aussi créer un album photo animé sous forme d'une vidéo en utilisant des images fixes seules ou en combinaison avec des clips vidéo :

1 Dans Windows Movie Maker, au niveau du volet **Tâches de la vidéo**, dans la rubrique *Capturer la vidéo*, cliquez sur le lien *Importer des photos*.

2 Sélectionnez le dossier dans la zone à liste *Regarder dans*, puis double-cliquez les images à importer.

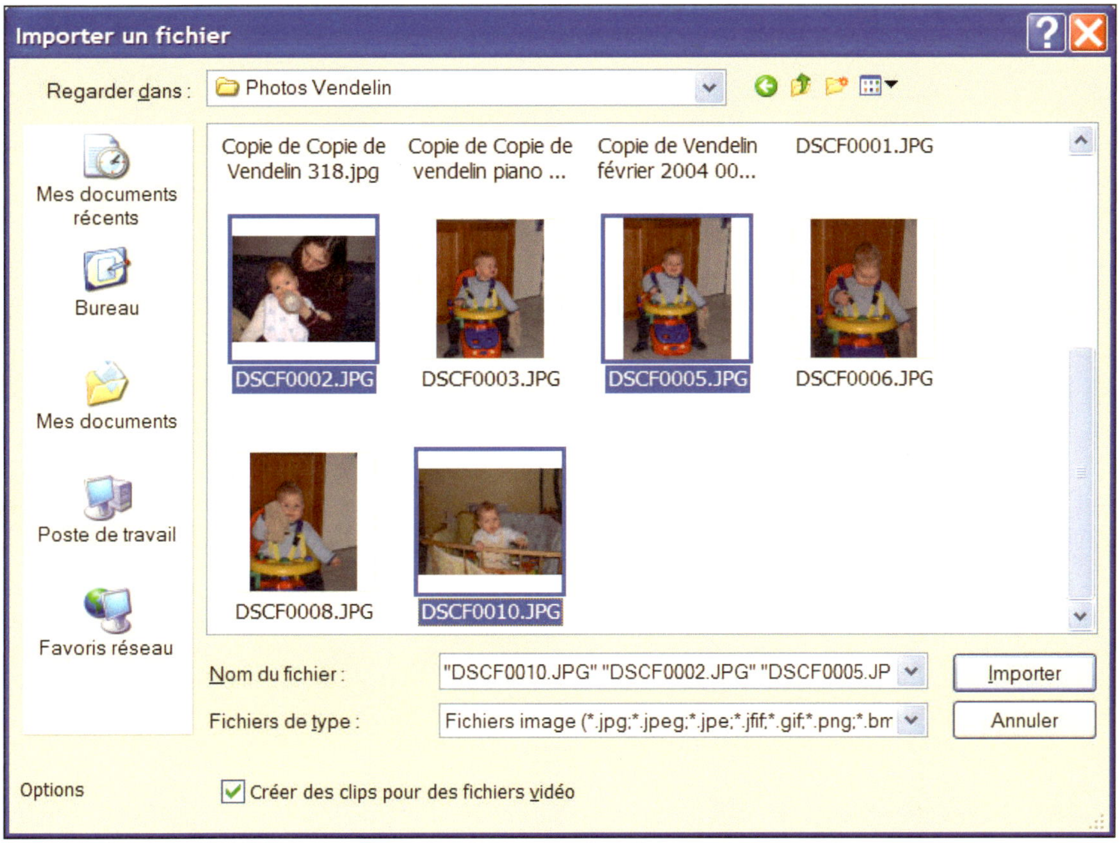

Importer une série d'images

En utilisant les touches Ctrl (sélection d'éléments contigus) ou Maj (sélection d'éléments non contigus), vous pouvez importer plusieurs images en une seule opération. C'est très pratique pour créer un album de photos avec plusieurs dizaines de photos.

Importer des sons

Les sons (musique de fond, chansons, bruitages pour effets spéciaux) peuvent enrichir votre vidéo en accompagnant les images :

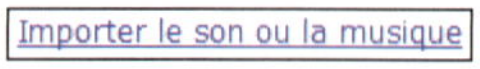

1 Dans Windows Movie Maker, au niveau du volet **Tâches de la vidéo**, dans la rubrique *Capturer la vidéo*, cliquez sur le lien *Importer le son ou la musique*.

2 Sélectionnez le dossier qui contient vos sons dans la zone à liste *Regarder dans*, puis double-cliquez sur les sons à importer.

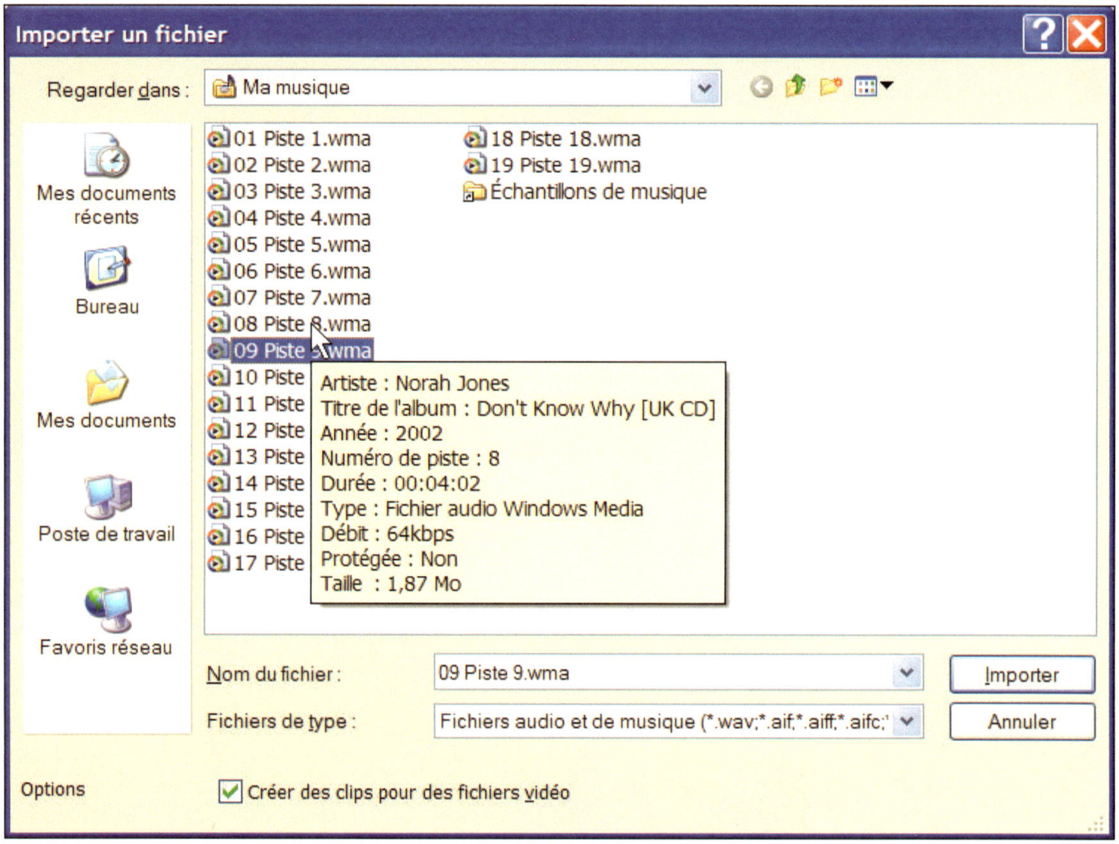

astuce

Sons de Windows

Dans la zone de texte *Nom du fichier*, saisissez `%windir%\media` puis appuyez sur la touche Entrée. Vous pourrez importer les sons de Windows, qui comprennent quelques bruitages.

Monter les vidéos

Une fois importés des séquences, des images fixes et du son, vous pouvez entreprendre le montage, c'est-à-dire l'assemblage des éléments qui constitueront la vidéo finale :

1 Dans Windows Movie Maker, copiez une vidéo ou une image dans l'ordre par un cliquer-glisser dans la zone de montage.

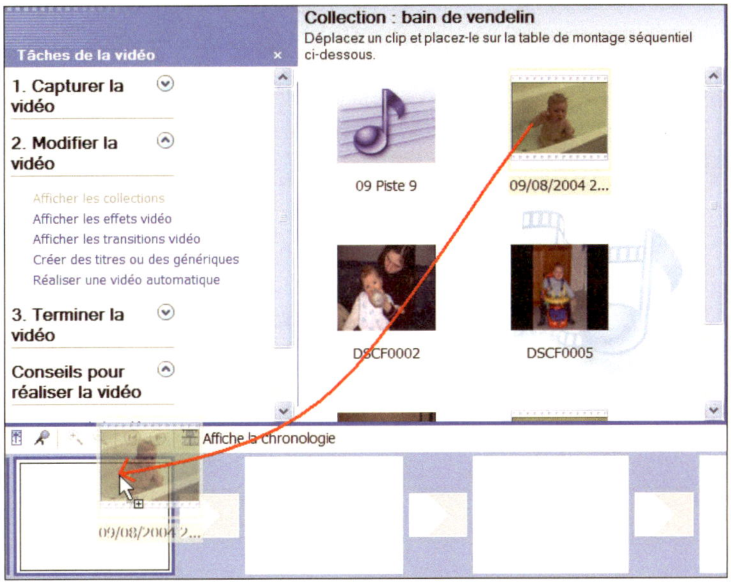

2 Répétez l'opération pour tous les éléments constitutifs de la vidéo finale.

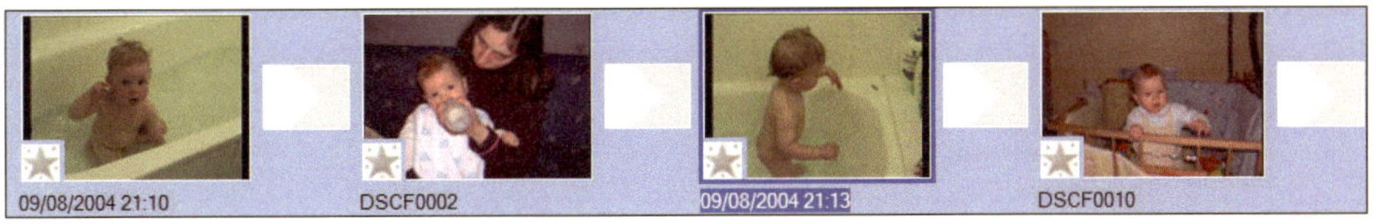

Si vous avez importé plusieurs vidéos, celles-ci peuvent être enregistrées dans des collections différentes sous Windows Movie Maker. Retrouvez-les dans la liste déroulante à droite du bouton **Collections** pour les faire glisser dans la zone de montage.

3 Pour supprimer une séquence vidéo ou une image, cliquez dessus puis appuyez sur la touche Suppr.

astuce

Annuler la dernière opération

Comme dans de nombreux programmes, vous pouvez annuler la dernière opération que vous venez de réaliser en utilisant le menu **Edition** et la commande **Annuler** ou en appuyant simultanément sur les touches Ctrl+Z.

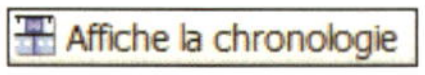

4 Cliquez sur le bouton **Affiche la chronologie** pour afficher la vidéo dans la zone de montage en fonction du temps.

5 Déplacez les vidéos ou les images par cliquer-glisser pour en modifier l'ordre.

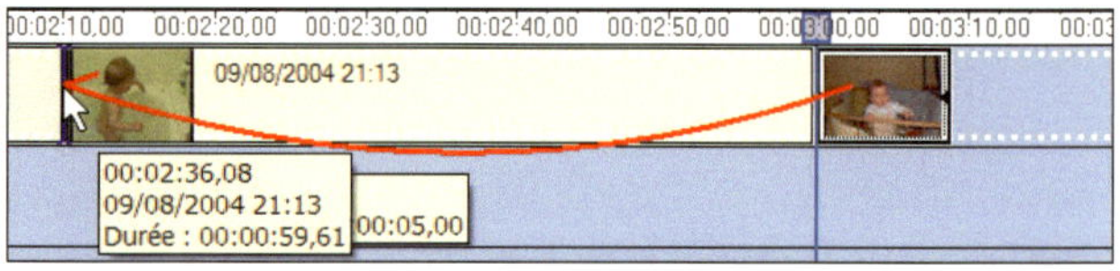

6 Pour raccourcir la durée d'une vidéo, sélectionnez la séquence en cliquant dessus. Puis positionnez-vous soit au début soit à la fin de cette séquence. Le curseur de la souris prend la forme d'une double flèche rouge : par cliquer-glisser, réduisez la durée de la vidéo.

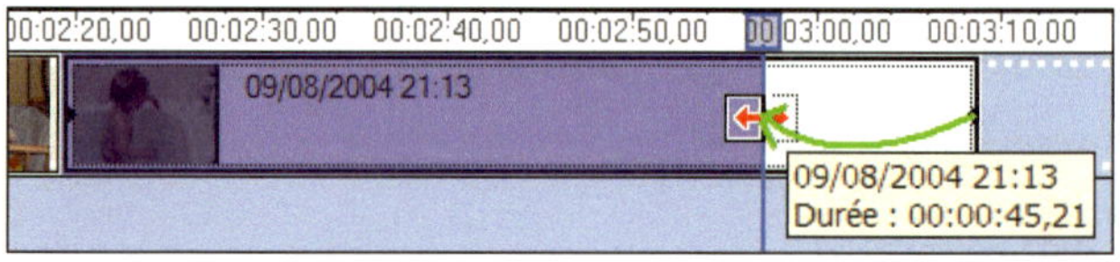

information

Durée d'une image fixe

Par défaut, une image fixe est affichée pendant 5 secondes ; vous pouvez la faire afficher plus ou moins longtemps en modifiant sa durée comme une séquence vidéo.

7 Pour créer un effet de fondu entre séquences vidéo ou avec des images, faites glisser la séquence de droite sous la séquence vidéo située à gauche dans la zone de montage.

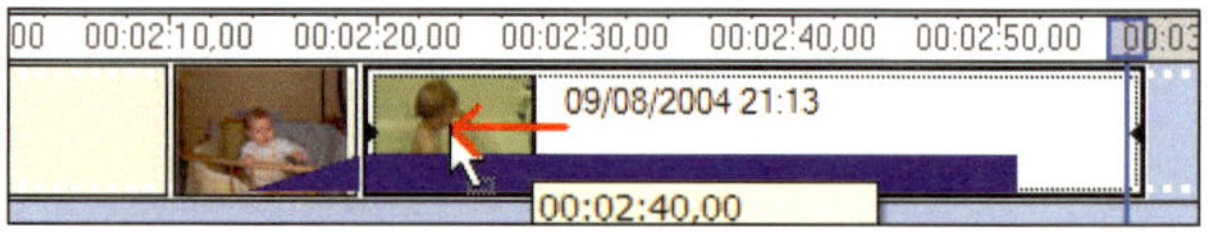

information

Des transitions plus artistiques

Consultez la fiche suivante pour utiliser des transitions prédéfinies à la place ou en plus des effets de fondu.

Ajouter des transitions

Vous pouvez ajouter des transitions entre vos sources d'images (vidéos ou photos) avec Windows Movie Maker :

1 Utilisez le mode de montage séquentiel, qui est plus simple pour gérer les effets de transition. Au besoin, cliquez sur le bouton **Affiche la table de montage séquentiel**.

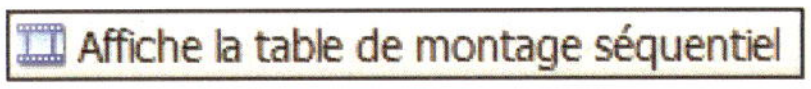

2 Cliquez sur le chevron de la rubrique *Modifier la vidéo* dans le volet des tâches de Windows Movie Maker.

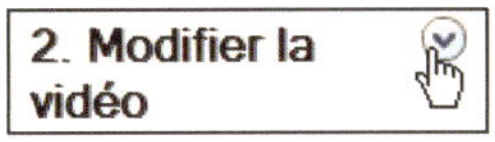

3 Cliquez sur le lien *Afficher les transitions vidéo*.

4 Sélectionnez une transition, puis prévisualisez l'effet produit en cliquant sur le bouton **Lecture**.

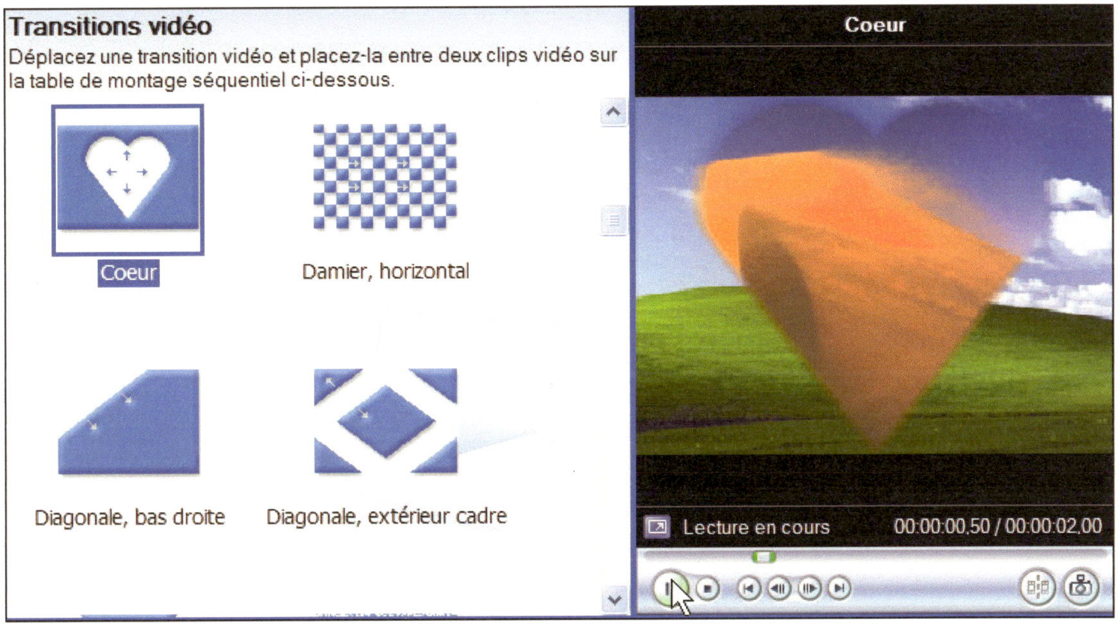

5 Si une transition vous plaît, par un cliquer-glisser, déplacez-la entre deux séquences vidéo dans la zone de montage.

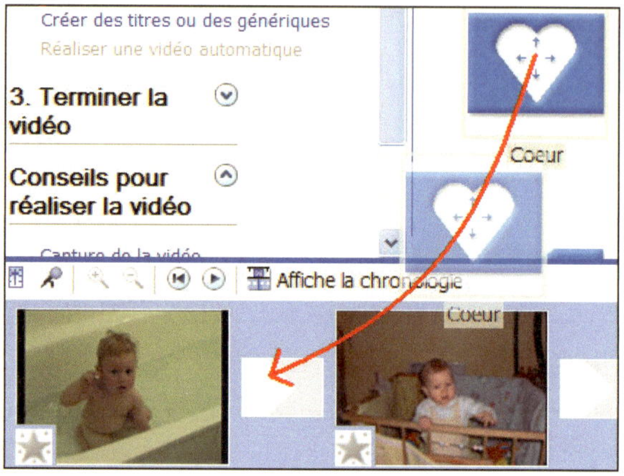

6 Pour contrôler l'effet produit sur votre vidéo, cliquez du bouton droit sur la transition puis sur la commande **Lire la table de montage séquentiel**.

Votre vidéo transition s'affiche dans l'écran de contrôle.

Une fois la transition visualisée, cliquez sur le bouton **Stop**.

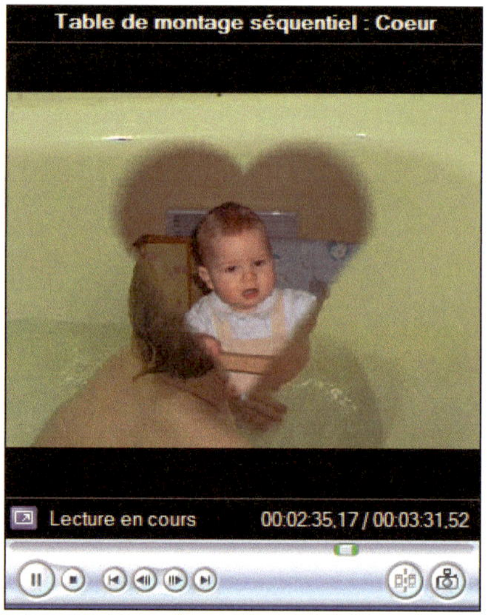

7 Pour remplacer un effet de transition par un autre, déplacez le nouvel effet de transition par-dessus l'autre dans la zone de montage. Au besoin, contrôlez le nouvel effet produit.

8 Pour supprimer une transition, cliquez du bouton droit sur la transition puis sur la commande **Supprimer**.

Ajouter des effets

Lors du montage, vous pouvez ajouter des effets sur les différentes séquences vidéo. La plupart de ces effets se retrouvent également dans les menus des Caméscopes. Pour plus de simplicité et pour une meilleure qualité, il est recommandé de filmer avec la meilleure qualité possible sans appliquer d'effets au niveau du Caméscope. Une fois l'acquisition et l'importation réalisées, vous pourrez toujours ajouter les effets vidéo avec Windows Movie Maker.

1 Dans Windows Movie Maker, au besoin, basculez en mode séquentiel en cliquant sur le bouton **Affiche la table de montage séquentiel**.

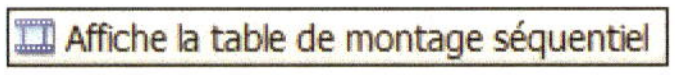

2 Dans le volet des tâches, dans la rubrique *Modifier la vidéo*, cliquez sur le lien *Afficher les effets vidéo*.

3 Sélectionnez un effet, puis prévisualisez-le dans l'écran de contrôle en cliquant sur **Lecture**. Certains effets permettent de retourner le film verticalement ou horizontalement, de le faire pivoter, de lui donner un effet plus ancien ou de changer la vitesse de lecture.

4 Faites glisser l'effet sur l'image ou la séquence vidéo.

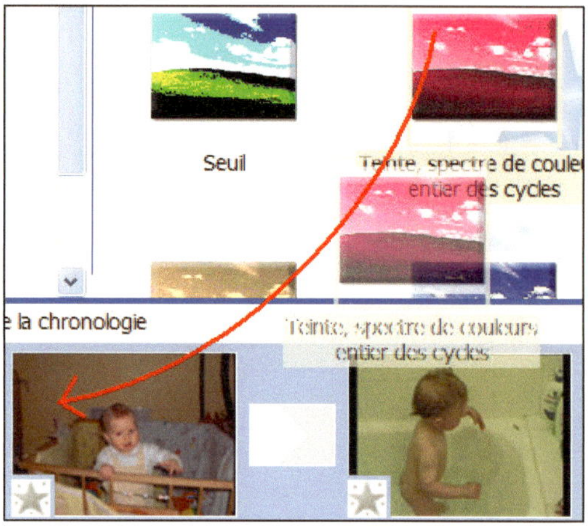

Une étoile bleue est ajoutée dans les effets.

5 Vous pouvez cumuler plusieurs effets sur une même séquence, soit par cliquer-glisser d'effets supplémentaires sur la séquence, soit par un clic droit sur l'effet ; puis cliquez sur la commande **Effets vidéo**.

6 Dans la boîte de dialogue **Ajouter ou supprimer des effets vidéo**, sélectionnez des effets puis cliquez soit sur le bouton **Ajouter** si vous avez choisi un effet disponible, soit sur le bouton **Supprimer** si l'effet était appliqué. Parmi les effets affichés, vous pouvez monter ou descendre les effets après les avoir sélectionnés.

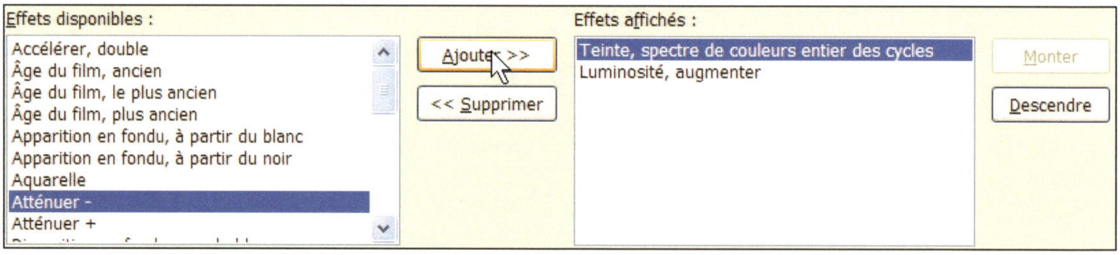

Ajouter un titre, un titre de chapitre ou un générique de fin

Une fois votre montage presque achevé, vous allez pouvoir ajouter du texte en tant que titre, comme séparation entre séquences et en générique de fin :

1 Dans le volet des tâches de Windows Movie Maker, dans la rubrique *Modifier la vidéo*, cliquez sur le lien *Créer des titres ou des génériques*.

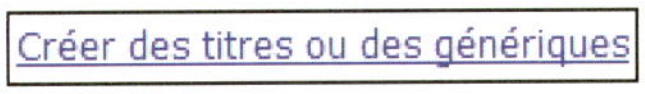

2 Cliquez sur le lien *titre au début* pour ajouter un titre.

3 Saisissez le titre, soit uniquement dans la partie supérieure, soit dans les deux cadres (titre sur deux lignes).

4 Cliquez sur le lien *Modifier l'animation du titre*.

5 Sélectionnez une animation en fonction du nombre de lignes utilisées (un cadre ou deux) pour la saisie du titre.

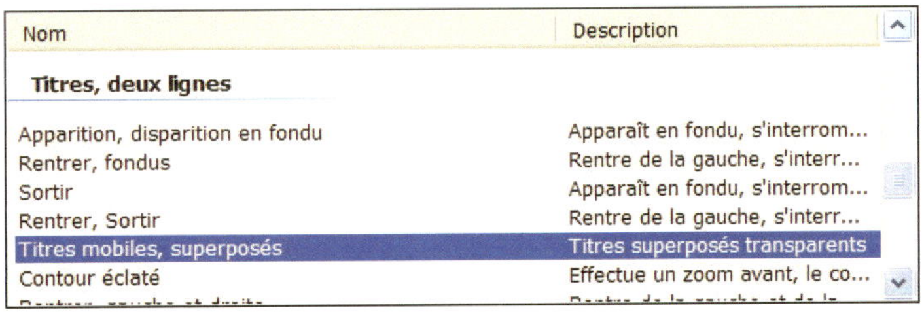

astuce

Est-ce que cela vous plaît ?

Jouez l'animation de votre titre dans l'écran de contrôle ; au besoin, sélectionnez une autre animation.

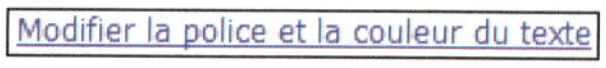

6 Cliquez sur le lien *Modifier la police et la couleur du texte*.

7 Sélectionnez :

- la police (forme des lettres) ;

- les attributs (gras, italique et souligné) ;

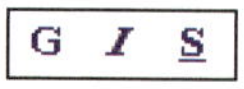

- la couleur du texte ;

- la couleur du fond d'écran ;

- la taille de la police ;

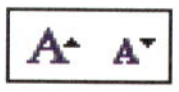

- la position du texte (aligné à gauche, centré ou aligné à droite).

Si vous prévoyez de superposer le titre à des images, réglez la transparence.

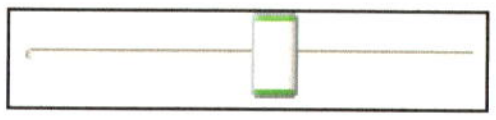

8 Une fois tous les réglages réalisés, cliquez sur le lien *Ajouter un titre à la vidéo*.

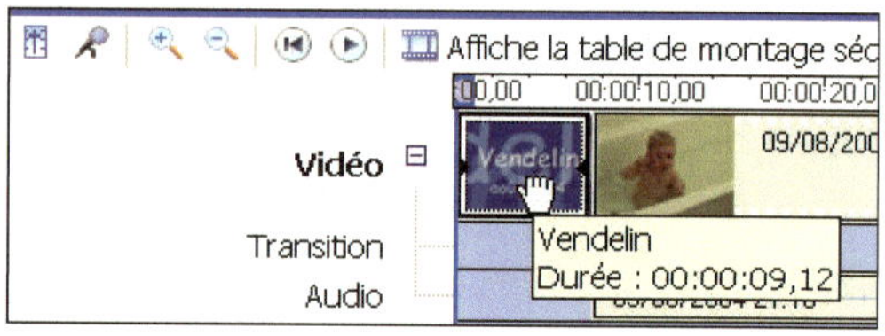

9 Pour modifier le titre, double-cliquez dessus dans la zone de montage.

10 Recommencez pour insérer des génériques entre les clips et à la fin de votre vidéo.

Ajouter du son

En plus ou à la place de la bande son d'origine, vous pouvez ajouter à votre montage des bruitages, un fond sonore ou une narration :

1 Dans Windows Movie Maker, cliquez sur le bouton **Affiche la chronologie**.

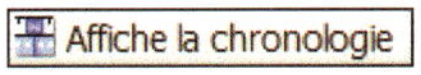

2 Au besoin, remontez la séparation horizontale pour faire apparaître les pistes contenant le son.

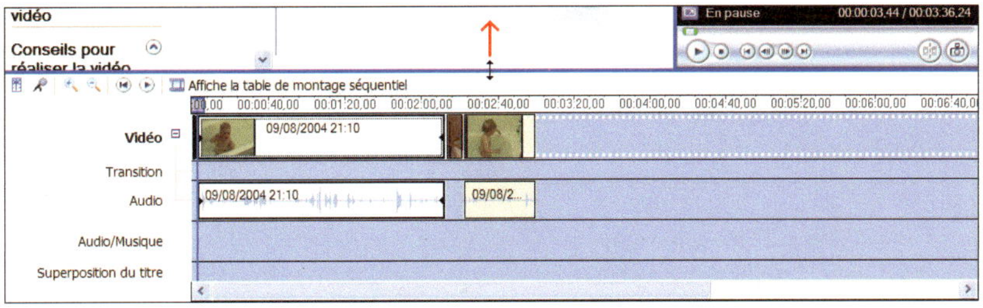

3 Pour ajouter un fond sonore ou un bruitage :

- importez le son dans la collection ;

Au besoin, reportez-vous à la fiche Importer des vidéos, des images et des bandes-son.

- par un cliquer-glisser, déplacez le son dans la zone de montage.

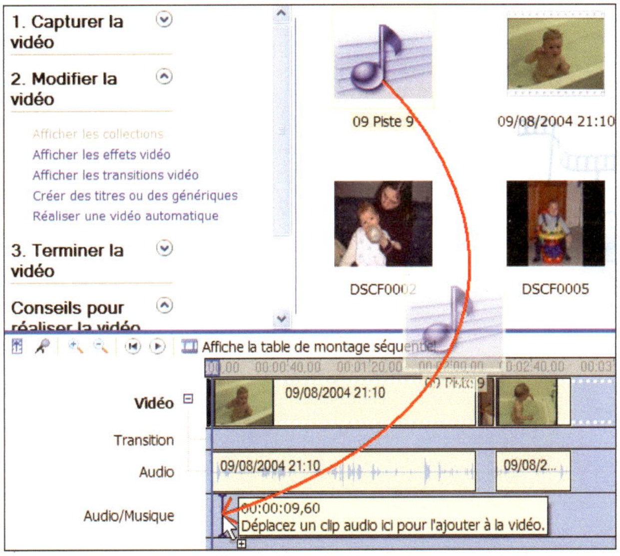

4 Comme pour une séquence vidéo, vous avez la possibilité de déplacer le son au sein du film par cliquer-glisser.

5 Vous pouvez également en raccourcir la durée comme pour les vidéos.

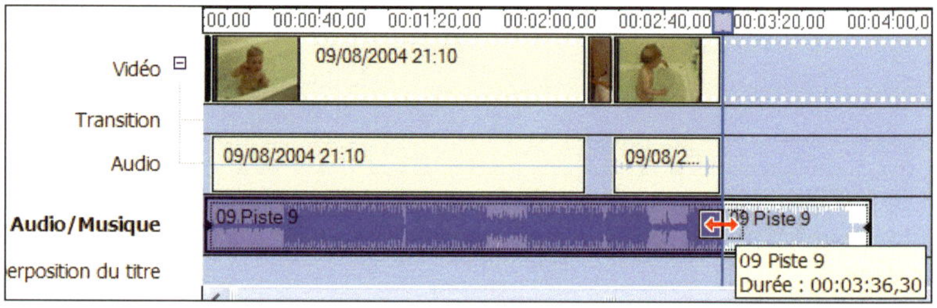

6 Pour modifier le volume sonore de la bande-son originale, cliquez du bouton droit dans la ligne *Audio* sur la bande-son associée à la séquence vidéo.

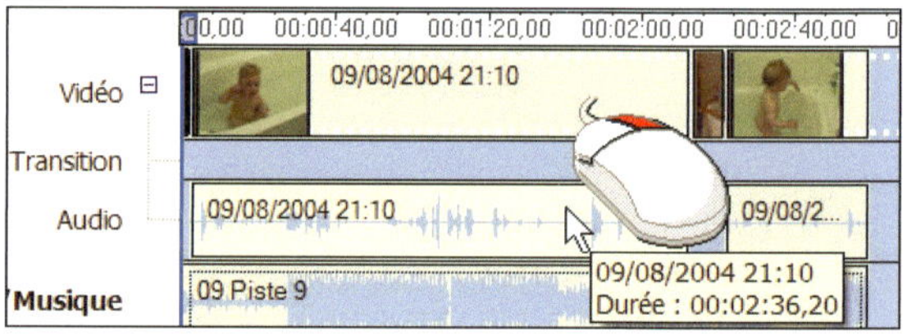

Puis cliquez sur la commande :

- **Muet** ;
- **Apparition en fondu** ;
- **Disparition en fondu** ;
- **Volume**.

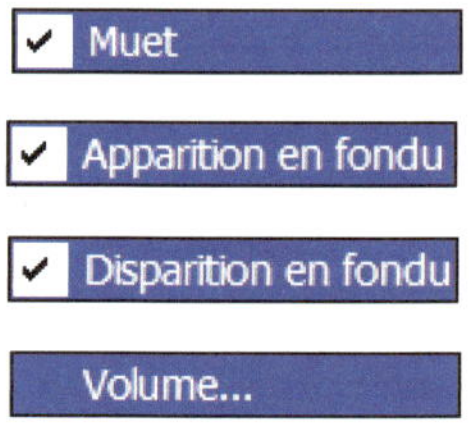

Pour enregistrer la narration :

information

Narration ou fond sonore

Si vous enregistrez une narration, celle-ci remplacera votre fond sonore et/ou vos bruitages.

1 Cliquez sur le bouton **Narration de la chronologie**.

2 Cliquez sur le lien *Afficher plus d'options*.

3 Configurez les options de la narration en fonction du matériel que vous utilisez. Si vous êtes troublé par le fond sonore de la vidéo, cochez la case *Haut-parleurs muets*.

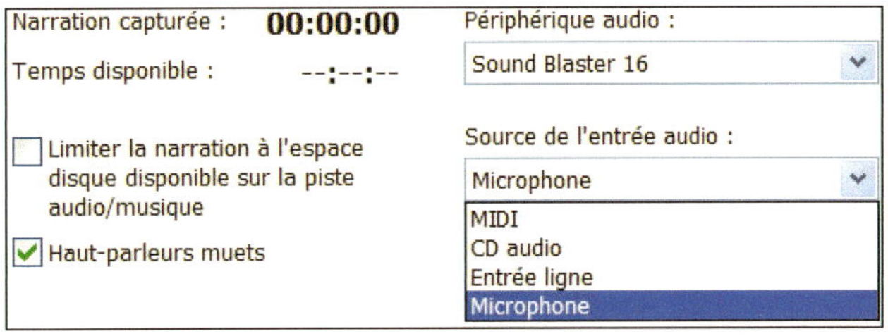

4 Cliquez sur le bouton **Démarrer la narration** puis parlez en même temps que la vidéo défile dans l'écran de contrôle.

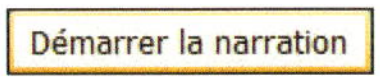

5 Au besoin, ajustez le volume sonore pendant l'enregistrement.

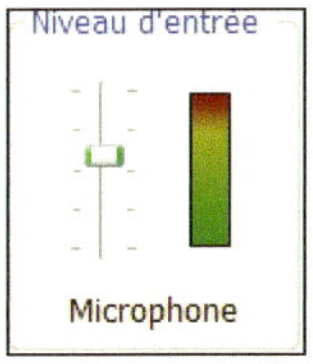

6 Une fois la narration terminée, cliquez sur le bouton **Arrêter la narration**.

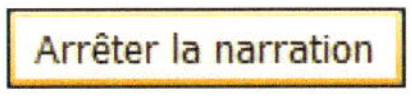

7 Donnez un nom au fichier dans lequel la narration sera enregistrée, puis cliquez sur le bouton **Enregistrer**.

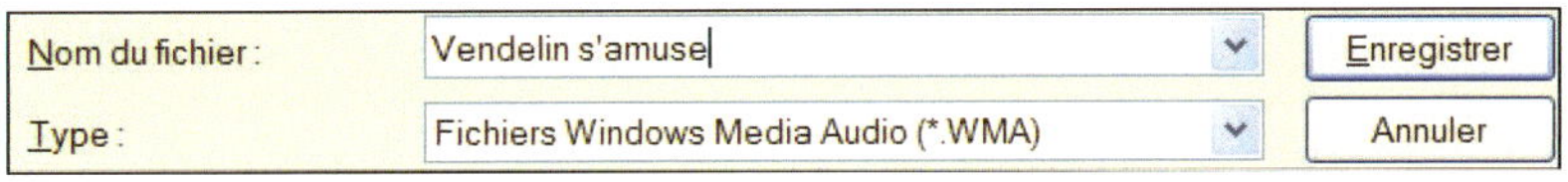

8 Cliquez sur le lien *Terminé*.

Créer et diffuser sa vidéo

Une fois votre montage terminé, vous allez devoir créer la vidéo finale. Il ne s'agit pas de l'opération la plus éreintante, mais c'est parfois la plus longue selon la qualité finale sélectionnée.

1 Dans le volet des tâches de Windows Movie Maker, cliquez sur le chevron de la rubrique *Terminer la vidéo*.

2 Cliquez sur le lien *Enregistrer sur mon ordinateur*.

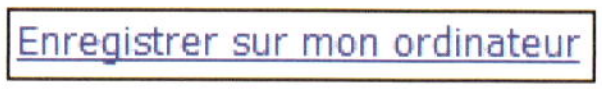

information

Partager votre vidéo

Vous pouvez aussi choisir de graver un CD directement si vous disposez d'un graveur et d'un CD vierge dans votre ordinateur. Si vous disposez d'une connexion Internet, vous pouvez choisir d'envoyer la vidéo qui sera attachée automatiquement en pièce jointe d'un message électronique. Ou encore publier la vidéo sur un site web. Si vous disposez d'un Caméscope numérique, la vidéo pourra être renvoyée vers celui-ci. Ensuite, en branchant votre Caméscope sur un téléviseur, vous pourrez épater vos proches avec les effets de Windows Movie Maker.

3 Saisissez un nom pour votre vidéo finale. Sélectionnez un dossier soit à partir de la liste déroulante, soit en cliquant sur le bouton **Parcourir**.

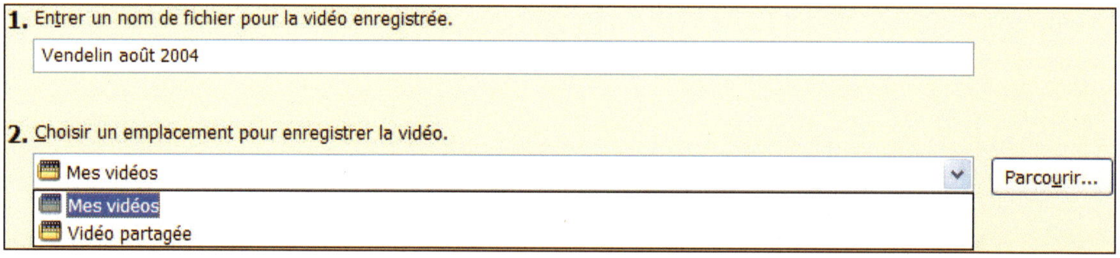

4 Cliquez sur le bouton **Suivant**.

5 Cliquez sur le lien *Afficher plus de choix*.

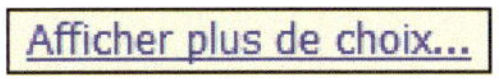

6 Sélectionnez la qualité que vous souhaitez utiliser soit en fonction de la taille de l'image et du nombre d'images par seconde (un minimum de 20 images par seconde est souhaitable, sauf pour les PocketPC) soit en fonction de la taille de la vidéo finale (par exemple pour la graver ultérieurement sur un CD-Rom).

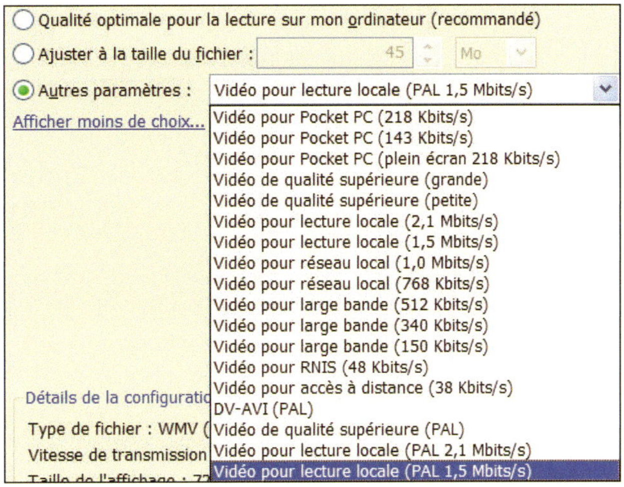

7 Contrôlez la qualité sélectionnée dans la rubrique *Détails de la configuration*. Puis cliquez sur le bouton **Suivant**.

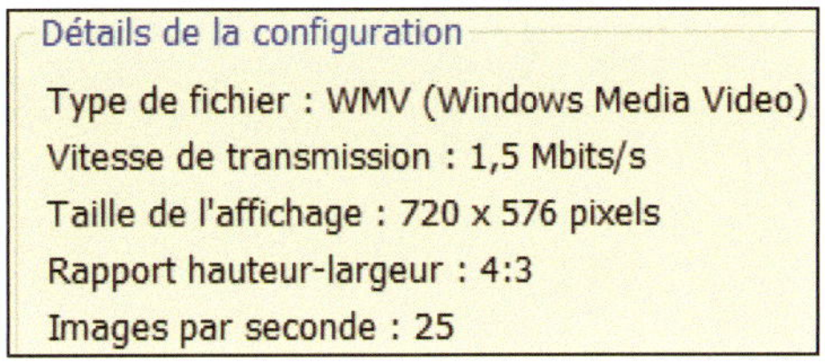

8 Patientez plusieurs (dizaines de) minutes.

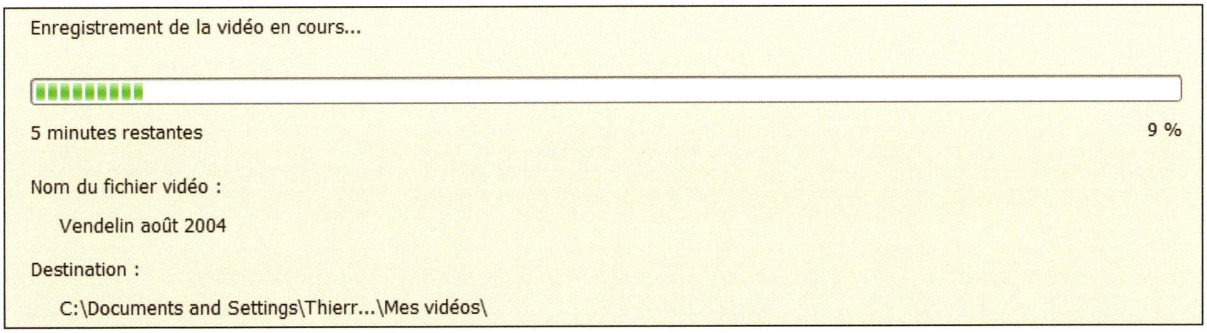

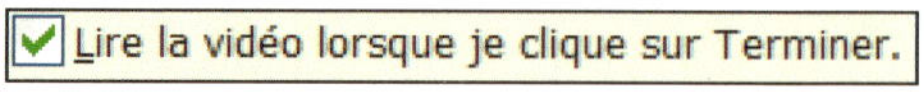

9 Une fois la vidéo créée, laissez la case *Lire la vidéo lorsque je clique sur Terminer* cochée. Puis cliquez sur le bouton **Terminer**.

10 La vidéo est lue dans le lecteur Windows Media.

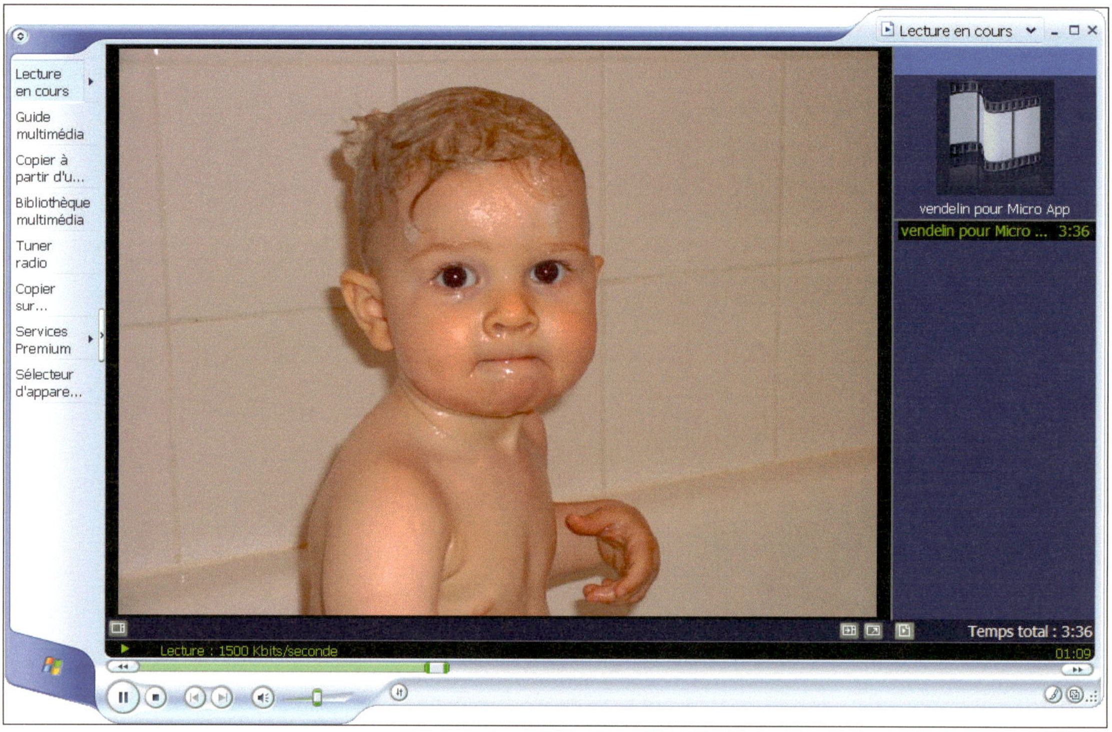

Chapitre 7

Configurer et maintenir son ordinateur

En quelques manipulations très simples, vous allez pouvoir configurer Windows XP à votre guise, sans l'intervention d'un technicien. Notez que certaines opérations nécessitent de disposer des droits d'administrateur de l'ordinateur pour être réalisées. Mais, rassurez-vous, l'administrateur, c'est vous !

Fiche 84 • Régler la date et l'heure *174*

Fiche 85 • Changer l'image du Bureau *175*

Fiche 86 • Changer l'écran de veille *176-177*

Fiche 87 • Modifier les couleurs de Windows *178-179*

Fiche 88 • Modifier la résolution et le nombre de couleurs *180-181*

Fiche 89 • Configurer le menu Démarrer *182-185*

Fiche 90 • Configurer la barre des tâches *186-187*

Fiche 91 • Se protéger des intrus avec le pare-feu Windows *188-189*

Fiche 92 • Se protéger avec un antivirus *190-194*

Fiche 93 • Mettre son ordinateur régulièrement à jour *195-197*

Fiche 94 • Rendre une application compatible pour Windows XP *198*

Fiche 95 • Créer un mot de passe *199*

Fiche 96 • Modifier le portrait *200*

Fiche 97 • Ajouter un compte utilisateur *201*

Fiche 98 • Modifier le type d'un compte utilisateur *202*

Fiche 99 • Empêcher un mot de passe oublié *203-204*

Fiche 100 • Supprimer un compte utilisateur *205*

Fiche 101 • Configurer sa connexion Internet par modem *206-207*

Fiche 102 • Configurer sa connexion Internet ADSL *208-209*

Fiche 103 • Configurer un compte de messagerie avec Outlook Express.. *210-211*

Fiche 104 • Configurer les groupes de discussion avec Outlook Express .. *212-213*

Régler la date et l'heure

Si l'horloge de votre ordinateur a tendance à se dérégler ou si la date est mal configurée, vous pouvez modifier ces paramètres facilement.

Pour régler l'heure :

1. Ouvrez une session avec un compte de type administrateur.

2. Double-cliquez sur l'horloge en bas à droite de l'écran, dans la zone de notification.

3. Cliquez sur l'heure, les minutes et les secondes puis saisissez les nouvelles valeurs. Vous pouvez aussi utiliser les boutons situés à droite.

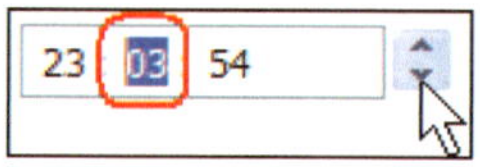

4. Cliquez sur le bouton OK pour appliquer les changements.

Pour régler la date :

1. Ouvrez une session avec un compte de type administrateur.

2. Double-cliquez sur l'horloge en bas à droite de l'écran.

3. Indiquez l'année à l'aide des flèches.

4. Sélectionnez le mois dans la liste déroulante.

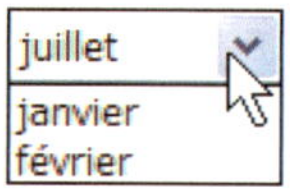

5. Sélectionnez le jour.

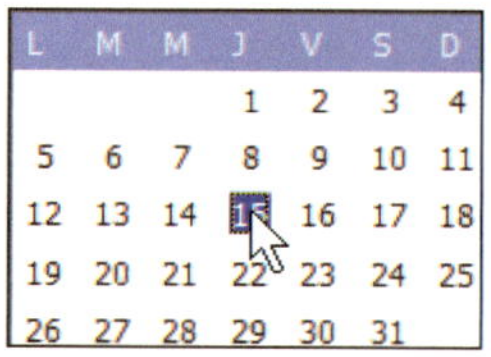

6. Cliquez sur le bouton OK pour appliquer les changements et fermer la boîte de dialogue.

Changer l'image du Bureau

Par défaut, Windows XP affiche les collines verdoyantes ou une image choisie par le constructeur de votre ordinateur. Peut-être avez-vous envie d'en changer pour mettre une photo de famille ? Pour changer l'image du Bureau :

1 Cliquez du bouton droit sur un espace vide du Bureau.

2 Cliquez sur la commande **Propriétés**.

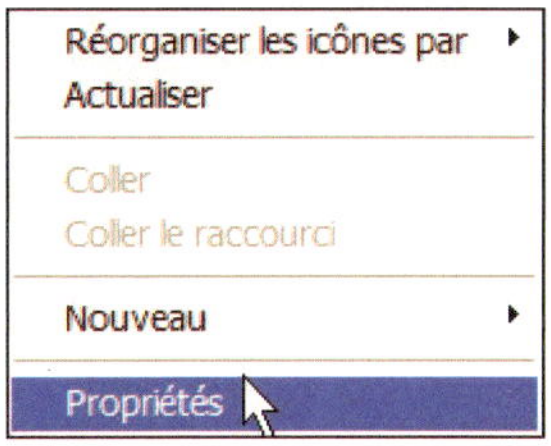

3 Cliquez sur l'onglet **Bureau**.

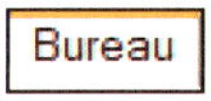

4 Cliquez sur le bouton **Parcourir**.

5 Sélectionnez une photo dans l'un de vos dossiers puis cliquez sur le bouton **Ouvrir**.

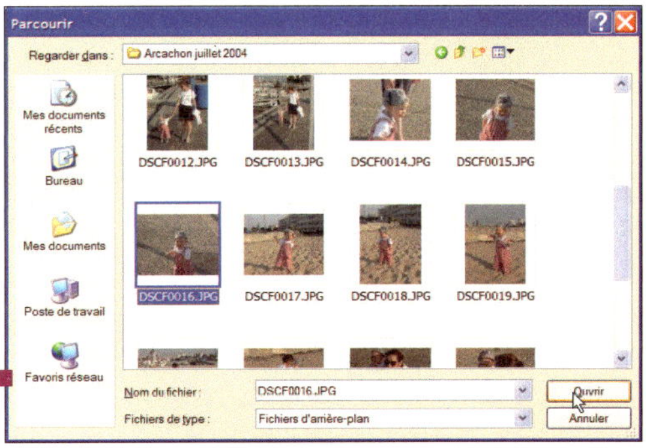

6 Cliquez sur le bouton OK ; votre arrière-plan a été modifié.

Changer l'écran de veille

Par défaut, après 10 minutes d'inactivité du clavier ou de la souris, Windows XP démarre un programme appelé économiseur d'écran. Le but des premiers programmes était d'éviter de brûler l'écran si un programme affichait la même image pendant plusieurs dizaines d'heures. Aujourd'hui, les économiseurs d'écran permettent de protéger vos activités en cours lorsque vous quittez votre ordinateur. Pour choisir et configurer un économiseur d'écran :

1 Cliquez du bouton droit sur un espace vide du Bureau.

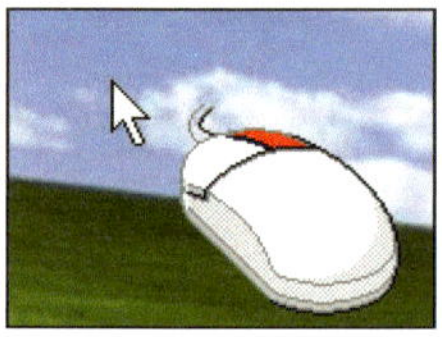

2 Cliquez sur la commande **Propriétés**.

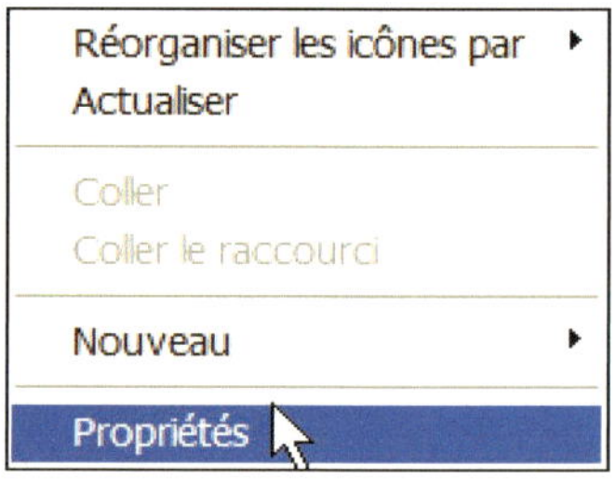

3 Cliquez sur l'onglet **Ecran de veille**.

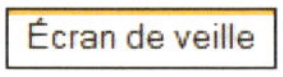

4 Dans la zone à liste déroulante, sélectionnez un écran de veille. Par exemple, sélectionnez *Mon album photo*. Vous allez pouvoir choisir un dossier comprenant vos images personnelles. Celles-ci seront affichées successivement selon des critères paramétrables.

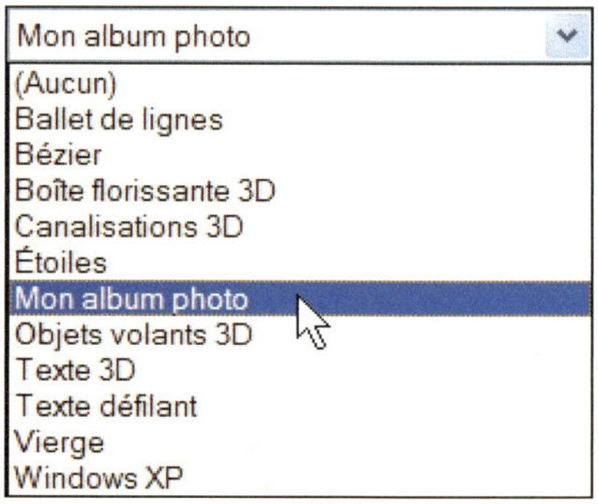

5 Cliquez sur le bouton **Paramètres**.

6 Configurez les options disponibles pour l'écran de veille *Mon album photo*. Par exemple, modifiez l'emplacement des images, leur temps ou leur taille d'affichage, etc.

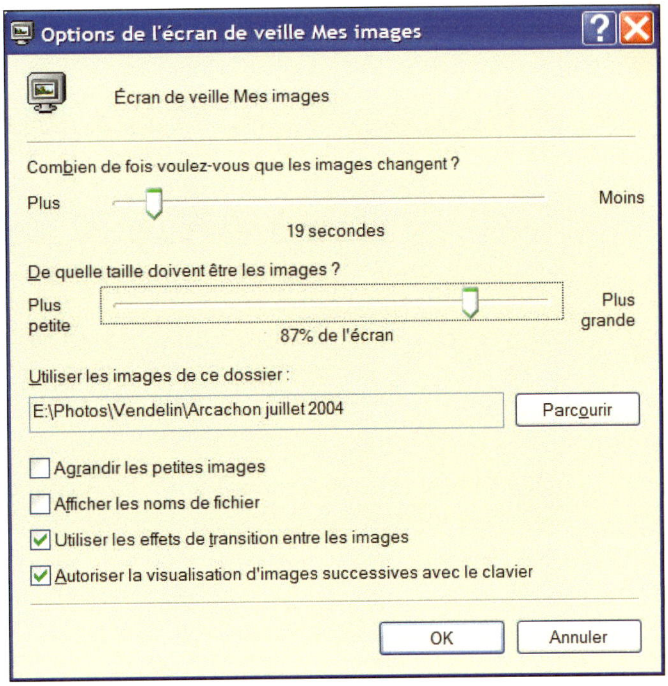

7 Choisissez le dossier contenant vos images en cliquant sur le bouton **Parcourir** puis cliquez sur le bouton OK.

8 Cliquez sur le bouton **Aperçu** pour valider le choix de l'économiseur d'écran et ses options. Ne bougez pas la souris tant que vous souhaitez voir l'économiseur d'écran en action.

9 Si vous êtes satisfait de l'économiseur d'écran et de ses options, cliquez sur le bouton OK.

Protéger par mot de passe

Si vous cochez la case *A la reprise, afficher l'écran d'accueil*, votre session sera verrouillée. Si la bascule rapide utilisateur est activée, vous reviendrez à l'écran d'accueil. La saisie de votre mot de passe sera nécessaire pour retrouver vos travaux en cours.

Modifier les couleurs de Windows

Vous souhaitez modifier les couleurs des éléments visuels de Windows ? C'est possible et même facile.

Pour modifier toutes les couleurs :

1. Cliquez du bouton droit sur un espace vide du Bureau.

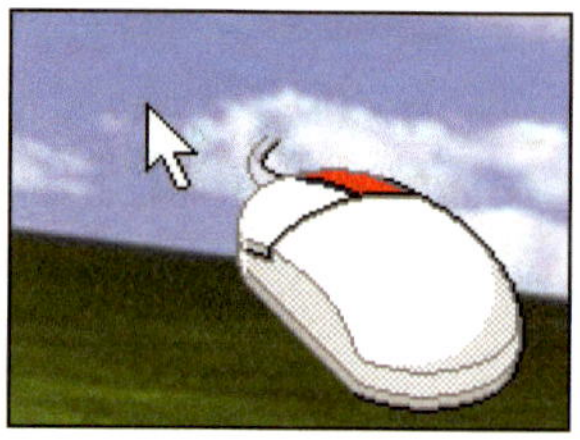

2. Cliquez sur la commande **Propriétés**.

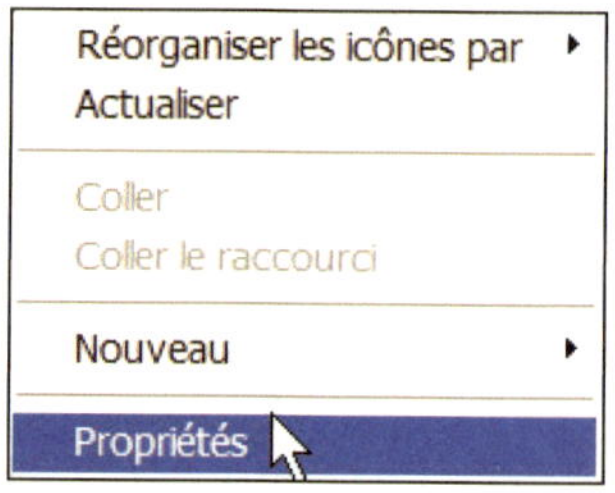

3. Cliquez sur l'onglet **Apparence**.

4. Dans la zone à liste déroulante *Modèles de couleur*, sélectionnez le modèle *Gris clair*, *Par défaut (bleu)* ou *Vert olive*.

5. Cliquez sur le bouton OK ; les couleurs sont alors modifiées.

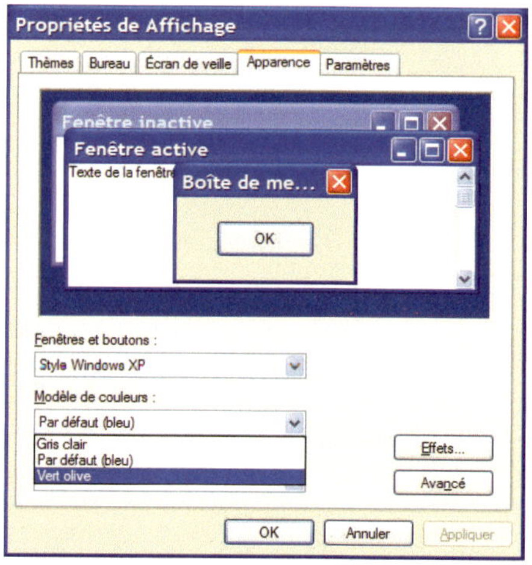

Perte du thème Luna

En utilisant cette méthode, vous obtiendrez une plus grande finesse dans le paramétrage de l'apparence ; néanmoins, vous perdrez l'expérience visuelle de Windows XP.

Pour changer les couleurs de certains éléments :

1. Cliquez du bouton droit sur un espace vide du Bureau.
2. Cliquez sur la commande **Propriétés**.
3. Sous l'onglet **Thèmes**, sélectionnez *Windows Classique* dans la liste déroulante *Thème*.

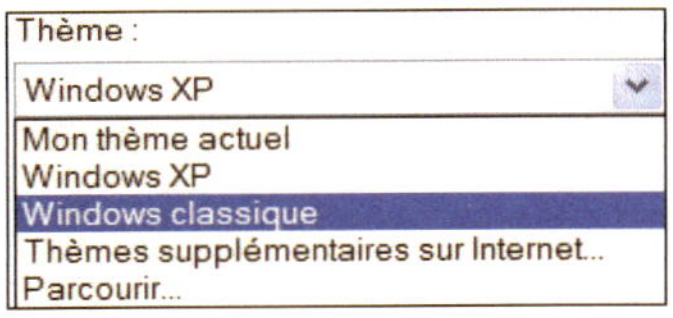

4. Sous l'onglet **Apparence**, cliquez sur le bouton **Avancé**.

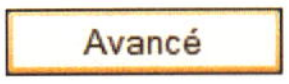

5. Sélectionnez un élément dans l'aperçu, puis modifiez-en ses propriétés (*Couleur*, *Police*, *Taille*, etc.).

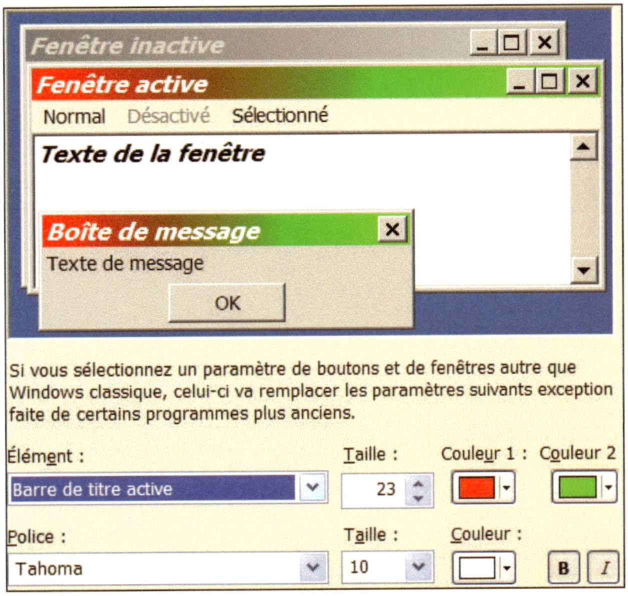

Modifier la résolution et le nombre de couleurs

La résolution concerne le nombre de points affichés en largeur et en hauteur. Chaque point est appelé un pixel. Plus vous affichez de pixels et plus la quantité d'information pouvant être affichée à l'écran est importante. En revanche, cette information apparaîtra affichée plus petite. Comme en avion, plus on s'éloigne de la surface terrestre et plus nous pouvons voir de choses, mais en plus petit.

Modifier la résolution

Pour modifier la résolution :

1. Cliquez du bouton droit sur un espace vide du Bureau.

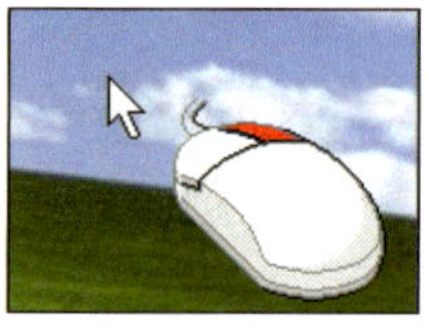

2. Cliquez sur la commande **Propriétés**.

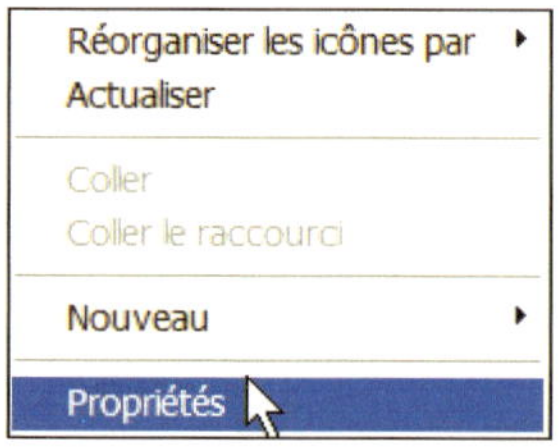

3. Cliquez sur l'onglet **Paramètres**.

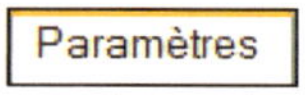

4. Faites glisser le curseur sur la résolution la plus adaptée en fonction de la taille de votre écran et de votre vue.

5. Cliquez sur le bouton **Appliquer**.

6 Après quelques secondes, la résolution est modifiée ; si vous pouvez voir la boîte de dialogue affichée, cliquez sur le bouton **Oui**. Sinon patientez 15 secondes, l'ancienne résolution sera restaurée automatiquement.

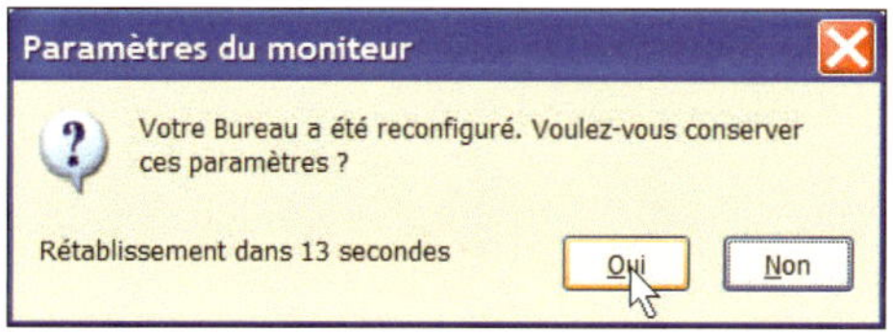

7 Cliquez sur le bouton **OK** ou **Annuler**.

Résolution recommandée en fonction de la taille du moniteur

Diagonale de l'écran	Résolution recommandée
15 pouces	800 x 600
17 pouces	1024 x 768
19 pouces	1280 x 1024

Modifier le nombre de couleurs

Le nombre de couleurs affichées dépend de la qualité de votre carte vidéo. À partir de 24 bits, soit 16 777 216 couleurs (224), on considère que l'on est en couleurs vraies ; c'est-à-dire que les nuances de teintes supplémentaires ne sont plus distinguées par un œil humain en affichage classique.

Pour choisir le nombre de couleurs :

1 Cliquez du bouton droit sur un espace vide du Bureau.

2 Cliquez sur la commande **Propriétés**.

3 Cliquez sur l'onglet **Paramètres** dans la boîte de dialogue **Propriétés de Affichage**.

4 Dans la zone à liste déroulante *Qualité couleur*, choisissez la qualité la plus élevée possible, par exemple 32 bits.

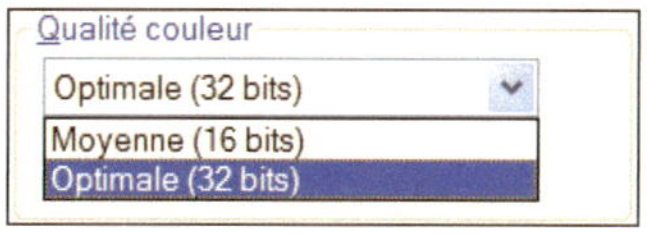

5 Cliquez sur le bouton **Appliquer**.

6 Après quelques secondes, le nombre de couleurs est modifié ; si vous pouvez voir la boîte de dialogue affichée, cliquez sur le bouton **Oui**. Sinon patientez 15 secondes, l'ancienne résolution sera restaurée automatiquement. Cliquez sur le bouton **OK** ou **Annuler**.

Configurer le menu Démarrer

Le menu **Démarrer** est le cœur de Windows pour réaliser les opérations les plus courantes. Aussi, vous pouvez le personnaliser et l'optimiser afin qu'il réponde au mieux à vos attentes.

Configurer le nombre de programmes affichés

Pour définir combien de programmes doivent figurer dans la partie gauche du menu **démarrer** :

1. Cliquez du bouton droit sur le bouton **démarrer** puis sur la commande **Propriétés**.

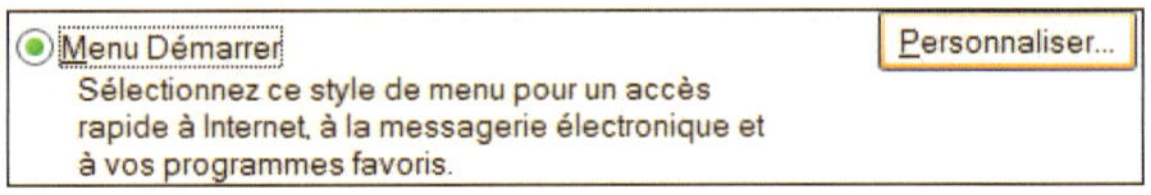

2. Dans la boîte de dialogue **Propriétés de la Barre des tâches et du menu Démarrer**, sous l'onglet **Menu Démarrer**, conservez l'option *Menu Démarrer* puis cliquez sur le bouton **Personnaliser**.

3. Sélectionnez l'option *Petites icônes* pour afficher plus d'icônes.

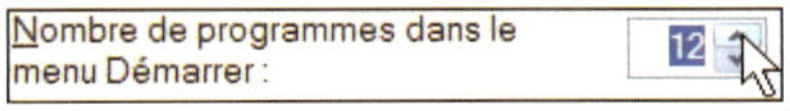

4. Dans la liste de type compteur *Nombre de programmes dans le menu Démarrer*, indiquez *12* si la résolution de votre affichage est de 800*600 ou *14* si elle est configurée en 1024*768.

5. Cliquez sur le bouton OK à deux reprises pour fermer toutes les boîtes de dialogue ouvertes.

Configurer des programmes affichés en permanence

Par défaut, seuls un navigateur web et un client de messagerie sont affichés dans le menu **Démarrer** en permanence. Vous pouvez modifier ces choix et même ajouter vos propres programmes. Pour choisir votre navigateur et le client de messagerie :

1. Cliquez du bouton droit sur le bouton **démarrer** puis sur la commande **Propriétés**.

2. Dans la boîte de dialogue **Propriétés de la Barre des tâches et du menu Démarrer**, sous l'onglet **Menu Démarrer**, conservez l'option *Menu Démarrer* puis cliquez sur le bouton **Personnaliser**.

3. Cochez ou décochez les cases *Internet* et *Courrier électronique*.

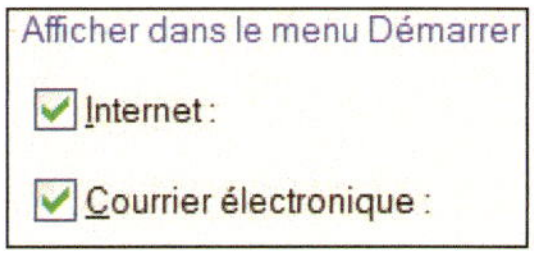

4. Dans les listes déroulantes, choisissez le programme que vous souhaitez voir apparaître en haut du menu **Démarrer**.

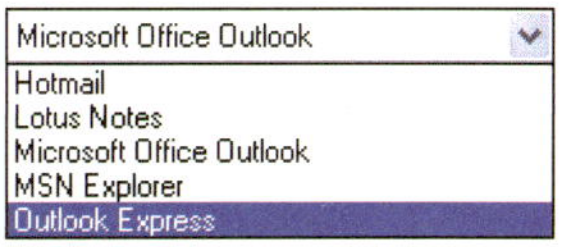

5. Cliquez sur le bouton OK à deux reprises.

Pour ajouter un programme dans la liste des programmes affichés en permanence dans le menu **Démarrer** :

1. Localisez le programme que vous souhaitez ajouter dans la partie supérieure du menu **Démarrer** :
   - soit à partir des commandes régulièrement démarrées ;

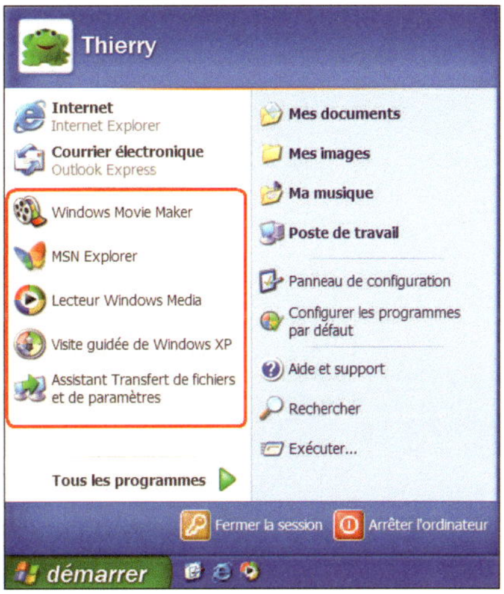

- soit à partir du menu **Démarrer** et de la commande **Tous les programmes** ;
- soit à partir d'un raccourci ou d'une icône présent dans un dossier ou sur le Bureau.

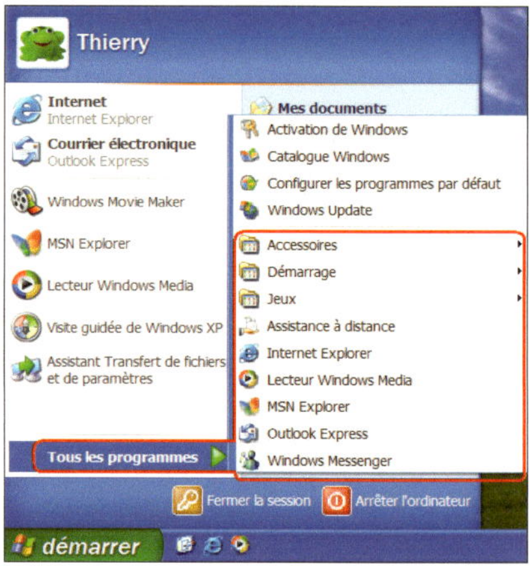

2 Cliquez sur l'icône du programme ou de l'élément à ajouter puis, tout en maintenant le bouton de la souris enfoncé, faites glisser le curseur de la souris dans la partie supérieure gauche du menu **Démarrer**.

3 Relâchez le bouton de la souris.

4 Le raccourci est désormais présent dans la partie supérieure du menu **Démarrer**.

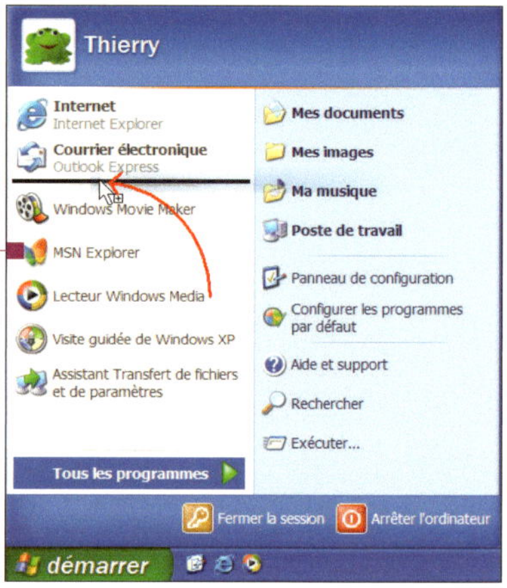

astuce

Renommer un raccourci

Vous pouvez renommer le raccourci d'un programme dans le menu **Démarrer** en cliquant du bouton droit sur ce raccourci puis sur la commande **Renommer**. Saisissez le nom du raccourci puis cliquez sur le bouton OK.

astuce

Supprimer un programme de cette partie du menu démarrer

Pour supprimer un raccourci ajouté dans la partie des programmes affichés en permanence dans le menu **Démarrer**, cliquez du bouton droit sur le raccourci à supprimer. Puis cliquez sur la commande **Supprimer de cette liste**. Notez que cela ne supprime que le raccourci et non le programme.

Ajouter ou supprimer de nouvelles commandes

Vous pouvez ajouter ou supprimer de nouvelles commandes dans la partie droite du menu **Démarrer** :

1. Cliquez du bouton droit sur le bouton **démarrer** puis sur la commande **Propriétés**.

2. Dans la boîte de dialogue **Propriétés de la Barre des tâches et du menu Démarrer**, sous l'onglet **Menu Démarrer**, conservez l'option *Menu Démarrer* puis cliquez sur le bouton **Personnaliser**.

3. Cliquez sur l'onglet **Avancé** de la boîte de dialogue **Personnaliser le menu Démarrer**.

4. Activez ou désactivez les cases à cocher de la rubrique *Eléments du menu Démarrer* selon vos besoins.

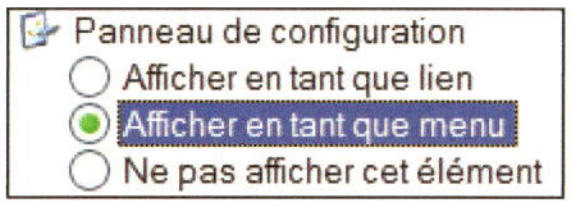

Menu ou lien ?

Une fonctionnalité intéressante de Windows XP est de proposer l'affichage du contenu d'un élément sous forme d'un menu affiché directement dans le menu **Démarrer**. Par exemple, si vous affichez ainsi le Poste de travail, vous verrez les lecteurs si vous pointez sur **Poste de travail** dans le menu **Démarrer**. Si vous choisissez d'afficher l'élément sous forme d'un lien, vous devrez cliquer dessus pour faire ouvrir une nouvelle fenêtre qui affichera le contenu.

Repérer les nouveaux programmes

Lorsque vous installez un programme dans votre ordinateur, généralement, de nouveaux raccourcis sont ajoutés dans le menu **Démarrer**. Tant que vous n'aurez pas cliqué sur l'un de ces nouveaux raccourcis, ils apparaîtront surlignés en orangé.

Configurer la barre des tâches

La barre des tâches vous indique en temps réel quels sont les programmes que vous avez choisi de démarrer.

Pour configurer les options de la barre des tâches :

1. Cliquez du bouton droit sur la barre des tâches.

2. Cliquez sur la commande **Propriétés**.

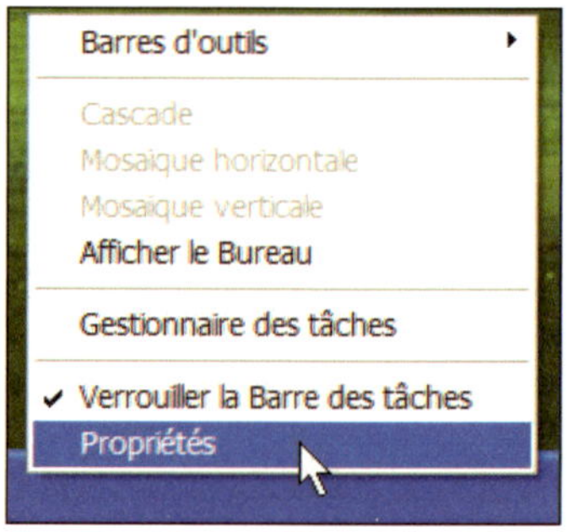

3. Sous l'onglet **Barre des tâches**, vous pouvez choisir de :
   - *Verrouiller la Barre des tâches*. Vous ne pourrez pas déplacer ni changer les dimensions de la Barre des tâches. Conservez cette case cochée.

astuce

Menu contextuel

Pour modifier cette option, vous pouvez aussi cliquer du bouton droit sur la barre des tâches puis sur la commande **Verrouiller la Barre des tâches.**

   - *Masquer automatiquement la Barre des tâches*. Elle permet de masquer la barre des tâches sauf si le curseur de la souris vient vers le côté de l'écran où elle est située. Par défaut, ce côté est le bas de l'écran.
   - *Conserver la Barre des tâches au-dessus des autres fenêtres*. Conservez cette case cochée, sinon la barre des tâches risque d'apparaître sous la fenêtre active si vous avez coché la case *Masquer automatiquement la Barre des tâches*. Vous ne la verrez donc pas.

- *Grouper les boutons similaires de la Barre des tâches*. C'est une option intéressante qui permet de regrouper les tâches par programme (Internet Explorer, Outlook Express, Paint, etc.). Conservez cette option activée.
- *Afficher la zone de Lancement rapide*. Elle permet d'afficher la barre de lancement rapide. Il s'agit des icônes présentes à droite du bouton **démarrer**. Cette barre est pratique pour y placer les programmes que vous utilisez très fréquemment.

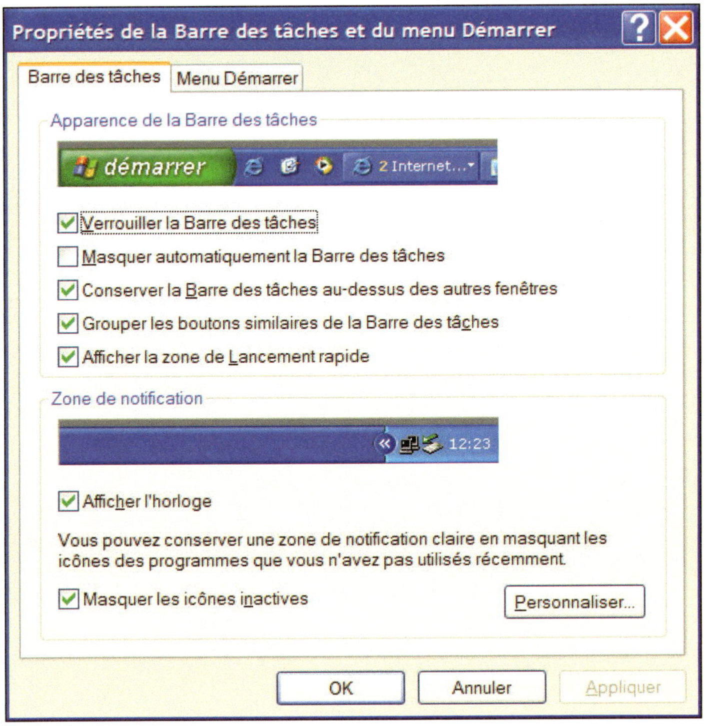

Consultez la fiche Créer un raccourci dans le chapitre Gérer ses dossiers et ses fichiers pour apprendre à créer un raccourci.

Enfin, dans la zone de notification, vous pouvez choisir d'afficher l'horloge en cochant la case *Afficher l'horloge*. La case à cocher *Masquer les icônes inactives* permet de définir le comportement des icônes situées en bas à droite de votre écran. Certaines icônes peuvent être tout le temps masquées alors que d'autres peuvent être masquées uniquement en cas d'inactivité. Enfin, certains préféreront toujours afficher certaines icônes ; néanmoins, cela occupera de la place à l'écran pour peu d'information utile. Cliquez sur le bouton **Personnaliser** pour définir comment afficher les icônes en fonction de leur inactivité.

Se protéger des intrus avec le pare-feu Windows

Un pare-feu a pour rôle d'assurer la sécurité de votre ordinateur lorsqu'il est connecté à un réseau tel Internet. C'est une barrière qui va autoriser ou non certains types de communications avec d'autres ordinateurs. Il est important de toujours conserver le pare-feu de Windows XP actif, ceci pour vous protéger des intrus.

Pour vérifier que votre pare-feu est bien activé :

1 Cliquez dans le menu **Démarrer** sur la commande **Panneau de configuration**.

2 Si vous êtes en affichage par catégories, cliquez sur le lien *Connexions réseau et Internet*.

information

Affichage classique

Si vous avez opté pour l'affichage classique, double-cliquez sur l'icône *Pare-feu Windows* et passez directement à l'étape 4.

3 Cliquez sur le lien *Pare-feu Windows*.

4 Pour le fonctionnement du pare-feu Windows, vous disposez de trois modes :

- *Activé* (recommandé). C'est la configuration à adopter par défaut. Elle permet à vos programmes de fonctionner correctement s'ils ont besoin d'être débloqués au niveau du pare-feu. C'est par exemple indispensable pour Windows Messenger si vous souhaitez faire de la vidéo conférence ou échanger des fichiers.

- *Ne pas autoriser d'exceptions*. Cette case à cocher place un bouclier au niveau de vos connexions. Cela vous assure un niveau de sécurité maximal. Néanmoins, certains programmes peuvent ne plus fonctionner correctement.

- *Désactivé* (non recommandé). Cette option ne doit être utilisée que si votre ordinateur est sur un réseau local. Cela permet en cas de problème de partage de fichiers de vérifier que le pare-feu Windows n'est pas en cause.

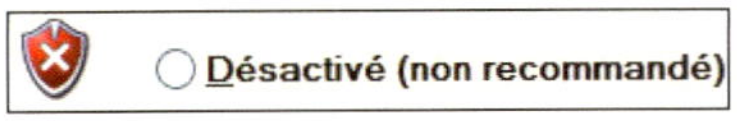

Se protéger avec un antivirus

Le but d'un antivirus est de détecter et d'éradiquer les virus informatiques. Ces virus sont des programmes conçus avec l'intention de nuire en infectant le plus grand nombre d'ordinateurs possible. Dans cette fiche, il vous est proposé d'utiliser le pare-feu *eTrust EZ Antivirus* ; une offre commerciale en partenariat avec Microsoft vous permet d'en disposer gratuitement pour une durée de un an.

attention

Autre antivirus gratuit

L'offre de Computer Associates risque d'être limitée dans le temps. L'intérêt d'eTrust est l'intégration de l'antivirus avec le centre de sécurité de Windows XP. Si l'offre a expiré, vous pouvez aussi utiliser des solutions gratuites comme ClamAV (www.clamwin.com) ou AVG (www.grisoft.com). N'installez qu'un seul antivirus à la fois.

Commencer par télécharger le programme

1. Avec Internet Explorer, rendez-vous à l'adresse www.my-etrust.com/microsoft/.

2. Cliquez sur le bouton **Download it now FREE. A $49.95 Value!**

3. Remplissez le formulaire en utilisant vos coordonnées (surtout l'adresse de courrier électronique). Puis cliquez sur le bouton **Continue**

4. Confirmez les informations saisies en cliquant sur le bouton **Continue**

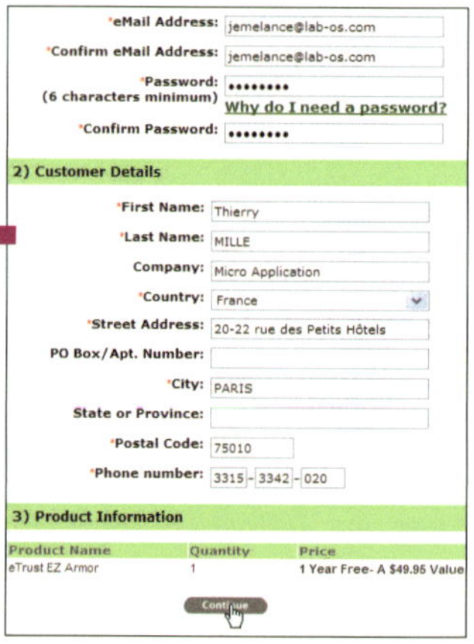

5 Relevez votre courrier, vous avez reçu un nouveau message. Il contient votre numéro de série. N'utilisez pas le lien de téléchargement fourni.

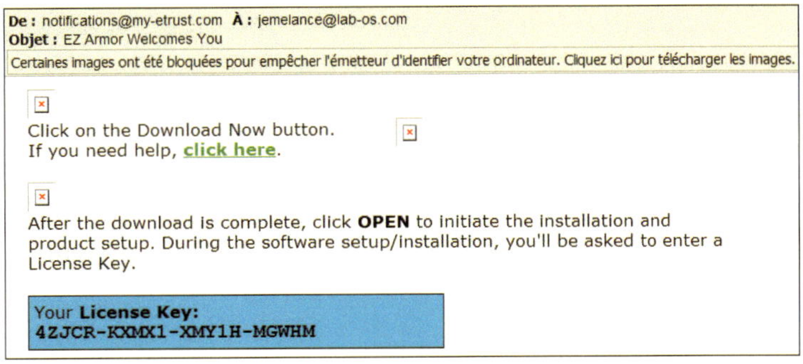

Télécharger manuellement l'antivirus

Le lien fourni dans le courrier électronique provoque le téléchargement de la suite complète du produit (antivirus et pare-feu ZoneAlarm).

6 Pour réaliser le téléchargement, utilisez l'une des adresses suivantes :

- `ftp://ftpez.ca.com/pub/myeTrust/apps/EZAntivirus.exe` ;
- `http://www.vet.com.au/Download/apps/EZAntivirus.exe`.

7 Cliquez sur le bouton **Enregistrer**.

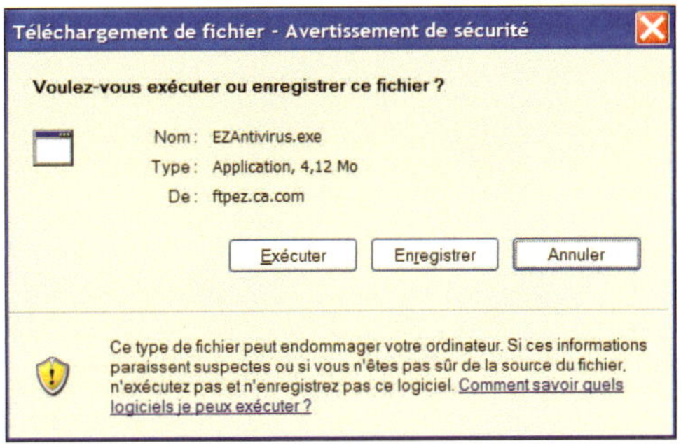

8 Choisissez l'un de vos dossiers pour stocker le fichier d'installation.

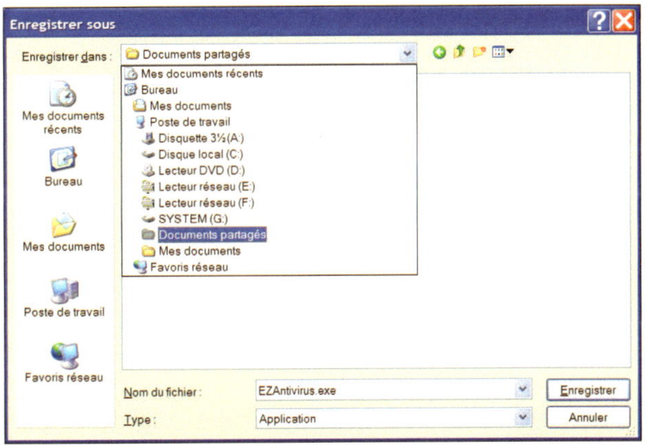

9 Une fois le téléchargement terminé, cliquez sur le bouton **Exécuter**.

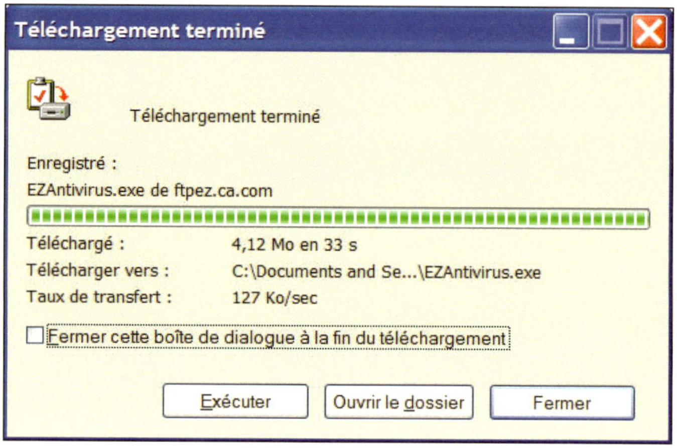

Installer le programme

1 Cliquez à nouveau sur le bouton **Exécuter**. L'installation démarre.

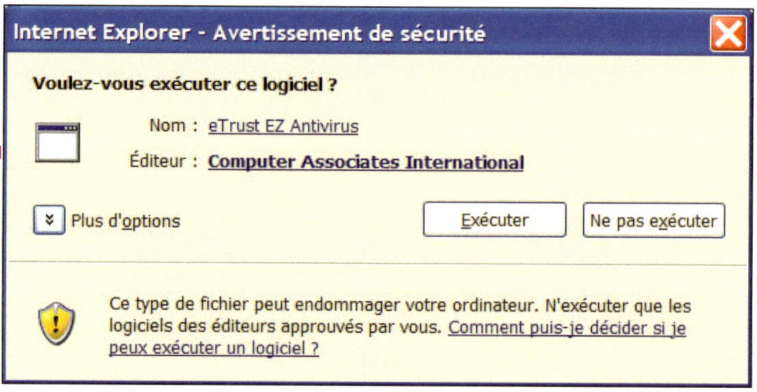

2 Cliquez sur les boutons **Next** puis **I agree** pour accepter le contrat de licence.

3 Saisissez le numéro de licence reçu par e-mail, puis cliquez sur le bouton **Next**.

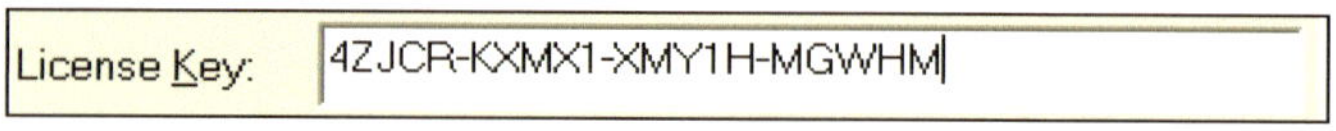

4 Cliquez sur le bouton **Typical**.

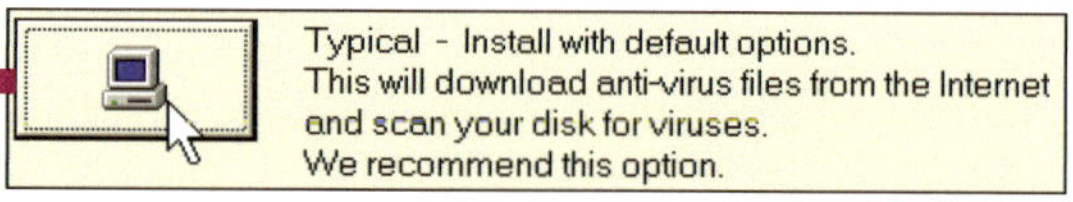

5 Si vous êtes connecté à Internet, l'antivirus récupère les dernières mises à jour. Puis une analyse complète de votre système est réalisée. Cette analyse peut durer plusieurs dizaines de minutes selon le nombre de fichiers déjà présents sur votre disque dur.

6 Retirez les disquettes et les CD/DVD-Rom se trouvant éventuellement dans les lecteurs, quittez tous vos programme, puis cliquez sur le bouton OK.

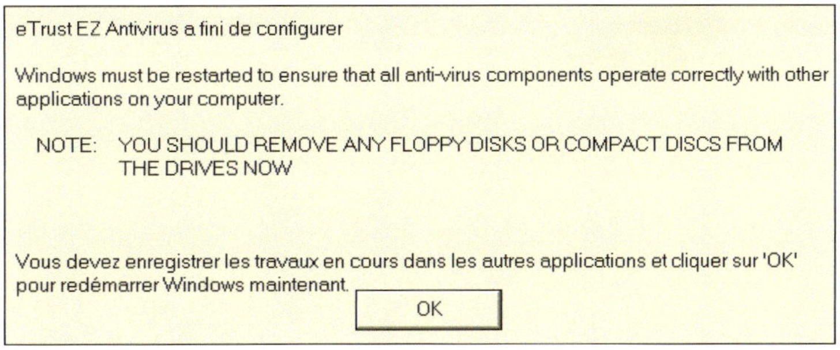

Pour configurer l'antivirus

L'antivirus est préconfiguré pour fonctionner de façon autonome. L'essentiel de la configuration d'un antivirus est de s'assurer qu'il est régulièrement mis à jour :

1 Dans la zone de notification, cliquez du bouton droit sur l'icône *eTrust EZ Antivirus*.

2 Cliquez sur la commande **eTrust EZ Antivirus**.

3 Dans le menu **Options**, cliquez sur la commande **Program**.

4 Cliquez sur l'onglet **AutoDownload**.

5 Décochez la case *Interactive update*.

6 Cliquez sur le bouton **Schedule Options**.

7 Remplacez le *24* par 4 dans la zone de texte *Every*. Si votre ordinateur reste généralement peu connecté à Internet, il vous est alors recommandé de faire la mise à jour manuellement. Si vous êtes connecté en permanence (ADSL ou câble, par exemple), conservez 24 heures.

information

Faire une mise à jour manuelle

Pour mettre à jour la base de données de reconnaissance des virus, cliquez du bouton droit sur l'icône *eTrust EZ Antivirus* dans la zone de notification, puis sur la commande **AutoDownload**.

Tester l'antivirus

Pour tester votre antivirus :

1. Rendez-vous à l'adresse www.eicar.org/anti_virus_test_file.htm.
2. Téléchargez les fichiers situés en bas de page ; au besoin, choisissez de les exécuter : l'antivirus devrait détecter une activité suspecte.

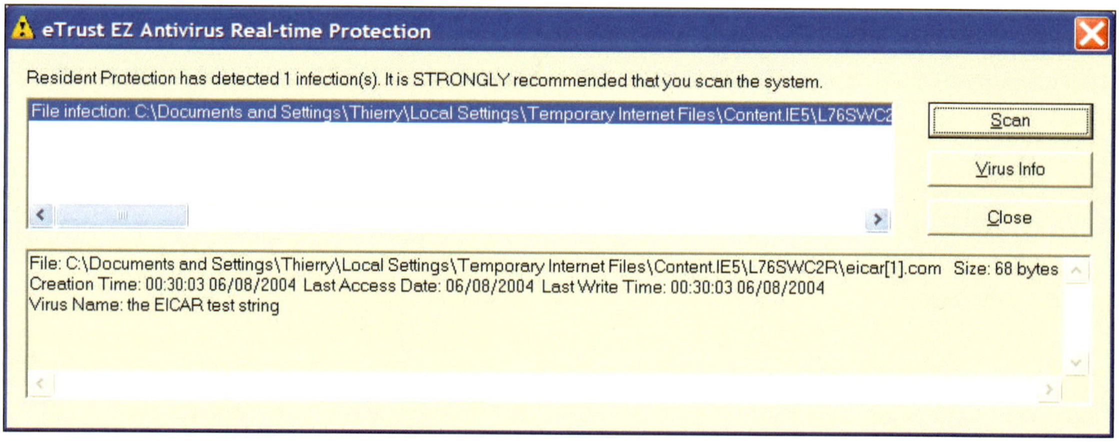

Mettre son ordinateur régulièrement à jour

Les mises à jour de Windows et des différents programmes de votre ordinateur sont indispensables pour assurer la sécurité de votre ordinateur et des données qu'il contient. Un antivirus ou un pare-feu sans mises à jour régulières risquent de mettre en péril la sécurité de votre ordinateur. Pour mettre à jour votre ordinateur, vous disposez de deux possibilités qui peuvent être combinées : Windows Update et les mises à jour automatiques.

Windows Update

Tous les deuxièmes mardis du mois (aux États-Unis, donc mercredi en Europe), Microsoft met à la disposition de ses clients des mises à jour gratuites. Ces mises à jour concernent des problèmes de sécurité ou apportent de nouvelles fonctionnalités. Pour y accéder :

1. Dans le menu **Démarrer**, pointez sur la commande **Tous les programmes**, puis cliquez sur **Windows Update**.

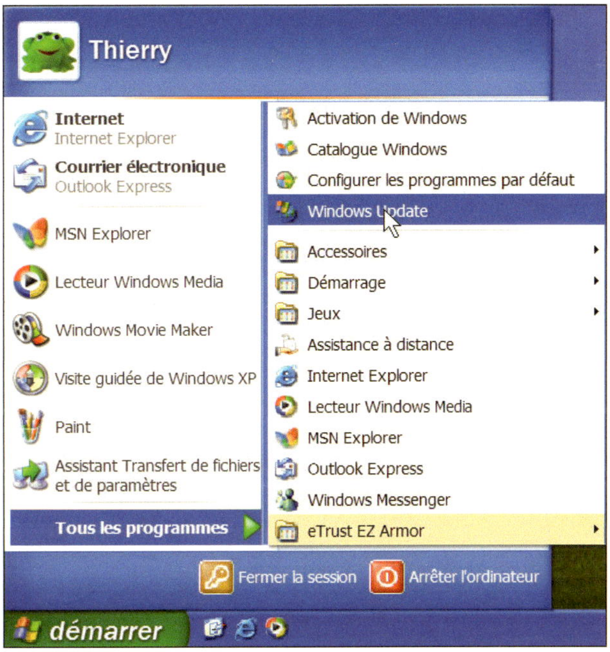

2 Si la boîte de dialogue concernant la barre d'informations s'affiche, cliquez sur le bouton OK.

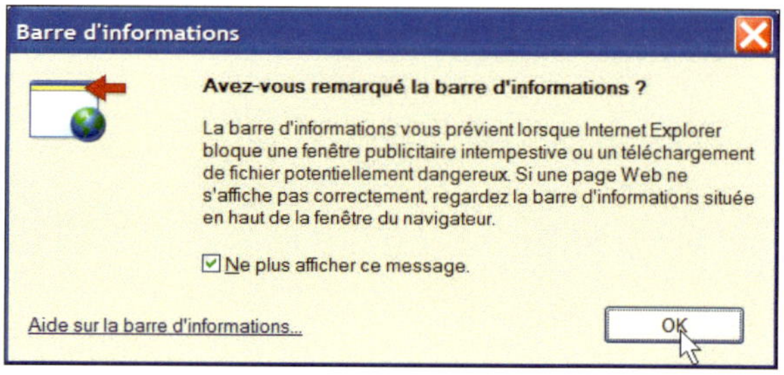

3 Cliquez dans la barre d'information, puis sur la commande **Installer le contrôle ActiveX**.

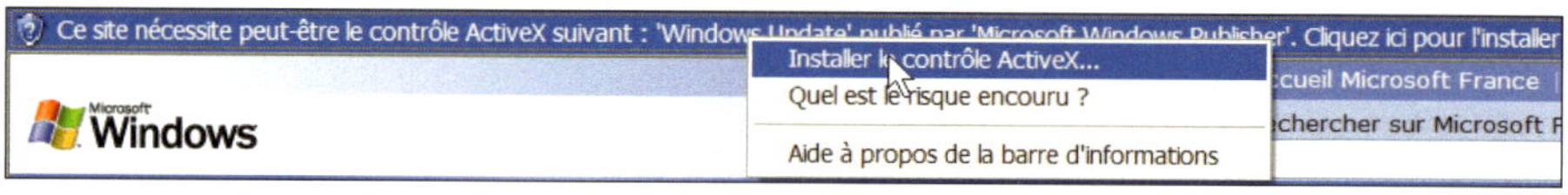

Contrôle ActiveX

Un contrôle ActiveX est un programme qui est téléchargé puis installé dans votre ordinateur. Ce programme est ensuite appelé par Internet Explorer pour réaliser certaines tâches. Ces tâches peuvent être aussi bien utiles - mises à jour ou antivirus, par exemple - que malignes - programme espion, prise en main de votre ordinateur à distance, etc. Faites toujours très attention avant d'accepter un contrôle ActiveX : dans le doute, ne le faites pas et demandez l'avis d'un de vos proches.

4 Cliquez sur le bouton **Installer**.

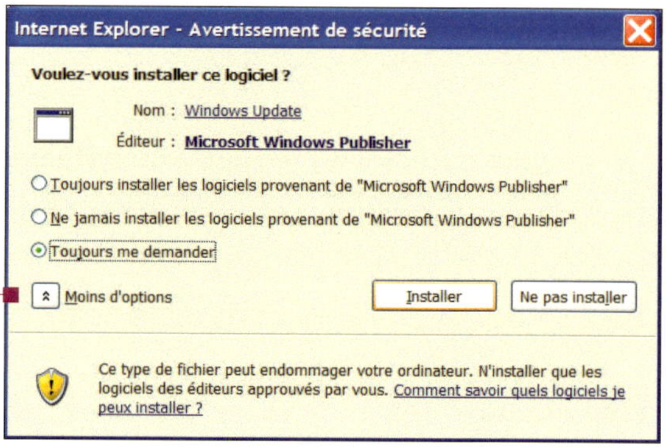

5 Cliquez sur le bouton **Installer** puis patientez quelques secondes.

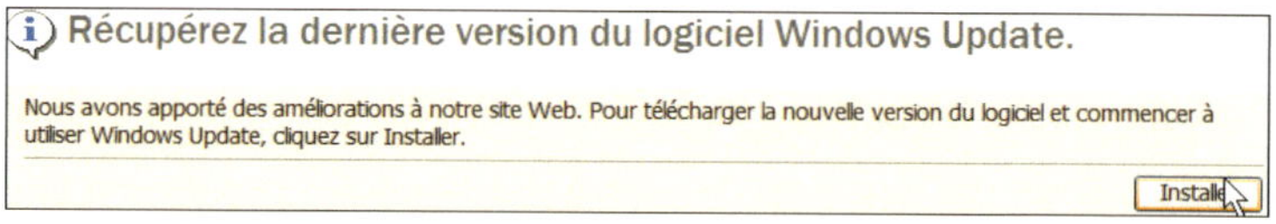

6 Cliquez sur le lien *Installation rapide (recommandée) : Mises à jour prioritaires pour votre ordinateur*.

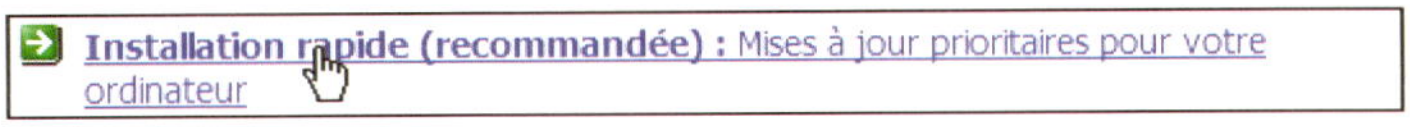

7 Si des mises à jour sont disponibles, cliquez sur le bouton **Installer**. En fin d'installation, vous serez peut-être amené à redémarrer. Si vous choisissez de redémarrer, quittez tous vos programmes avant de cliquer sur le bouton **Oui**.

Vous pouvez ensuite renouveler la procédure en cliquant sur le lien *Installation personnalisée : Mises à jour prioritaires et facultatives pour votre ordinateur* pour, par exemple, mettre à jour des logiciels fournis avec Windows comme le lecteur Windows Media ou Windows Movie Maker.

Mises à jour automatiques

Si vous avez tendance à oublier de faire les mises à jour manuelles, vous pouvez configurer les mises à jour automatiques :

1 Dans le menu **Démarrer**, cliquez du bouton droit sur **Poste de travail**.

2 Cliquez sur la commande **Propriétés**.

Raccourci clavier

Vous pouvez utiliser la combinaison de touches Windows+Pause (ou Pause Attn) pour obtenir les propriétés du système.

3 Cliquez sur l'onglet **Mises à jour automatiques**.

4 Sélectionnez l'option *Installation automatique* (recommandé).

5 Dans la liste déroulante, choisissez *Tous les jours* et sélectionnez une heure où votre ordinateur est généralement en fonctionnement, par exemple *19 heures*.

6 Cliquez sur le bouton OK.

Rendre une application compatible pour Windows XP

Certains de vos programmes ne fonctionnent pas avec Windows XP ? Dans ce cas, essayez le changement de mode de compatibilité :

1. Depuis le menu **Démarrer**, cliquez du bouton droit sur le raccourci du programme qui ne fonctionne pas.

2. Cliquez sur la commande **Propriétés**.

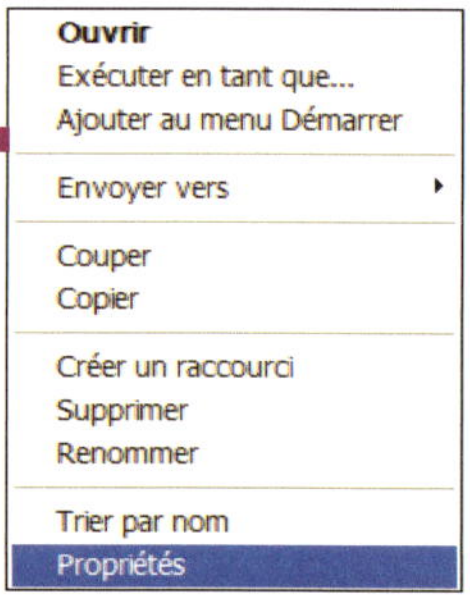

3. Cliquez sur l'onglet **Compatibilité**.

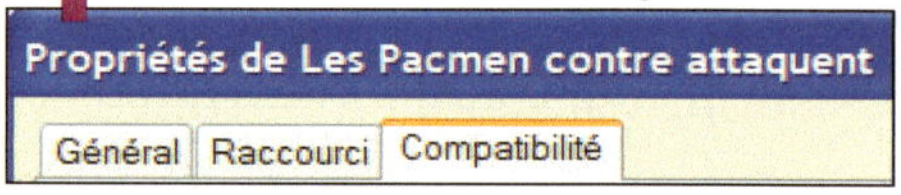

4. Sélectionnez l'environnement de travail de votre application. Au besoin, consultez les informations inscrites sur la boîte du logiciel ; par exemple, le logiciel peut être compatible Windows 98, nécessiter une résolution de 640*480 pixels et 256 couleurs. Puis cliquez sur le bouton OK.

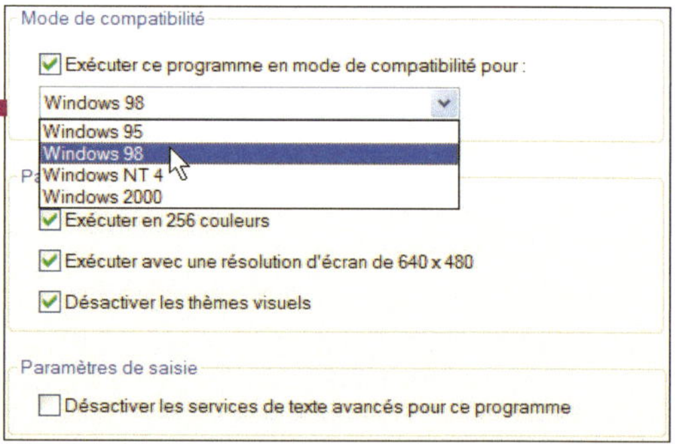

5. Essayez d'exécuter l'application en changeant le mode de compatibilité.

Créer un mot de passe

Il est recommandé de changer régulièrement votre mot de passe pour éviter de le transformer en un laissez-passer. En effet, la plus grosse partie de la sécurité de Windows XP est fondée sur les mots de passe. Pour créer votre mot de passe :

1. Cliquez sur votre portrait dans le menu **démarrer**.

2. Cliquez sur le bouton **Début**.

3. Cliquez sur votre compte utilisateur.

4. La première fois, cliquez sur le lien *Créer un mot de passe*.

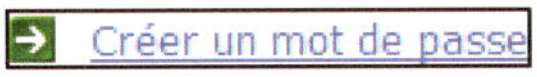

5. Saisissez deux fois votre mot de passe. Cette double saisie est nécessaire pour éviter les erreurs de frappe. Éventuellement, donnez une indication qui vous soit vraiment personnelle pour vous aider à retrouver votre mot de passe.

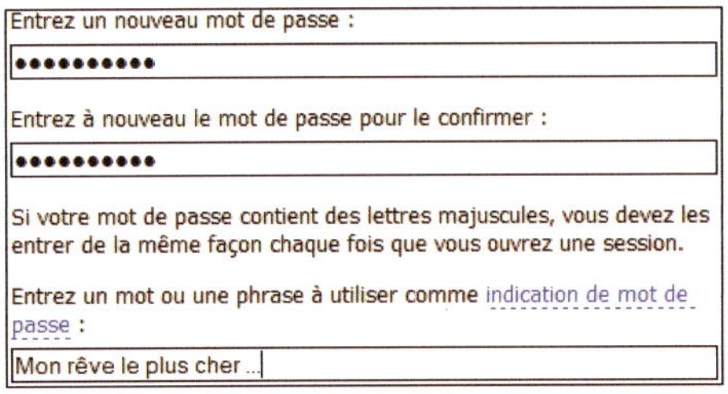

6. Cliquez sur le bouton **Créer un mot de passe**.

7. Si vous utilisez une partition formatée en NTFS, vous avez la possibilité de rendre privées vos données. Ainsi, vous serez le seul à accéder à vos informations. Cliquez sur le bouton **Oui, Rendre privé**.

8. Fermez la fenêtre **Comptes d'utilisateurs**.

Modifier le portrait

Un ordinateur, c'est aussi un outil ludique destiné à faire plaisir à ses utilisateurs. Si vous souhaitez personnaliser le portrait affiché avec votre compte utilisateur, procédez ainsi :

1 Cliquez sur votre portrait actuel dans le menu **Démarrer**.

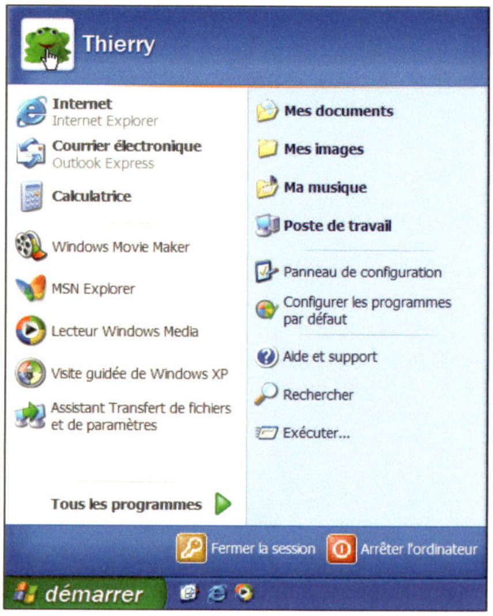

2 Sélectionnez une image parmi celles qui sont présentes ou cliquez sur le lien *Rechercher d'autres images*.

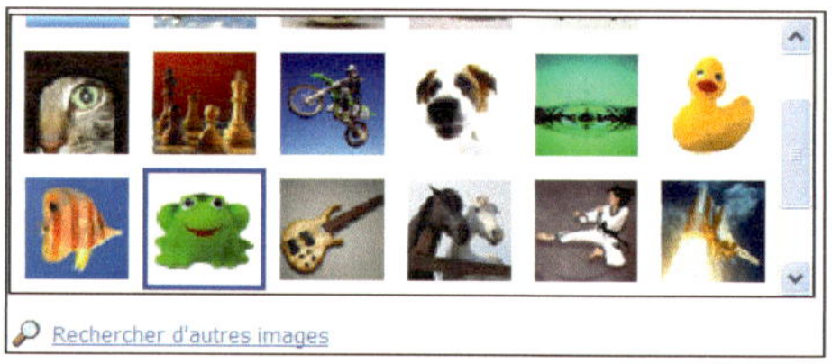

3 Si vous avez cliqué sur le lien *Rechercher d'autres images*, sélectionnez le dossier qui contient l'image puis double-cliquez sur l'image que vous souhaitez afficher en tant que portrait.

4 Cliquez sur le bouton **Changer de portrait**.

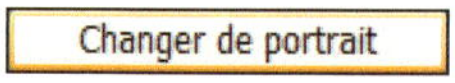

5 Fermez la fenêtre **Comptes d'utilisateurs**.

Ajouter un compte utilisateur

La première fois que Windows XP est démarré, il est proposé au premier utilisateur de créer jusqu'à cinq comptes pour les utilisateurs de l'ordinateur. Vous pouvez toujours créer des comptes supplémentaires pour les membres de votre famille ou vos amis :

1 Ouvrez une session avec un compte de type administrateur.

2 Cliquez sur votre portrait dans le menu **Démarrer**.

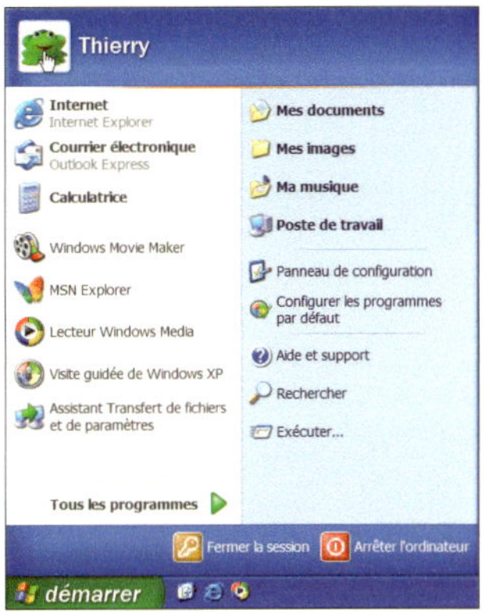

3 Cliquez sur le bouton **Début**.

4 Cliquez sur le lien *Créer un nouveau compte*.

5 Dans la zone de texte *Entrez le nouveau nom du nouveau compte*, saisissez le nom du nouvel utilisateur, puis cliquez sur le bouton **Suivant**.

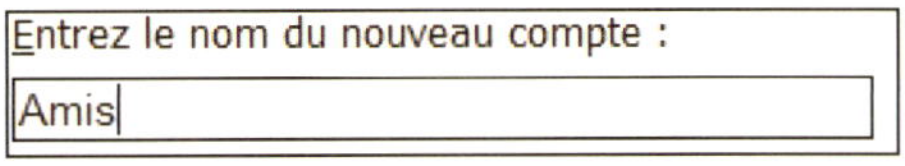

6 Choisissez un type de compte parmi les deux options proposées, sachant que :

- Les administrateurs ont plein pouvoir sur l'ordinateur ; ils peuvent accéder à toutes les informations, créer, modifier ou supprimer des comptes d'utilisateurs ; ils peuvent également installer de nouveaux programmes, matériels…
- Les autres utilisateurs ont un rôle limité dans le fonctionnement de l'ordinateur dans la mesure où ils ne peuvent que l'utiliser sans en modifier son fonctionnement.

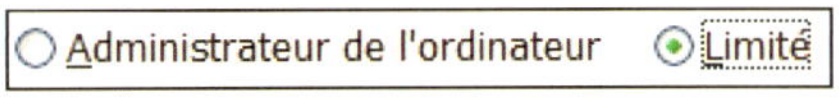

7 Cliquez sur le bouton **Créer un compte**. Le compte est immédiatement créé.

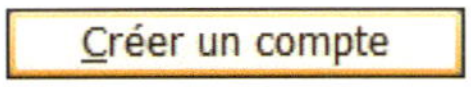

Modifier le type d'un compte utilisateur

Selon le type de compte que vous utilisez, vous pouvez disposer de plus ou moins de droits sur le système. Il est conseillé de travailler au quotidien en utilisateur limité. Les comptes de type administrateur sont réservés pour l'installation de nouveaux programmes, la configuration du système, etc. Pour modifier le type de compte d'un utilisateur, procédez ainsi :

1. Ouvrez une session avec un compte de type administrateur.
2. Cliquez dans le menu **Démarrer** sur le portrait de l'utilisateur ayant ouvert la session.

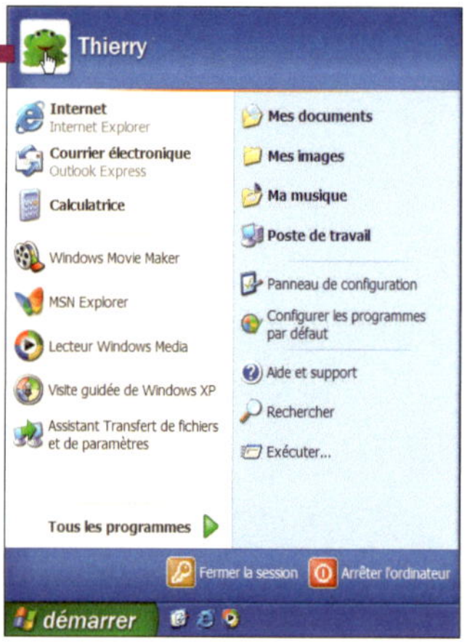

3. Cliquez sur le bouton **Début** puis sélectionnez le compte de l'utilisateur dont vous souhaitez modifier le type de compte.

4. Cliquez sur le lien *Modifier le type de compte*.

5. Choisissez entre un compte de type *Administrateur de l'ordinateur* ou *Limité*.

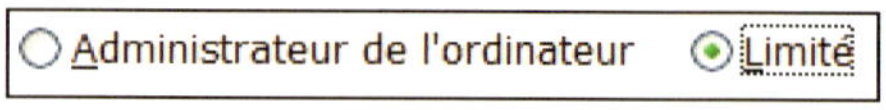

6. Cliquez sur le bouton **Modifier le type de compte**.

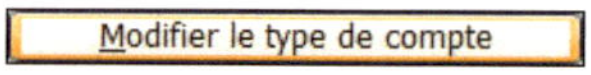

7. Fermez la fenêtre **Comptes d'utilisateurs**.

Empêcher un mot de passe oublié

Vous pouvez créer une disquette de secours qui contient votre mot de passe :

1 Cliquez sur votre portrait dans le menu **Démarrer**.

2 Cliquez sur le bouton **Début**.

3 Sélectionnez votre compte utilisateur.

4 Dans les tâches apparentées, cliquez sur le lien *Empêcher un mot de passe oublié*.

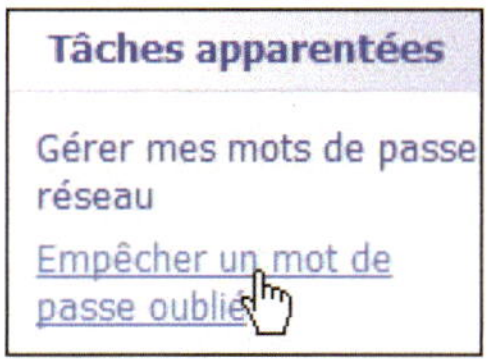

5 Cliquez sur le bouton **Suivant** dans l'Assistant Mot de passe oublié.

6 Insérez une disquette formatée dans le lecteur.

7 Saisissez le mot de passe puis cliquez sur le bouton **Suivant**.

8 La disquette est alors créée ; cliquezsur les boutons **Suivant** puis **Terminer**.

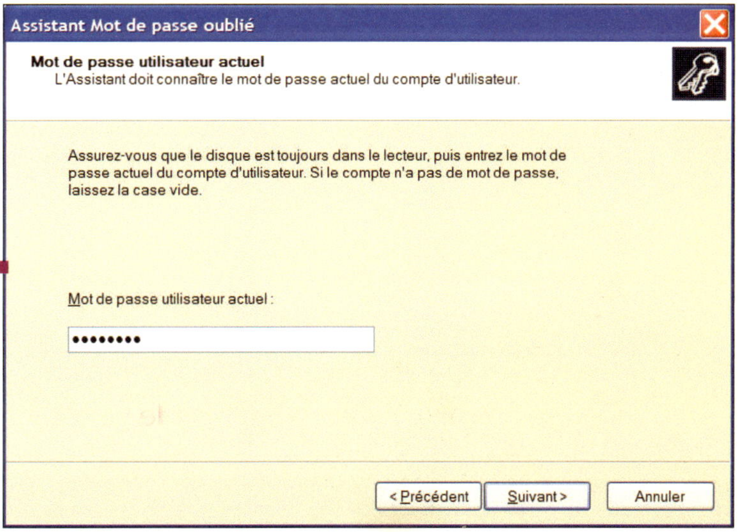

9 Stockez cette disquette dans un endroit sûr.

En cas de perte de votre mot de passe, la disquette vous permet d'en saisir un nouveau simplement :

1 À l'ouverture de session, cliquez sur votre portrait puis appuyez sur la touche Entrée.

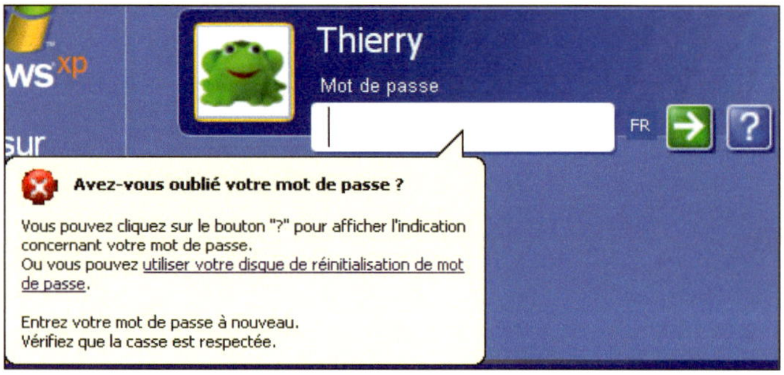

2 Cliquez sur le lien *Utiliser votre disque de réinitialisation de mot de passe*.

3 L'Assistant Réinitialisation du mot de passe vous demande d'insérer la disquette, puis de saisir un nouveau mot de passe à deux reprises. Votre mot de passe est alors modifié.

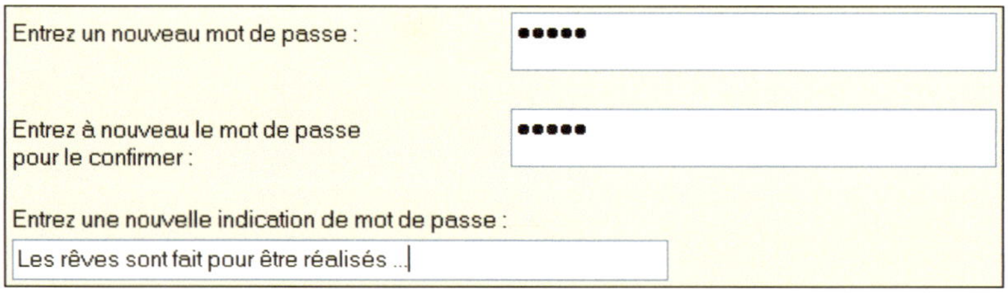

4 Ouvrez votre session avec le nouveau mot de passe.

Supprimer un compte utilisateur

Si vous avez créé un compte utilisateur et qu'il n'ait plus d'utilité, vous pouvez le supprimer :

Opération irréversible

Même si vous recréez un compte avec les mêmes propriétés (nom, portrait, mot de passe, etc.), ce compte sera différent de l'original. En effet, Windows XP utilise un identifiant de sécurité unique pour chaque compte d'utilisateur.

1. Cliquez sur votre portrait dans le menu **Démarrer**.

2. Cliquez sur le bouton **Début**.

3. Sélectionnez le compte utilisateur à supprimer.

4. Cliquez sur le lien *Supprimer le compte*.

5. Vous pouvez conserver les fichiers (documents, images, vidéos, musique, etc.) du compte en cours de suppression ou choisir de supprimer les fichiers de l'utilisateur.

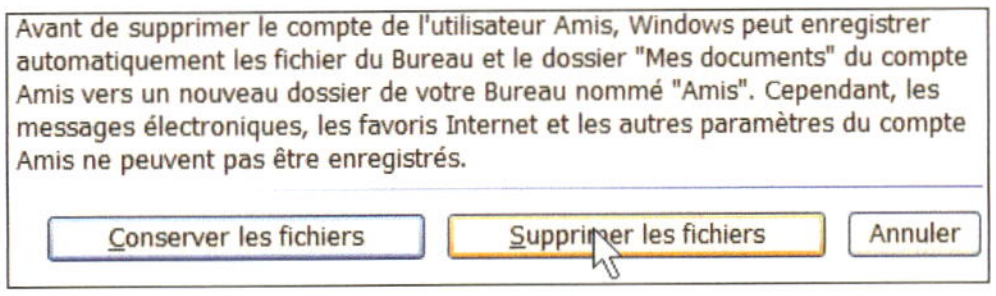

6. Confirmez la suppression du compte et éventuellement des fichiers en cliquant sur le bouton **Supprimer le compte**.

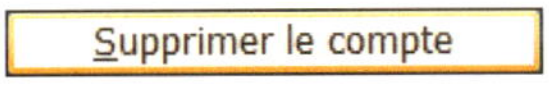

7. Le compte est supprimé, vous pouvez fermer la fenêtre **Comptes d'utilisateurs**.

Configurer sa connexion Internet par modem

Si vous souhaitez vous connecter à Internet, il faut souscrire à un abonnement auprès d'un fournisseur d'accès à Internet (Wanadoo, Tiscali, 9telecom, AOL, etc.).

1 Munissez-vous des documents envoyés par votre fournisseur d'accès à Internet (FAI). Vous allez avoir besoin du numéro de téléphone d'appel, de votre identifiant et de votre mot de passe.

astuce

Ranger précieusement ce document

Prenez soin de votre reçu confirmant votre inscription chez votre fournisseur d'accès à Internet ; il contient vos identifiants de connexion. Gardez toujours une photocopie à proximité de l'ordinateur. En cas de perte des identifiants, vous les retrouverez facilement.

2 Depuis le menu **Démarrer**, cliquez du bouton droit sur **Internet Explorer**, puis sur **Propriétés Internet**.

3 Sous l'onglet **Connexions**, cliquez sur le bouton **Ajouter**.

4 Sélectionnez l'option *Connexion à un réseau privé*, puis cliquez sur le bouton **Suivant**.

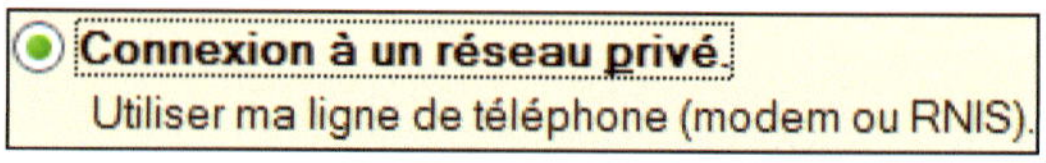

5 Éventuellement, sélectionnez le modem utilisé, puis cliquez sur le bouton **Suivant**.

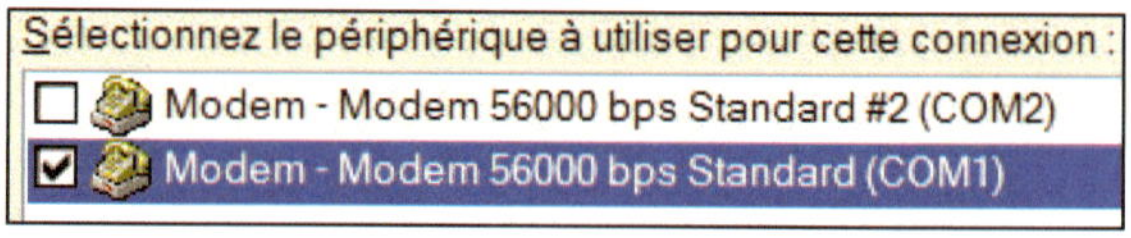

6 Saisissez le numéro de téléphone donné par votre fournisseur d'accès, puis cliquez sur le bouton **Suivant**.

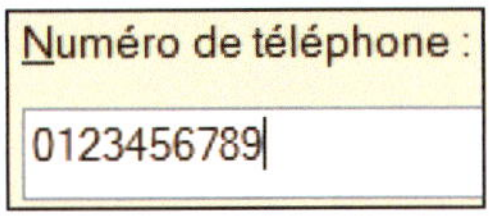

7 Entrez un nom convivial pour cette connexion. Puis cliquez sur le bouton **Terminer**.

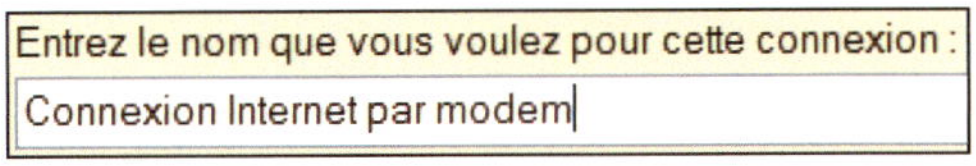

8 Dans les options de numérotation, indiquez le nom d'utilisateur donné par votre fournisseur d'accès à Internet. Saisissez également le mot de passe de votre fournisseur d'accès en veillant à bien faire la différence entre les majuscules et les minuscules (la casse).

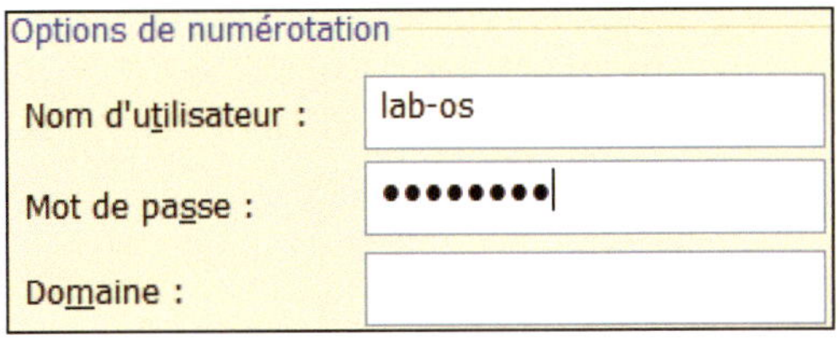

Nom de domaine

Le nom du domaine est généralement facultatif ; il sert surtout à faciliter l'authentification.

9 Cliquez sur le bouton **Avancé** pour définir les options avancées. Au niveau du nombre de tentatives, mettez pour valeur 3. Cochez la case *Déconnecter si inactif pendant*. Au niveau du temps, mettez *10* minutes.

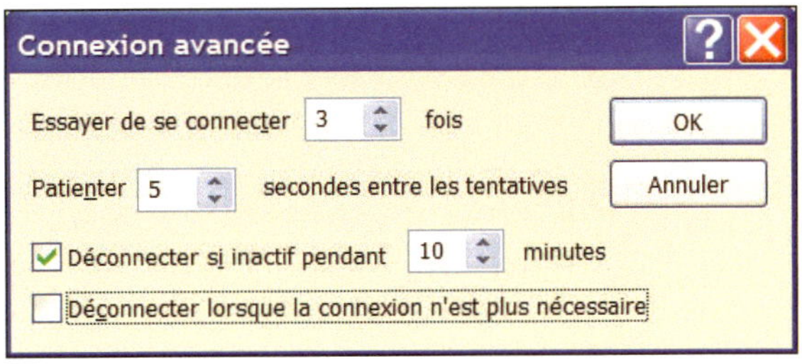

Déconnecter lorsque la connexion n'est plus nécessaire

Cette option peut être très pratique si vous êtes étourdi. Cela permet de vous déconnecter si vous n'utilisez plus de programme nécessitant une connexion Internet.

10 Cliquez à trois reprises sur le bouton OK pour fermer toutes les boîtes de dialogue.

Configurer sa connexion Internet ADSL

Si vous avez souscrit à un abonnement haut débit, utilisez cette fiche pour vous connecter.

Pour installer la connexion ADSL, vous aurez besoin :

- du CD-Rom fourni avec le modem ;
- du modem USB (ou Ethernet) ;
- de vos identifiants de connexion.

Commencez par installer le modem USB :

1 Connectez le modem USB ; Windows XP devrait le détecter immédiatement.

2 Au besoin, introduisez le CD-Rom contenant le pilote du modem.

définition

Un pilote

Un pilote est un fichier qui permet à Windows XP de communiquer avec votre matériel. Par exemple, comment envoyer et recevoir les informations.

Une fois le modem USB installé, vous devez configurer la connexion :

1 Dans le menu **Démarrer**, cliquez sur **Panneau de configuration**.

2 Cliquez sur le lien *Connexions réseau et Internet*.

3 Cliquez sur le lien *Configurer ou modifier votre connexion Internet*.

4 Dans la boîte de dialogue **Propriétés Internet**, cliquez sur le bouton **Ajouter** sous l'onglet **Connexions**.

5 Sélectionnez l'option *Connexion réseau via connexion large bande*. Puis cliquez sur le bouton **Suivant**.

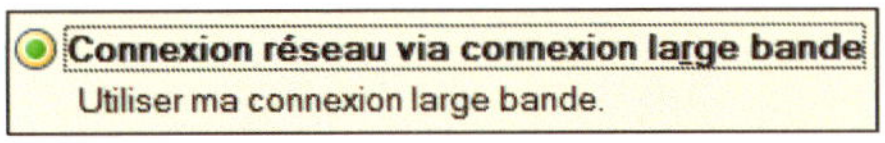

6 Saisissez un nom pour votre connexion ADSL, puis cliquez sur le bouton **Terminer**.

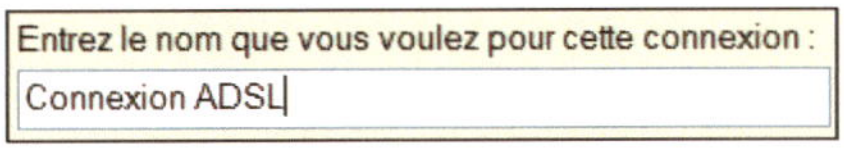

7 Dans les zones de texte *Nom d'utilisateur* et *Mot de passe*, saisissez les paramètres donnés par votre fournisseur d'accès à Internet.

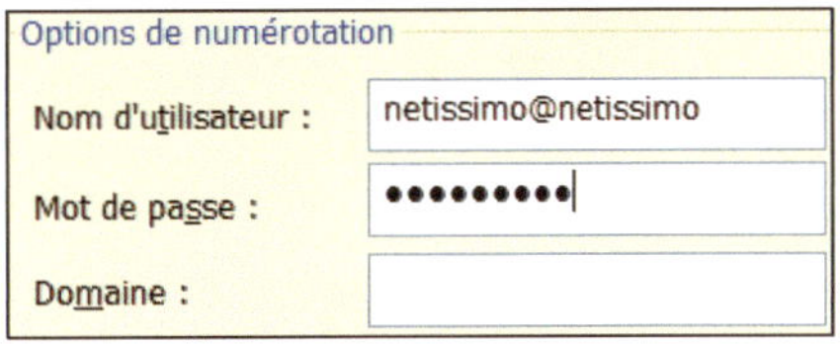

Netissimo

Le compte *Netissimo@netissimo* a pour mot de passe *netissimo* ; il existe d'autres comptes comme adsl@adsl avec le mot de passe adsl, etc. Ces comptes permettent non pas de se connecter à Internet mais de vérifier que vous êtes correctement raccordé à une offre ADSL.

8 Cliquez à deux reprises sur le bouton OK pour fermer toutes les boîtes de dialogue.

Configurer un compte de messagerie avec Outlook Express

1 Démarrez Outlook Express en cliquant, dans le menu **démarrer**, sur **Outlook Express**.

2 Dans le menu **Outils**, cliquez sur la commande **Comptes**.

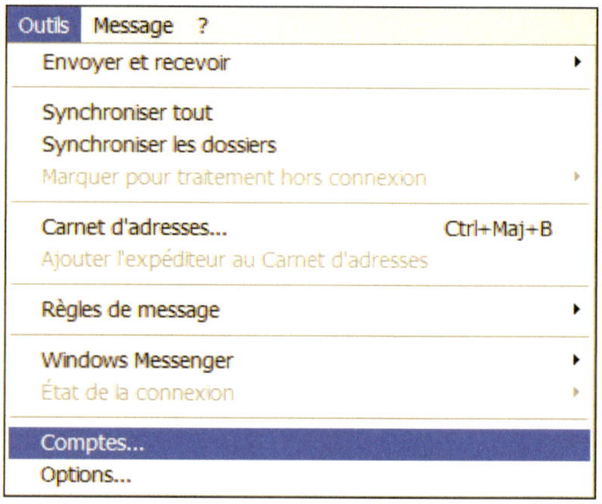

3 Cliquez sur le bouton **Ajouter** puis **Courrier**.

4 Saisissez votre nom d'expéditeur, qui sera visible par vos destinataires, puis cliquez sur le bouton **Suivant**.

5 Saisissez votre adresse de courrier électronique. Cette adresse est composée de deux parties : le pseudonyme, qui vous est donné par votre fournisseur d'accès à Internet, et une seconde partie séparée du pseudonyme par le symbole @ (pour obtenir ce dernier, appuyez sur la combinaison de touches AltGr+@, en haut à droite sur votre clavier) et qui est le nom du domaine ; généralement, il s'agit du nom de votre fournisseur d'accès. Votre adresse e-mail ressemble donc à *pseudonyme@fournisseur.fr*.

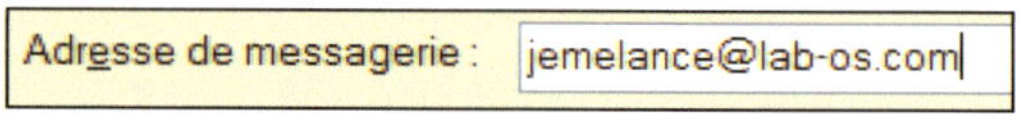

6 Entrez le nom des serveurs de messagerie électronique. Le serveur entrant est le serveur qui stocke votre courrier électronique lorsque vous n'êtes pas connecté à Internet. Généralement, son nom ressemble à *pop.fournisseuracces.fr*.

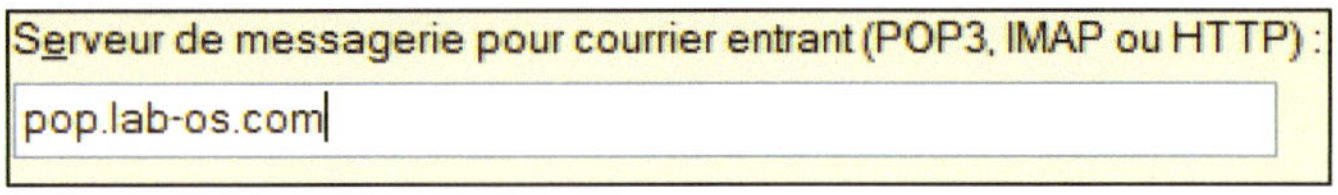

Le serveur sortant permet d'envoyer du courrier vers l'extérieur. Quelle que soit la boîte aux lettres relevée, utilisez le serveur sortant (SMTP) de votre fournisseur de connectivité à Internet. Puis cliquez sur le bouton **Suivant**.

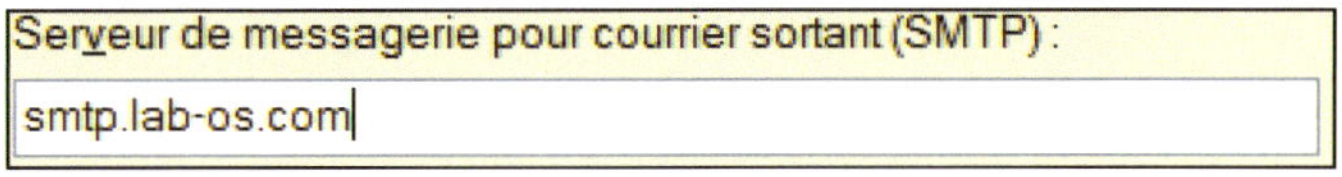

Vous changez sans cesse de fournisseur d'accès à Internet ?

Si vous utilisez un ordinateur portable, créez un compte e-mail sur le site www.laposte.net. Configurez au moins un des comptes POP pour relever votre courrier sur `pop.laposte.net` (même si vous n'y recevez jamais de courrier). Configurez tous vos serveurs SMTP en utilisant comme nom de serveur : `smtp.laposte.net`. Une fois que vous avez quitté l'assistant, dans les propriétés du compte sous l'onglet **Serveurs**, spécifiez que vous devez vous authentifier au niveau du serveur de messagerie sortant. Utilisez les mêmes paramètres d'authentification que pour le compte POP de La Poste en sélectionnant l'option *Ouvrir la session en utilisant*.

Créer autant de comptes de courrier que l'on a de boîtes aux lettres

Vous pouvez, dans Outlook Express, créer plusieurs comptes e-mail, chacun relevant un compte POP différent. En revanche, le serveur sortant (smtp) est toujours celui de votre fournisseur d'accès à Internet (connectivité), sauf dans le cas de La Poste.

7 Entrez le nom du compte ; généralement, il s'agit du début de l'adresse e-mail (le pseudonyme) et du mot de passe qui lui est associé. Cochez la case *Mémoriser le mot de passe*, puis cliquez sur le bouton **Suivant**.

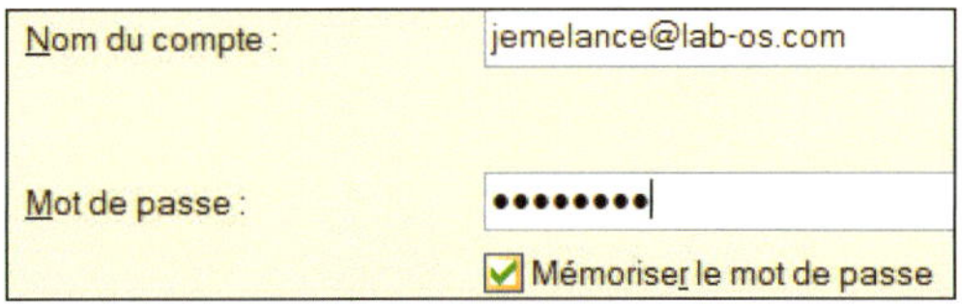

8 Cliquez sur le bouton **Terminer**, votre compte est configuré. Cliquez sur le bouton **Fermer** de la boîte de dialogue **Comptes Internet**.

Configurer les groupes de discussion avec Outlook Express

1 Démarrez Outlook Express en cliquant dans le menu **démarrer**, sur **Outlook Express**.

2 Dans le menu **Outils**, cliquez sur la commande **Comptes**.

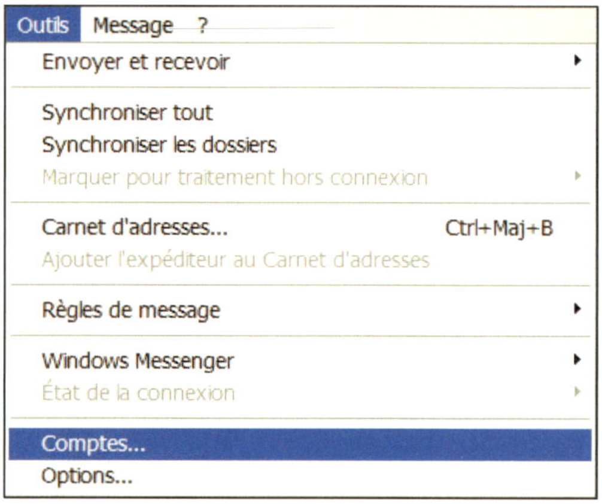

3 Cliquez sur le bouton **Ajouter** puis **News**.

4 Validez votre nom en cliquant sur le bouton **Suivant**.

5 Modifiez toujours légèrement votre adresse e-mail. En effet, si vous postez avec votre véritable adresse, vous recevrez énormément de publicité (spam) et des virus par courrier électronique. Par exemple, ajoutez `.nospam`.

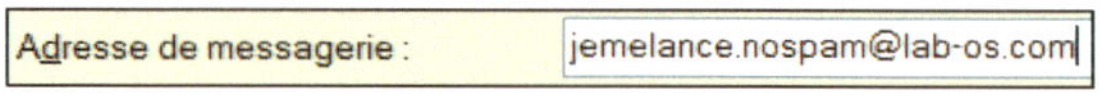

6 Saisissez le nom du serveur de news. Puis cliquez sur le bouton **Suivant**.

7 Cliquez sur le bouton **Terminer**. Puis sur le bouton **Fermer** de la boîte de dialogue **Comptes Internet**.

8 Outlook Express vous propose de vous abonner aux groupes de discussion. Cliquez sur le bouton **Oui** puis patientez quelques secondes pendant que la liste des groupes de discussion disponibles sur le serveur est téléchargée.

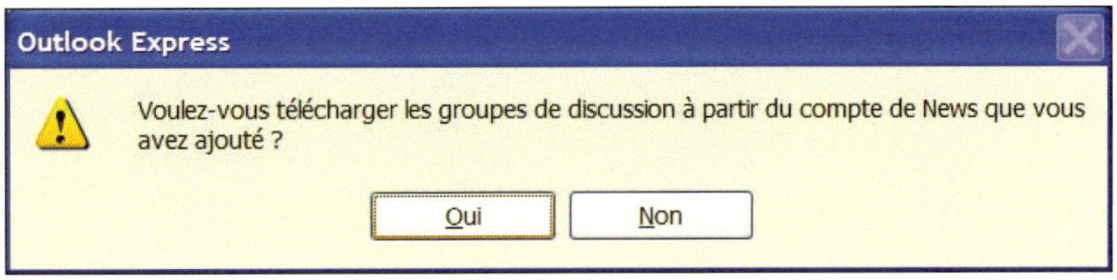

9 Pour obtenir uniquement la liste des groupes de discussion francophones, saisissez `fr.` dans la zone de texte *Afficher les groupes de discussion qui contiennent*.

10 Double-cliquez sur les groupes de discussion qui vous intéressent, vous y serez alors abonné (gratuitement).

11 Cliquez sur le bouton OK.

Imprimer ses cartes de vœux

L'objectif de cet exercice est de vous faire télécharger un programme, puis de l'installer et enfin de l'utiliser. Le programme utilisé est PrintPratic ; il s'agit d'un logiciel distribué gratuitement par Micro Application. Avec cette application, vous pourrez créer des faire-part, des cartes de visite, des cartes de vœux, des étiquettes pour vos CD ou DVD, etc.

Télécharger le programme

1 Dans le menu **Démarrer**, cliquez sur **Internet Explorer**.

2 Saisissez `www.microapp.com/printpratic.cfm` dans la barre d'adresses du navigateur.

3 En bas de la page, renseignez votre prénom, votre nom et surtout une adresse valide vous permettant de recevoir le courrier électronique afin de télécharger.

4 Cliquez sur le lien *Enregistrer puis télécharger le produit*.

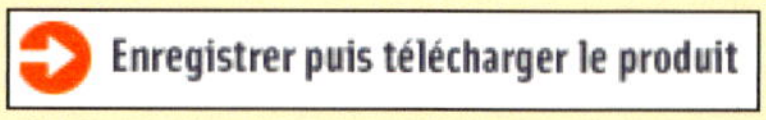

5 Démarrez Outlook Express par le menu **Démarrer**. Vous avez reçu un nouveau message.

6 Cliquez sur le lien *www.microapp.com/telechargement/4268/PrintPratic.zip*. Cela réduira la durée du téléchargement par rapport au premier lien (*.exe*).

7 Cliquez sur le bouton **Enregistrer**.

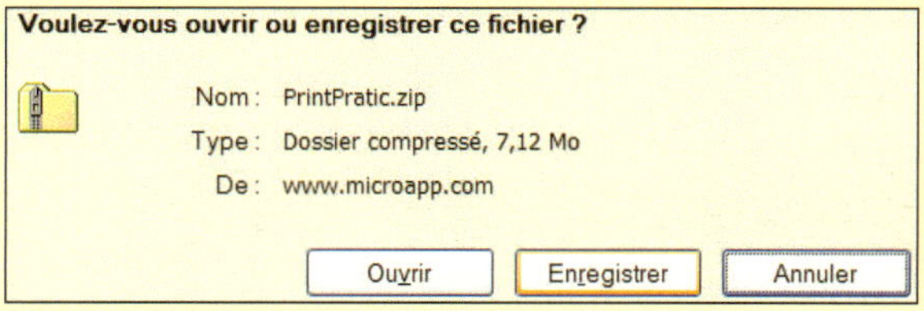

8 Dans la zone de texte *Enregistrer dans*, sélectionnez *Documents partagés*.

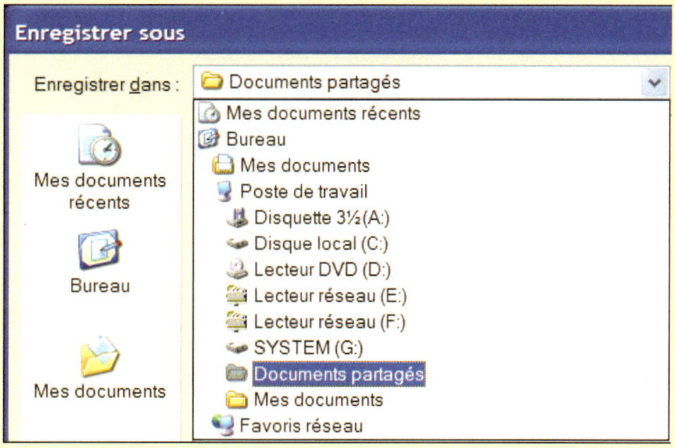

9 Conservez le nom du fichier fourni, c'est-à-dire *PrintPratic.zip*, puis cliquez sur le bouton **Enregistrer**.

10 Cliquez sur le bouton **Fermer** si vous souhaitez reprendre cet atelier plus tard ; sinon cliquez sur le bouton **Ouvrir le dossier** et passez directement à l'étape 2 pour débloquer le dossier compressé.

Débloquer le dossier compressé

Une nouvelle fonctionnalité de Windows XP SP2 est de protéger les utilisateurs de programmes malicieux téléchargés (ou récupérés par courrier électronique avec Outlook Express). Vous allez débloquer le dossier compressé téléchargé :

1 Ouvrez le dossier *Mes documents* depuis le menu **Démarrer**, puis cliquez sur le lien *Documents partagés*.

2 Cliquez du bouton droit sur le fichier *PrintPratic.zip* puis sur la commande **Propriétés**.

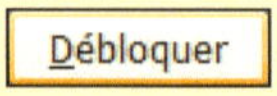

3 Sous l'onglet **Général**, cliquez sur le bouton **Débloquer**. Ce bouton est une nouvelle sécurité indiquant que le fichier provient d'un autre ordinateur.

4 Cliquez sur le bouton OK. Si vous revenez consulter les propriétés du dossier compressé, le bouton **Débloquer** a disparu.

Installer le programme

Pour utiliser un nouveau programme sur votre ordinateur, il ne suffit pas de le télécharger, il faut l'installer. Le programme d'installation va alors copier le programme et modifier la configuration de Windows XP pour lui permettre de fonctionner.

1 Double-cliquez sur le fichier *PrintPratic.zip* situé dans le dossier des documents partagés.

2 Double-cliquez sur le programme *PrintPratic.exe* pour démarrer l'installation.

3 Cliquez sur le bouton **Suivant**, puis sur **Oui**. Cliquez à nouveau sur le bouton **Suivant** à deux reprises.

4 Patientez quelques secondes pendant que les fichiers sont copiés.

5 Quittez tous les programmes actuellement démarrés, puis acceptez de redémarrer en cliquant sur le bouton **Terminer**.

Utiliser PrintPratic

Vous allez créer des cartes de vœux avec PrintPratic :

1 Double-cliquez sur l'icône du programme située sur le Bureau, ou utilisez le menu **Démarrer**, puis les commandes **Tous les programmes/Micro Application/PrintPratic/PrintPratic**.

2 Cliquez sur le bouton **Format de papier**, en bas à gauche de l'écran puis, dans la boîte de dialogue **Format de papier**, cliquez sur le + situé devant *Cartes de vœux*, puis sélectionnez *Cartes de Vœux avec Enveloppes (Réf : 5028)*.

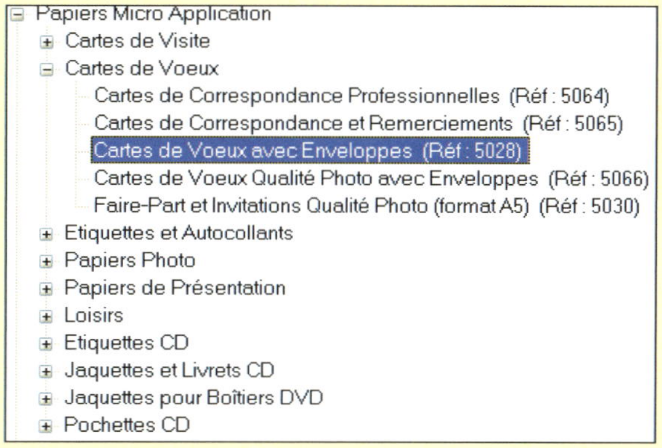

3 Dans la rubrique *Orientation de la page*, sélectionnez *Paysage*. Votre carte de vœux sera orientée dans le sens de la largeur comme une photographie de paysage. Puis cliquez sur le bouton OK.

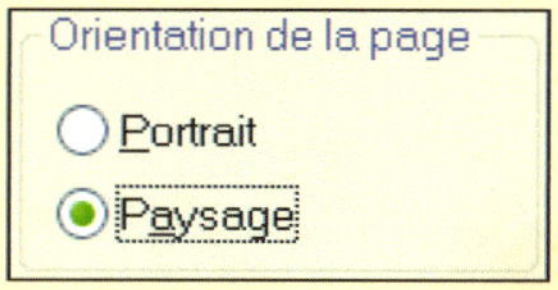

4 Pour insérer une image :

- Cliquez sur le bouton **Ouvrir des images personnelles à partir d'un fichier**.

- En utilisant la technique du cliquer-glisser, dessinez un rectangle sur la feuille. La photo sera insérée dans ce rectangle.

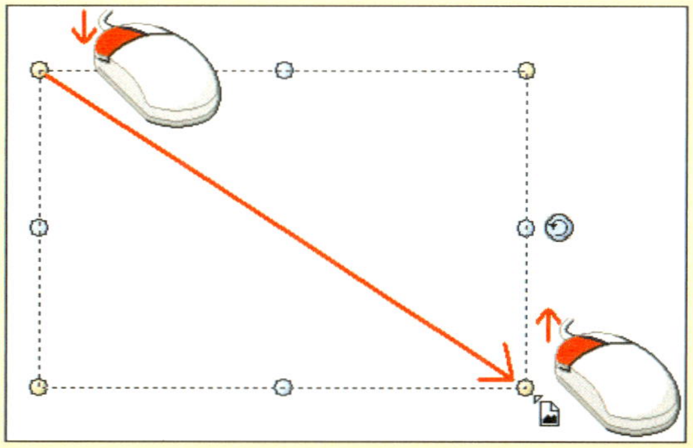

- Dans la boîte de dialogue **Ouvrir**, sélectionnez une photo. Si vous ne disposez pas de photo personnelle, double-cliquez sur le dossier *Mes images*, puis sur *Echantillons d'images*. Double-cliquez sur l'image intitulée *Hiver.jpg*.

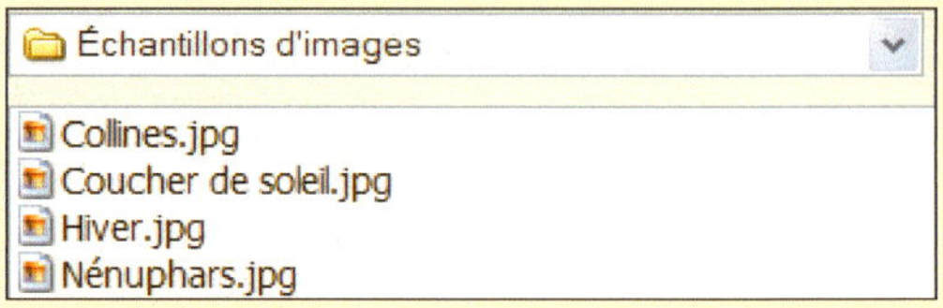

- Votre image est insérée ; ajustez la largeur et la hauteur à l'aide des poignées de redimensionnement par cliquer-glisser.

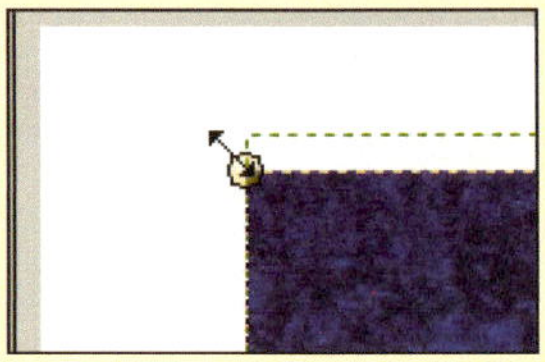

astuce

Ajuster automatiquement

Si vous souhaitez ajuster facilement les dimensions d'une image, sélectionnez-la puis cliquez sur le bouton **Ajuster**.

- Vous pouvez insérer d'autres images soit par-dessus celle(s) déjà présente(s), soit en les arrangeant côte à côte.

5 Pour insérer du texte :

- Cliquez sur le bouton **Insérer un texte personnel**.

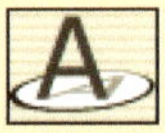

- Tracez la zone de texte par cliquer-glisser.

- Saisissez votre texte.

- Le texte n'étant pas très lisible, sélectionnez-le puis changez la police, la taille, la couleur, l'alignement…

6 Pour faire changer l'orientation du texte ou d'une image :

- Cliquez sur l'image ou le texte pour le sélectionner.
- Utilisez la poignée de rotation pour faire pivoter le texte.

7 Pour avancer ou reculer un élément par rapport à un autre, cliquez du bouton droit sur un élément puis sur la commande **Disposer** ; enfin, cliquez sur l'action à réaliser.

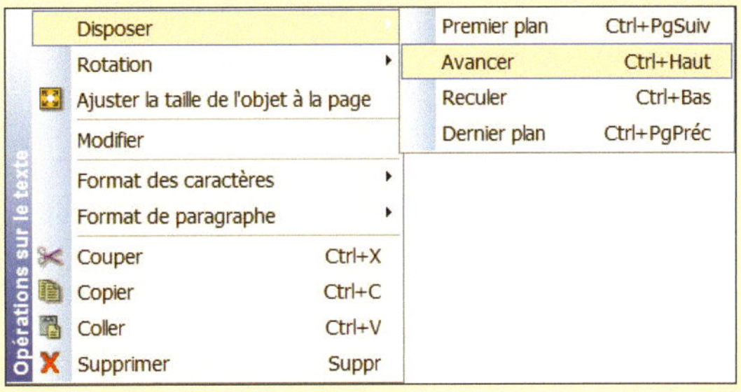

8 Une fois que vous avez conçu le recto, cliquez sur le bouton **Verso** pour faire l'autre côté de la carte de vœux.

Pour imprimer votre création :

1 Dans le menu **Fichier**, cliquez sur la commande **Imprimer**.

2 Introduisez le papier adapté à votre impression ; au besoin, réalisez des réglages en fonction de votre périphérique d'impression en cliquant sur le bouton **Réglages**.

3 Réalisez une impression test si vous souhaitez vérifier que l'impression est correcte (tout en économisant de l'encre) ou cliquez sur le bouton **Imprimer** pour lancer l'impression de votre carte de vœux.

Créer sa compilation sur un CD audio

Dans la fiche *Copier des CD dans votre ordinateur* du chapitre *Découvrir le monde numérique*, vous avez pu convertir des CD audio en fichiers WMA (Windows Media Audio). Cela vous permet d'écouter vos propres CD audio dans l'ordinateur sans avoir besoin de remettre le CD dans le lecteur. Le contraire est aussi envisageable sous Windows XP. Vous pouvez créer vos CD audio à partir de fichiers son présents dans votre ordinateur. Ces fichiers peuvent être des WMA ou des MP3. Généralement, les fichiers MP3 se retrouvent sur Internet par les échanges de type Peer to Peer (P2P) avec des programmes comme Kazaa, edonkey, emule, etc.

Pour copier des fichiers WMA ou MP3 vers un CD audio, vous devez disposer d'un graveur de CD-Rom (CD-R ou CD-RW) compatible DirectCD (la liste des matériels compatibles est disponible à l'adresse http://go.microsoft.com/fwlink/?LinkId=374 ; cliquez ensuite sur l'onglet **Hardware**), d'un CD-Rom vierge et d'environ 1 Go d'espace disque disponible sur l'un de vos lecteurs (pour la préparation des fichiers qui seront gravés).

CD-R et CD-RW

Les CD-R (*Recordable*) sont des CD-Rom qui peuvent être gravés une seule fois, mais pourquoi pas en plusieurs fois. Les informations qui sont inscrites (gravées) sur un CD-R ne peuvent être que lues. Les CD-RW (*ReWritable*) sont des CD-Rom qui peuvent être gravés plusieurs fois et pourquoi pas en plusieurs fois. Les informations présentes sur un CD-RW peuvent être lues, modifiées ou supprimées. Si vous souhaitez créer une compilation pour « toujours », utilisez un CD-R. Son coût unitaire est d'un peu moins de 1 euro. Si vous souhaitez créer une compilation pour un voyage en voiture, puis ne jamais la réécouter, utilisez un CD-RW. Vous pourrez l'effacer (le formater) pour enregistrer d'autres informations. Le coût d'un CD-RW est supérieur à 2 euros.

Pour créer votre compilation :

1 Lancez le lecteur Windows Media depuis le menu **Démarrer**.

2 Depuis la Bibliothèque multimédia ou la Lecture en cours, sélectionnez les morceaux que vous souhaitez intégrer dans votre compilation en maintenant la touche Ctrl enfoncée. Faites ensuite un clic droit sur l'un des morceaux sélectionnés, puis choisissez la commande **Copier sur un CD ou un périphérique**.

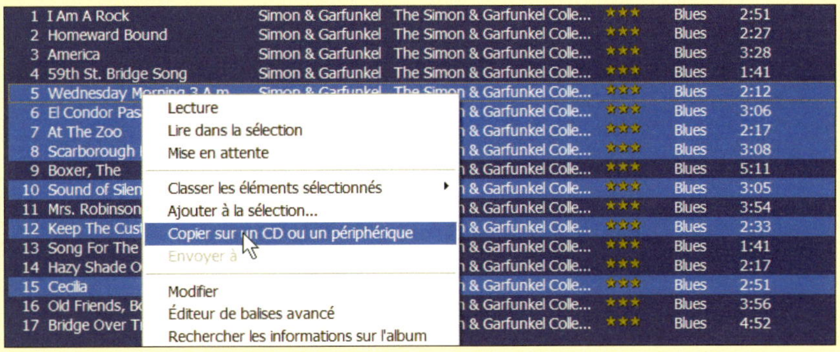

Périphériques mobiles

Vous pouvez copier de la même façon des fichiers MP3 vers des baladeurs MP3 ou des fichiers WMA vers un PocketPC pour écouter vos tubes n'importe où.

3 Dans la barre des tâches du lecteur Windows Media, cliquez sur le bouton **Copier sur un CD ou un périphérique**.

4 Sélectionnez les pistes à copier, en cochant les cases correspondantes. Windows XP vous montre le temps total et vous prévient si vous dépassez la limite des 74 minutes.

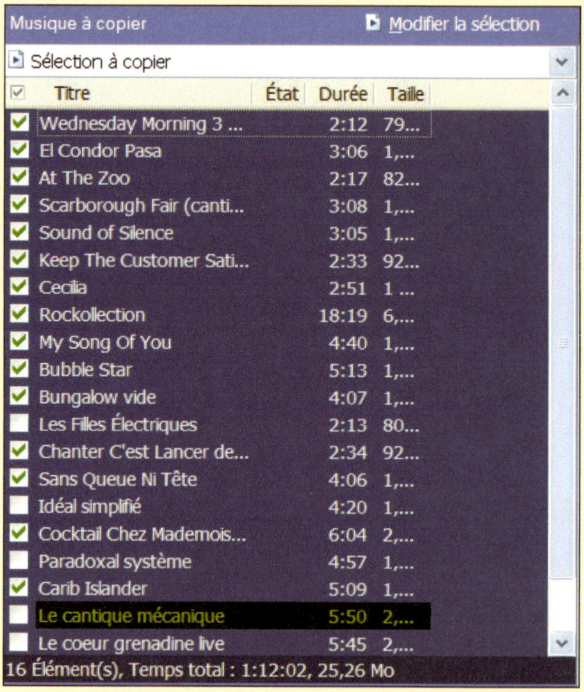

5 Par cliquer-glisser, vous pouvez modifier l'ordre des pistes.

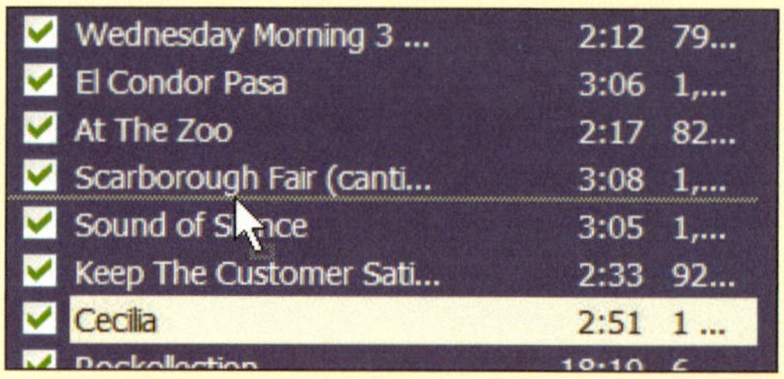

6 Cliquez sur le bouton **Copier**.

7 Windows XP convertit les fichiers qui seront gravés sur le CD audio, afin de les mettre dans le bon format. Cette étape peut être assez longue. Soyez patient.

8 Le lecteur Windows Media copie les fichiers convertis sur le CD qui deviendra un CD audio.

9 Le CD audio est fermé. Il ne vous reste plus qu'à l'écouter.

Fermeture du CD

Les CD-R et RW permettent d'enregistrer des données informatiques en plusieurs fois. Néanmoins, la session doit être fermée pour que le CD-Rom soit lisible sur un ordinateur qui ne serait pas équipé d'un graveur. Pour qu'un CD audio soit lu sur une chaîne de salon ou un autoradio, le CD doit être clôturé : il n'est plus possible d'ajouter de nouvelles informations (ni d'en retirer). Si vous utilisez un CD-RW, vous pourrez le formater pour recommencer une nouvelle compilation.

En cas d'erreur, vérifiez ces points ; il s'agit des problèmes les plus fréquents :

- Le graveur est bien connecté. Vérifiez en allant dans l'Explorateur Windows s'il est présent.
- Un CD vierge est inséré dans le graveur.
- Vérifiez qu'aucun autre programme n'utilise le graveur de CD-Rom. Au besoin, arrêtez ces programmes.
- Essayez de créer un CD de données depuis l'Explorateur Windows par cliquer-glisser.
- Vérifiez qu'il reste suffisamment d'espace libre sur votre disque dur. En effet, avant la copie, le lecteur Windows Media crée une image du disque qui sera gravé ; cela peut occuper jusqu'à 1 Go d'espace disque. Si vous disposez d'un autre disque avec plus d'espace disponible, cliquez, dans le menu **Outils** du lecteur Windows Media, sur **Options**. Sous l'onglet **Périphériques**, double-cliquez sur le graveur puis, sous l'onglet **Enregistrement**, sélectionnez un autre lecteur après avoir coché la zone *Activer l'écriture de CD sur ce lecteur*. Validez en cliquant deux fois sur le bouton OK.
- Le graveur peut parfois rencontrer des difficultés liées à la taille du tampon de copie. Pour corriger ce problème (surtout pour les lecteurs USB et/ou CD-RW), il faut diminuer la vitesse de gravure (le lecteur Windows Media est configuré par défaut pour utiliser la vitesse maximale). Pour sélectionner une vitesse de gravure plus lente, cliquez, dans le menu **Outils** du lecteur Windows Media, sur **Options**. Sous l'onglet **Périphériques**, double-cliquez sur le graveur puis, sous l'onglet **Enregistrement**, sélectionnez une vitesse plus faible. Validez en cliquant deux fois sur le bouton OK.
- Essayez de copier d'autres pistes ; si cela fonctionne, c'est que les fichiers sont endommagés.
- Essayez une autre marque de CD vierges. Certains graveurs sont incompatibles avec certains supports.

Ajouter une imprimante USB

Dans cette application, nous allons voir comment installer une imprimante USB.

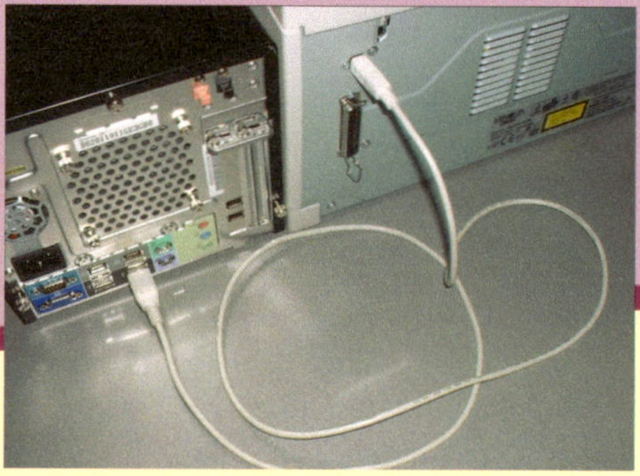

définition

USB

Universal Serial Bus est une norme qui permet de connecter jusqu'à 127 périphériques directement à l'ordinateur. L'intérêt est de pouvoir ajouter une multitude de périphériques tels que des périphériques d'impression, des scanners, des modems, des haut-parleurs, des appareils photo numériques, des assistants personnels, etc. L'interface étant *plug and play*, vous n'avez qu'à brancher et, éventuellement après avoir fourni le pilote du périphérique, vous pourrez utiliser directement votre nouveau périphérique.

1 Connectez directement l'imprimante à l'ordinateur si elle dispose d'une interface USB, IEEE-1394 ou Infrarouge. Après quelques secondes, si l'imprimante est sous tension, Windows XP détecte un nouveau matériel.

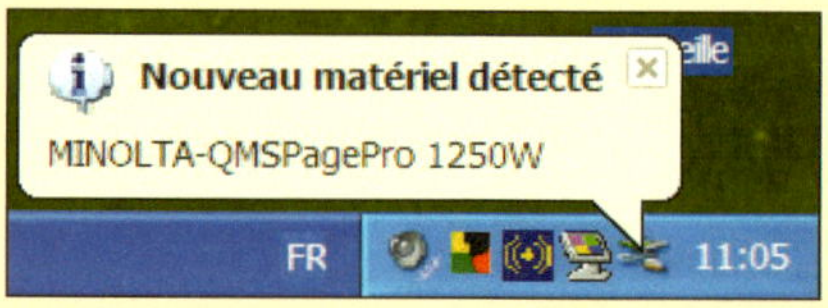

information

Port parallèle

Le port parallèle est un connecteur qui utilise généralement 25 broches. Sa couleur est le plus souvent mauve. Certains modèles de périphériques d'impression connectés par le port parallèle se comportent de la même façon que des périphériques USB. C'est-à-dire qu'ils sont reconnus et installés automatiquement par Windows XP.

2 L'Assistant Matériel détecté vous propose d'installer le périphérique si Windows XP ne peut terminer seul l'opération. Pour certains matériels, le seul fait de connecter l'imprimante à l'ordinateur permet de l'utiliser directement. Introduisez le CD-Rom fourni par le constructeur dans le lecteur de CD-Rom. Conservez l'option recommandée.

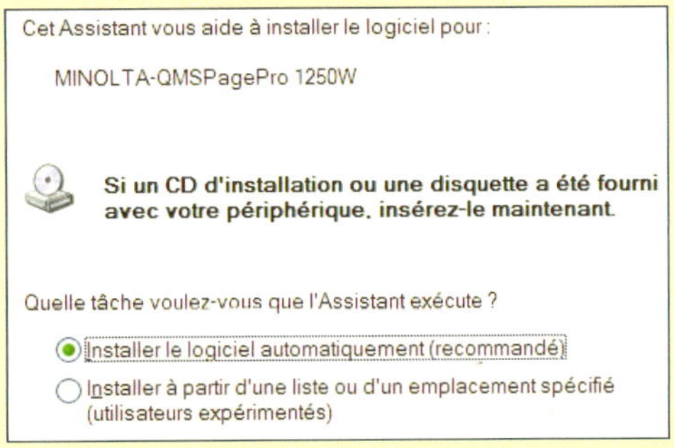

3 Cliquez sur le bouton **Suivant**.

4 Patientez quelques secondes ; Windows XP détecte les caractéristiques exactes du périphérique et essaye d'installer un pilote.

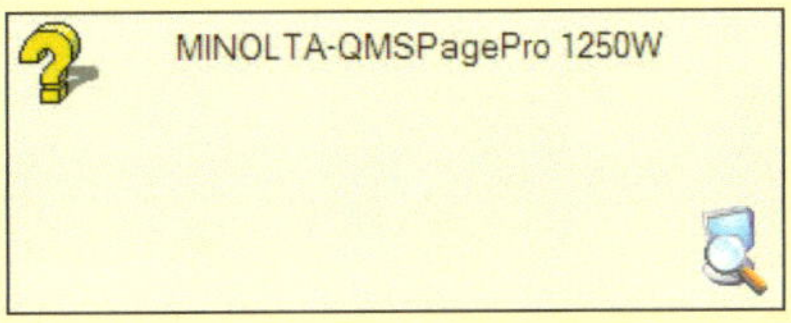

5 Si aucun pilote n'a été trouvé ou si plusieurs pilotes peuvent convenir, Windows XP vous en informe. Si plusieurs pilotes sont proposés, sélectionnez le plus adapté en fonction de votre version de Windows, de la signature du pilote et de votre langue. La signature du pilote est identifiée par une icône supplémentaire. Cette signature permet de s'assurer de l'authenticité du pilote. Puis cliquez sur le bouton **Suivant**.

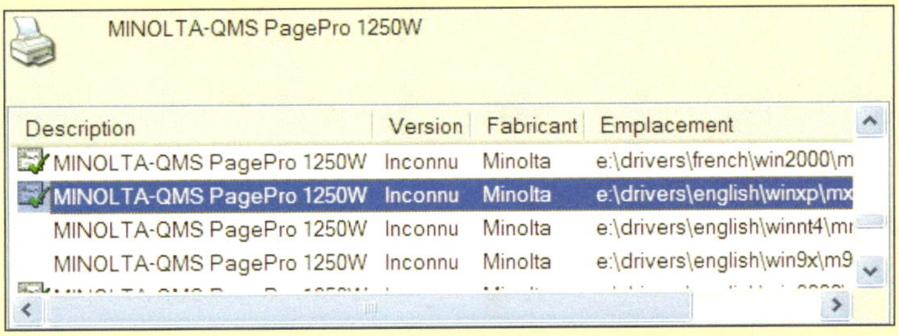

6 Votre nouvelle imprimante a été installée. Cliquez sur le bouton **Terminer**.

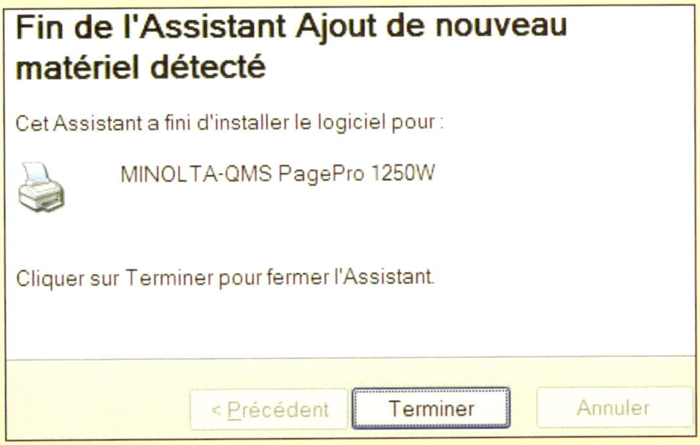

7 Une info-bulle vous informe dans la zone de notification que votre matériel est prêt à être utilisé.

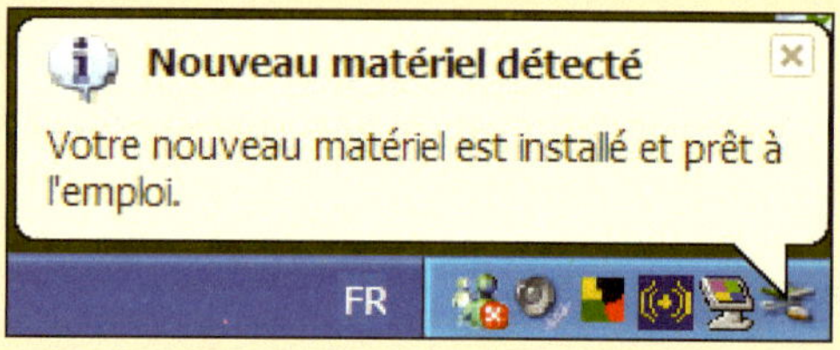

Vérifier que son périphérique fonctionne bien

Pour vérifier que votre imprimante fonctionne correctement, le plus simple est de faire imprimer une page de test :

1 Dans le menu **Démarrer**, cliquez sur la commande **Panneau de configuration**.

2 Si vous êtes en affichage par catégories, cliquez sur le lien *Imprimantes et autres périphériques*.

3 Cliquez sur le lien *Afficher les imprimantes ou les imprimantes télécopieurs installées*.

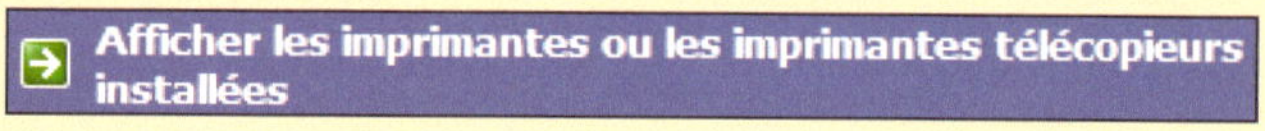

4 Cliquez du bouton droit sur l'imprimante puis sur la commande **Propriétés**.

5 Sous l'onglet **Général**, cliquez sur le bouton **Imprimer une page de test**. Une page est envoyée vers le périphérique.

6 Cette page doit avoir en haut à gauche le logo de Windows XP (en couleur pour les imprimantes qui le permettent : rouge, vert, bleu et jaune). Si elle s'est bien imprimée, cliquez sur le bouton OK de la boîte de dialogue qui porte le nom de votre imprimante. Si elle ne s'est pas imprimée ou si la qualité ne vous satisfait pas, cliquez sur le bouton **Dépanner**. Un assistant vous aidera alors à résoudre votre problème, grâce à des questions posées sous forme de boutons d'options.

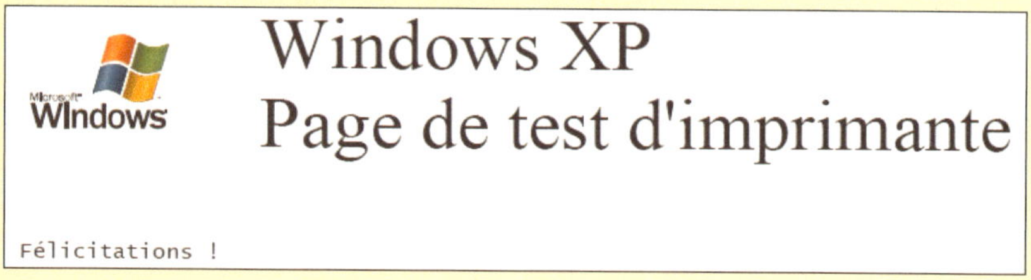

Changer l'imprimante par défaut

Si vous avez au moins deux imprimantes, vous pouvez définir quelle est celle qui doit être utilisée par défaut par vos programmes :

1. Dans le menu **Démarrer**, cliquez sur la commande **Panneau de configuration**.

2. Si vous utilisez l'affichage par catégories, cliquez sur le lien *Imprimantes et autres périphériques*.

3. Cliquez sur le lien *Afficher les imprimantes ou les imprimantes télécopieurs installées*.

4. Cliquez du bouton droit sur l'imprimante que vous souhaitez définir comme imprimante par défaut.

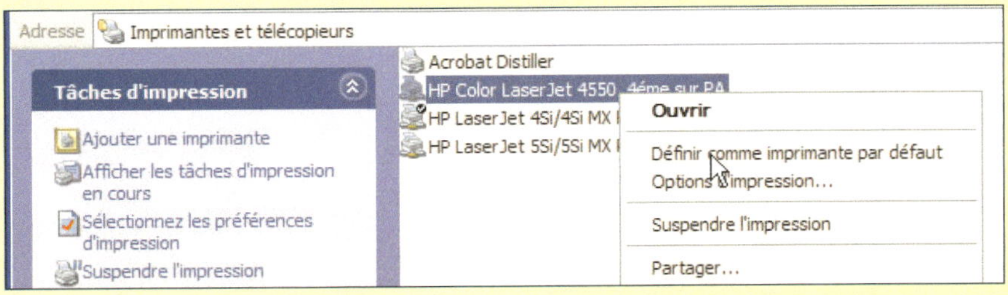

5. Dans le menu contextuel, choisissez la commande **Définir comme imprimante par défaut**.

6. Fermez la fenêtre **Imprimantes et télécopieurs**.

Classer ses courriers et utiliser les règles dans Outlook Express

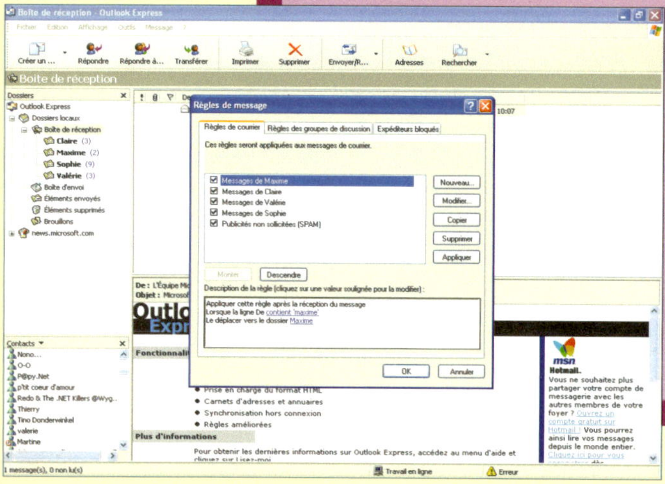

Si vous recevez de nombreux courriers électroniques ou si vous souhaitez retrouver plus facilement votre correspondance électronique, vous pouvez créer des dossiers puis classer soit manuellement soit automatiquement les messages reçus (ou envoyés).

Classer manuellement les messages reçus

Vous allez dans un premier temps créer des dossiers par expéditeur puis déplacer manuellement les messages provenant de ces expéditeurs dans leur dossier.

Pour créer un dossier par expéditeur :

1 Dans Outlook Express, cliquez du bouton droit sur la boîte de réception, puis cliquez sur la commande **Nouveau dossier**.

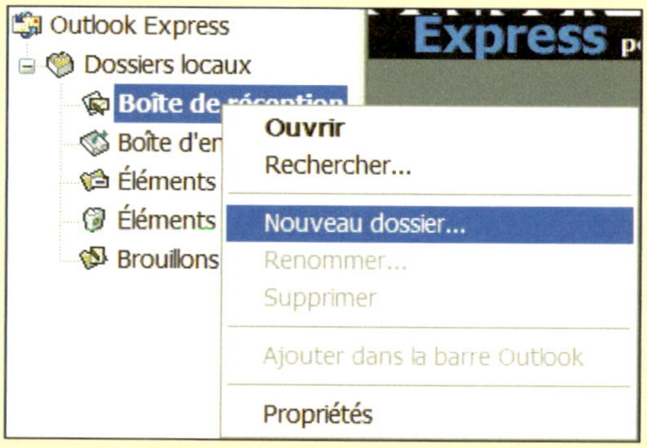

2 Donnez un nom au dossier créé.

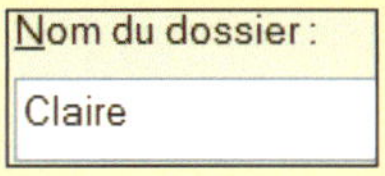

3 Cliquez sur le bouton OK ; le dossier est immédiatement créé.

Pour classer manuellement les messages provenant de Claire :

1 Dans la boîte de réception, sélectionnez les messages envoyés par Claire.

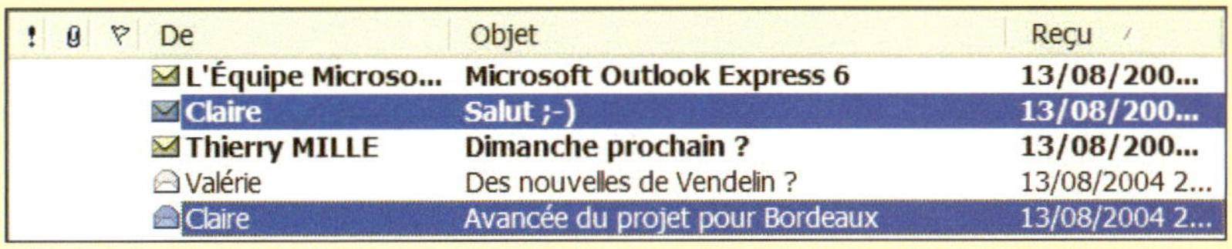

2 Par un cliquer-glisser, déplacez les messages de Claire dans le dossier nommé *Claire*.

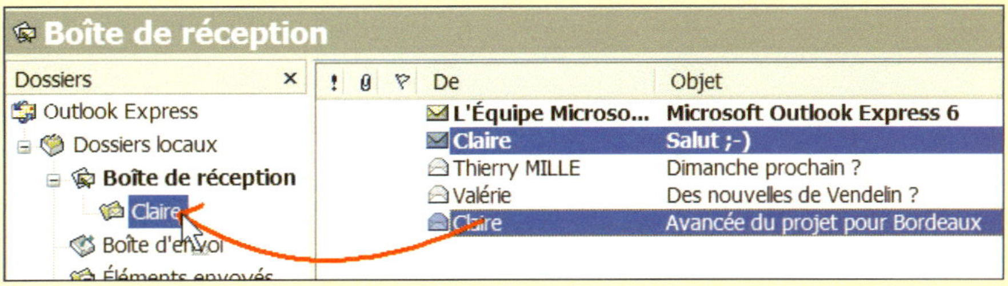

Répétez l'opération pour chacun de vos expéditeurs réguliers.

Créer des règles pour classer les messages reçus

Vous pouvez automatiser le tri des messages dès leur réception ; prenons un exemple avec les messages de Valérie :

1 Dans le menu **Outils**, pointez sur la commande **Règles de message** puis cliquez sur **Courrier**.

2 La boîte de dialogue **Règles de message** s'ouvre. Cliquez sur le bouton **Nouveau** sous l'onglet **Règles de courrier**.

3 Dans la boîte de dialogue **Nouvelle règle de courrier**, au niveau des conditions, cochez la case *Lorsque la ligne De contient des personnes*.

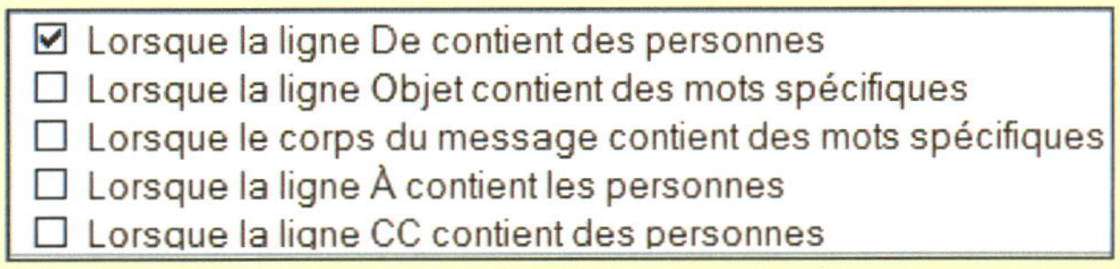

4 Dans la rubrique des actions pour la règle, cochez la case *Le déplacer vers le dossier spécifié*.

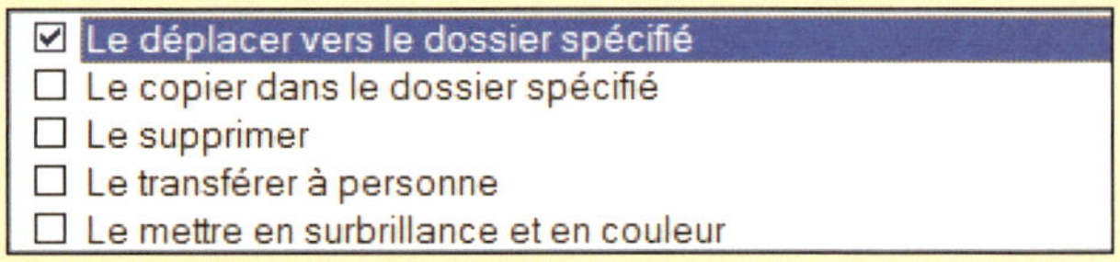

5 Dans la rubrique *Description de la règle*, cliquez sur le lien *Contient des personnes*.

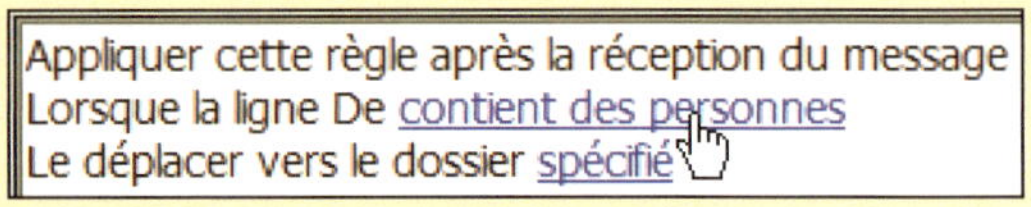

6 Saisissez soit une partie de son nom, de son prénom ou son adresse de messagerie électronique. Puis cliquez sur le bouton **Ajouter**. Éventuellement, ajoutez d'autres noms correspondant toujours à cette même règle. Enfin, cliquez sur le bouton OK.

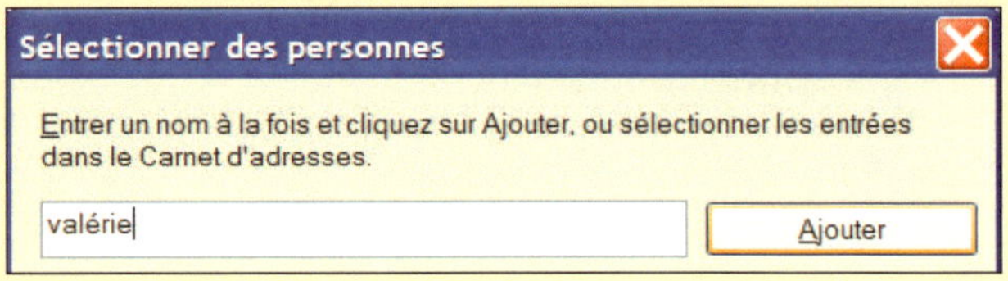

astuce

Exceptions

Vous pouvez créer des règles qui intègrent un mot ou des règles qui excluent un mot. Pour signifier que la règle s'applique si le mot n'existe pas, cliquez sur le bouton **Options** de la boîte de dialogue **Sélectionner les personnes**.0

7 Dans la boîte de dialogue **Nouvelle règle de courrier**, cliquez sur le lien *Spécifié*.

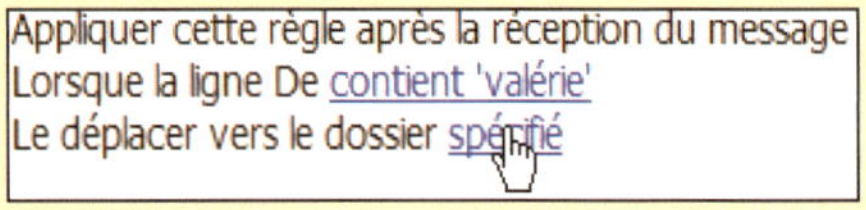

8 Sélectionnez la boîte de réception, puis cliquez sur le bouton **Nouveau dossier**.

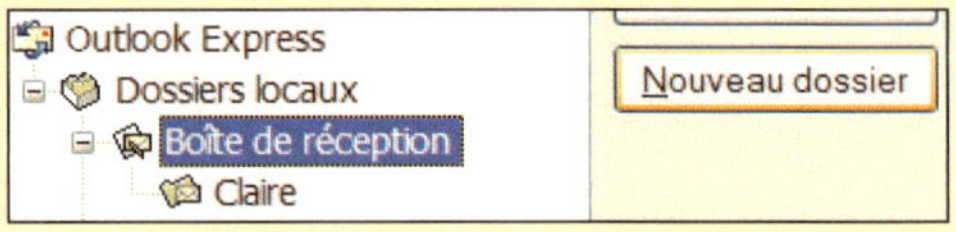

9 Dans la boîte de dialogue **Nouveau dossier**, saisissez le nom du conteneur. Puis cliquez sur le bouton OK à deux reprises.

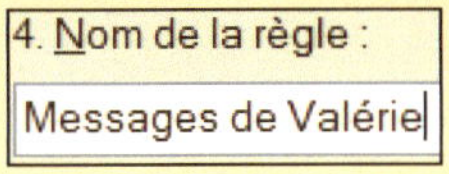

10 Dans la zone de texte *Nom de la règle*, saisissez un nom qui vous soit explicite pour la règle créée.

11 Cliquez sur le bouton OK ; la règle a été créée.

Par défaut, la règle créée ne s'applique qu'aux futurs messages qui seront reçus. Pour appliquer la règle aux messages actuellement dans la boîte de réception :

1 Dans la boîte de dialogue **Règles de message**, sélectionnez la règle à appliquer.

2 Cliquez sur le bouton **Appliquer**.

3 Cliquez sur le bouton **Appliquer** de la boîte de dialogue **Appliquer les règles de courrier maintenant**.

4 La règle est traitée. Cliquez sur le bouton OK.

5 Cliquez sur le bouton **Fermer**, puis sur OK.

6 Les messages provenant de Valérie ont bien été classés dans son dossier. Désormais, tous ses prochains messages iront directement dans ce même dossier.

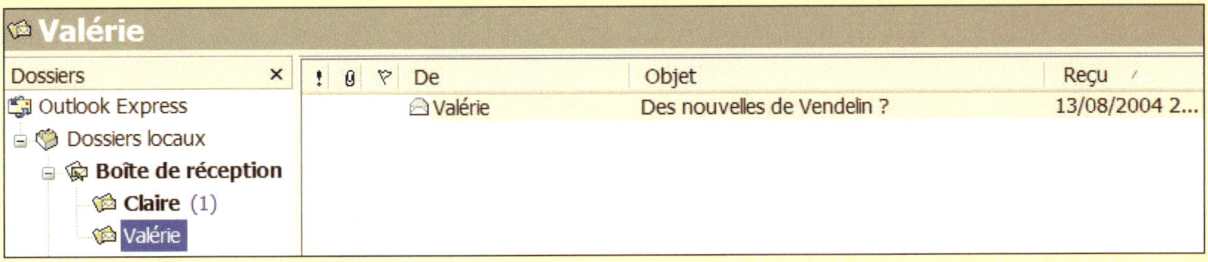

N'hésitez pas à créer d'autres règles qui supprimeront directement sur le serveur les messages contenant certains mots clés dans l'objet. Cela permet de filtrer le spam ou certains virus en ne les téléchargeant pas. Pour plus d'informations ou même télécharger des règles préconçues dans Outlook Express, consultez le site www.faqoe.com (foire aux questions francophone sur Outlook Express).

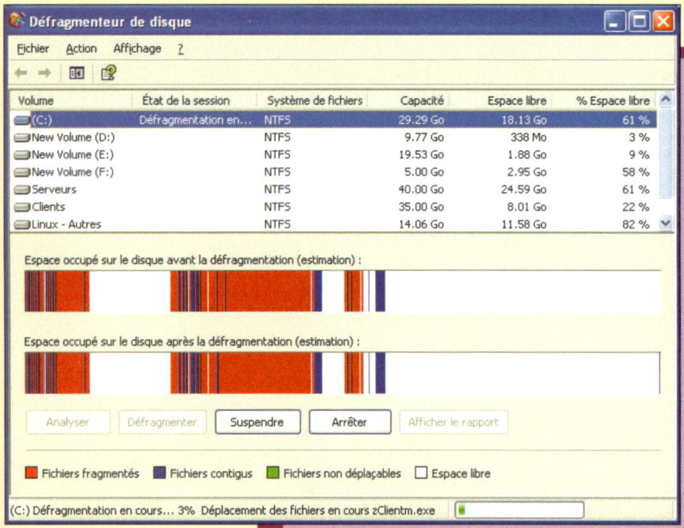

Entretenir l'ordinateur

Vous allez voir comment supprimer les fichiers temporaires, corriger les erreurs qui pourraient être présentes sur votre disque dur, réduire les temps de chargement des programmes et de vos documents grâce à la défragmentation.

Supprimer les fichiers temporaires

Les fichiers temporaires sont des fichiers créés par les programmes. Comme leur nom l'indique, ils devraient être temporaires. Néanmoins, certains logiciels oublient de supprimer des données pourtant temporaires. Pour les supprimer manuellement :

1. Dans le menu **Démarrer**, cliquez sur la commande **Exécuter**.

2. Dans la boîte de dialogue **Exécuter**, saisissez `%tmp%`.

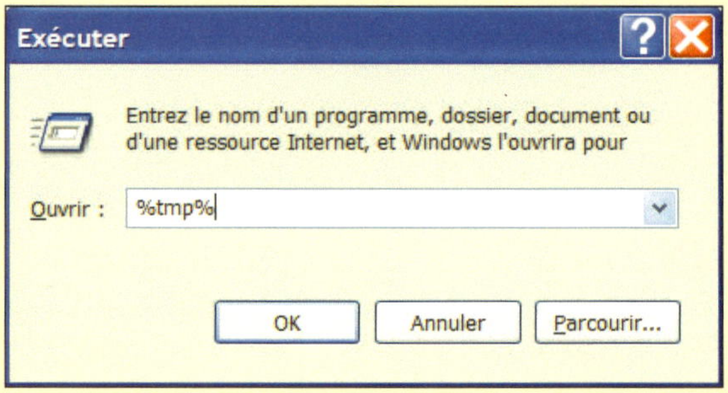

3. Votre dossier des fichiers temporaires s'ouvre : vous pouvez en supprimer tous les éléments. En cas de refus, réessayez ultérieurement, le fichier est certainement utilisé par un programme.

Faire le nettoyage dans Internet Explorer

Internet Explorer stocke ses fichiers temporaires de façon indépendante de Windows. Les fichiers temporaires d'Internet Explorer permettent de rendre la navigation plus rapide si vous venez régulièrement consulter les mêmes pages : en effet, plutôt que télécharger à nouveau une image, elle sera récupérée directement sur votre disque dur.

Pour supprimer les fichiers temporaires d'Internet Explorer :

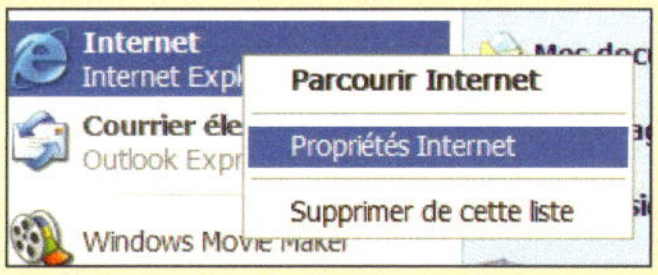

1. Dans le menu **Démarrer**, cliquez du bouton droit sur **Internet Explorer**, puis sur la commande **Propriétés Internet**.

2. Sous l'onglet **Général**, cliquez sur le bouton **Supprimer les fichiers**, de la zone *Fichiers Internet temporaires*.

3. Pour gagner encore plus de place, cochez la case *Supprimer tout le contenu hors connexion*. Puis cliquez sur le bouton OK.

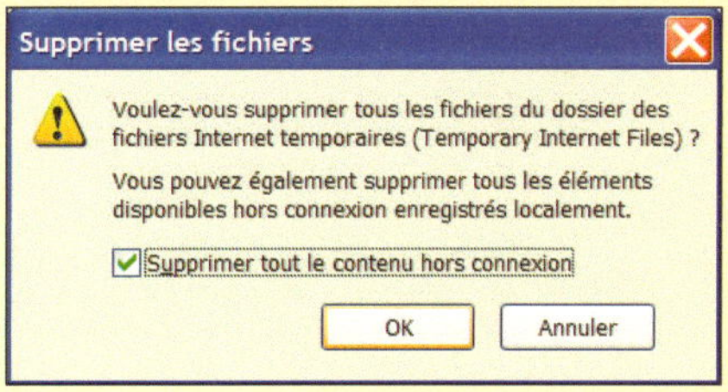

Rechercher et corriger les erreurs

Il est possible que de temps à autre des erreurs dans l'écriture des informations sur les disques se produisent. C'est souvent le cas lorsque l'ordinateur est arrêté de façon incorrecte ou si le disque dur commence à devenir vieillissant. Pour corriger les erreurs :

1. Dans le menu **Démarrer**, cliquez sur **Poste de travail**.

2. Pour détecter et corriger les erreurs, cliquez du bouton droit sur le lecteur à vérifier, choisissez ensuite la commande **Propriétés**.

3 Sous l'onglet **Général**, vous pouvez voir le type de système de fichiers. Sachez que FAT et FAT32 sont beaucoup plus sujets aux erreurs que NTFS.

Convertir une partition FAT(32) en NTFS

Vous pouvez convertir de façon « irréversible » une partition FAT en partition NTFS. Cela vous sera utile si vous souhaitez définir des autorisations sur le système de fichier, si vous devez enregistrer des fichiers dont la taille est supérieure à 4 Go (fréquent pour de la vidéo numérique), si vous souhaitez compresser les données de façon transparente, etc. La NTFS n'a que des avantages par rapport à la FAT ou à la FAT32. Néanmoins, si vous disposez encore de Windows 95, 98 ou Millennium installé sur le même ordinateur que Windows XP, ne réalisez pas la conversion. Pour convertir une partition en NTFS, saisissez `cmd` dans la boîte de dialogue **Exécuter** du menu **Démarrer**. Dans l'invite de commandes, saisissez `convert z: /FS:NTFS` où z: est la lettre du lecteur à convertir (par exemple c:). Indiquez le nom du lecteur, confirmez et, au besoin, redémarrez l'ordinateur pour que la conversion soit réalisée au prochain démarrage. La conversion vers NTFS se fait sans perte de données.

4 Sous l'onglet **Outils**, cliquez sur le bouton **Vérifier maintenant...**

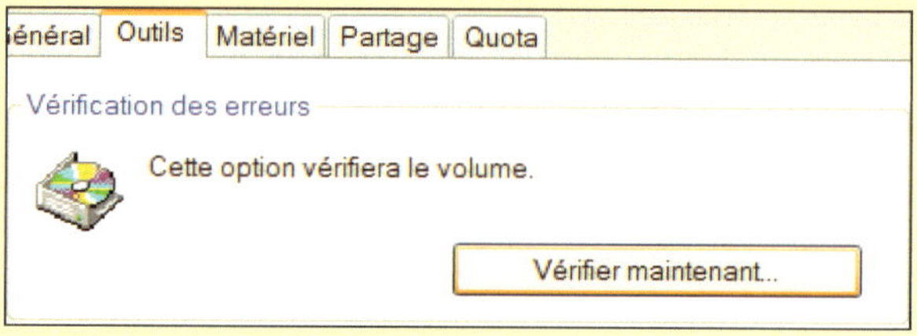

5 Cochez les deux cases de la rubrique *Options de vérification du disque* puis cliquez sur le bouton **démarrer**.

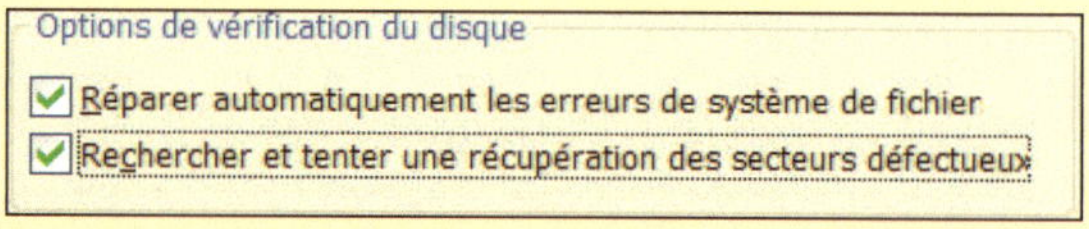

6 Si certains fichiers du lecteur en cours sont utilisés par le système, vous devrez programmer la vérification pour le prochain redémarrage de Windows XP. Dans ce cas, cliquez sur le bouton **Oui** dans la boîte de dialogue **Vérification en cours du disque**.

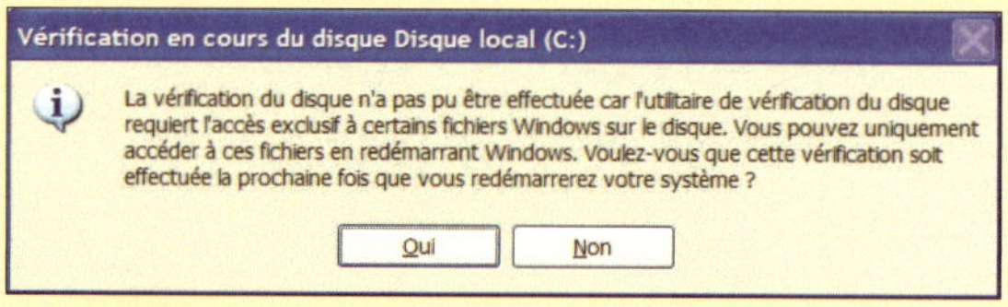

7 Cliquez sur le bouton OK de la boîte de dialogue des propriétés du lecteur. Au besoin, redémarrez Windows XP maintenant.

8 Au démarrage suivant, Windows XP procède à la vérification du disque.

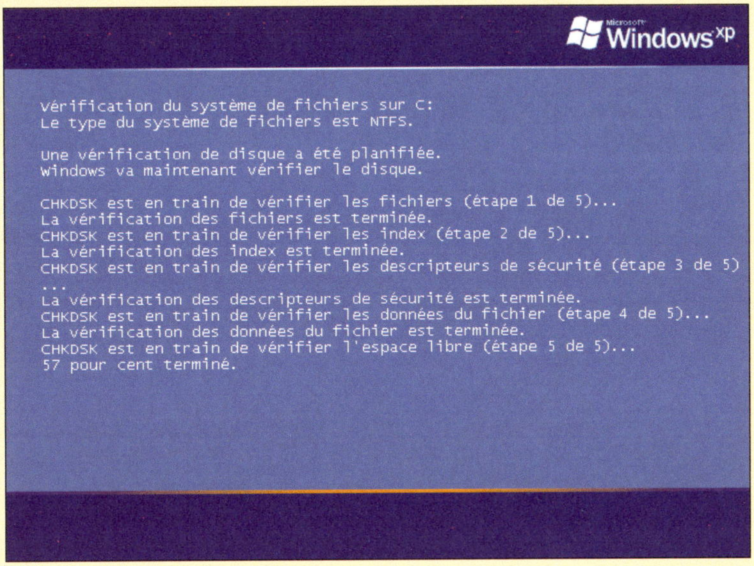

Défragmenter

Au fur et à mesure que Windows XP ajoute et supprime des fichiers, les systèmes de fichiers se fragmentent. C'est-à-dire que les données d'un fichier se retrouvent éparpillées sur tout le disque. Les temps de démarrage des programmes et d'ouverture des fichiers s'allongent alors considérablement.

Pour éviter ce phénomène, il faut donc défragmenter régulièrement votre disque dur.

Vous allez entreprendre cette défragmentation :

1 Dans le menu **Démarrer**, cliquez sur **Exécuter**. Saisissez `dfrg.msc` dans la boîte de dialogue.

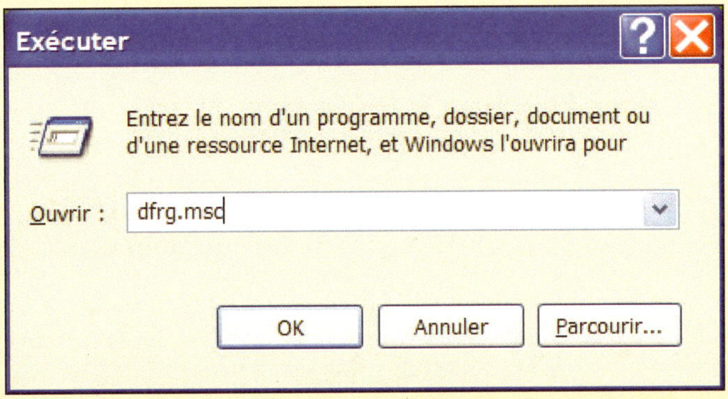

2 Sélectionnez le lecteur à défragmenter dans la partie supérieure, puis cliquez sur le bouton **Analyser**.

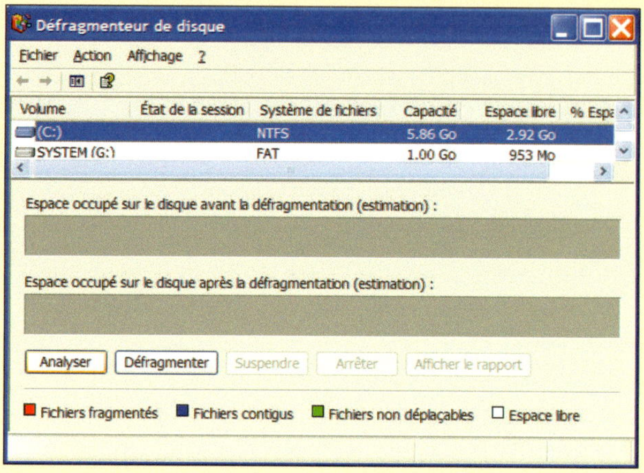

3 La boîte de dialogue **Défragmenteur de disque** vous propose de défragmenter, si votre disque le nécessite. Dans ce cas, cliquez sur le bouton **Défragmenter**.

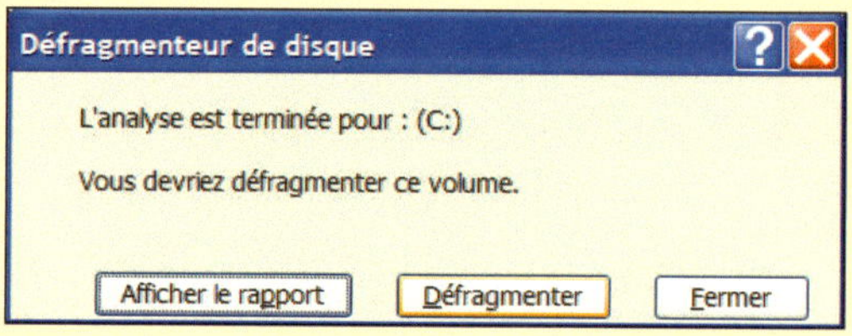

4 Patientez pendant la réorganisation des fichiers sur le disque dur.

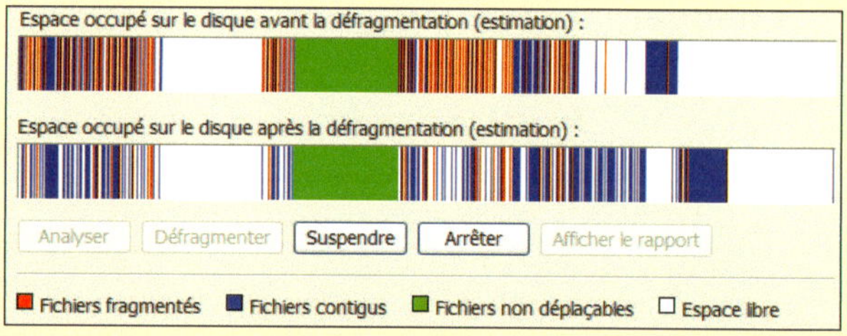

information

Opération longue

La défragmentation d'un lecteur peut être extrêmement longue. Pour raccourcir le temps de défragmentation :

- N'utilisez pas l'ordinateur pendant la défragmentation.
- Désactivez l'économiseur d'écran et les protections antivirales qui scannent les disques.
- Utilisez de petits volumes, de préférence formatés en NTFS.
- Faites régulièrement des défragmentations.

Il est nécessaire de disposer d'au moins 15 % d'espace disponible sur le disque défragmenté.

Index

A

Acquisition vidéo 152
ADSL 208
Aérographe 55
Ajouter un contact....121
Antivirus 190
Apparence 178
Arrêter l'ordinateur 18
AVG 190

B

Barre
- de titre 26
- des tâches 22, 186

Bureau 20, 69
- Changer l'image 175

C

Calculatrice 23
Caméscope 150
Carte
- de vœux 214
- de visite 214

Cc 97
Cci 97
CD audio
- Copier de la musique 144

CD R 0
CD RW....0
Chkdsk....233
Citer 106
ClamAV 190
Clavarder 123
Clic du bouton droit 13
Cliquer....11
Cliquer-glisser 14
Codec 148
Commander des photos par Internet 137
Compatibilité des programmes....198
Compilation audio 0
Compte Passport 119
Compte utilisateur
- Ajouter....201
- Modifier le type....202
- Supprimer 205

Configuration
- Outlook Express 210
- de Windows Messenger 120

Connexion Internet
- Configurer avec un modem 206
- Configurer pour l'ADSL....208

Contact 121
Copie conforme 97
- invisible 97

Copier-coller 45
Corbeille
- Vider....85

Couleurs de Windows 178
Couper-coller 46
Créer
- un compte Passport....119
- un dossier compressé 77
- un dossier....60
- un raccourci 71

D

Date
- Régler....174

Débloquer le dossier compressé 216
Défragmentation 235
Démarrer l'ordinateur 10
Déplacer du texte...............................44
Dessin 47
Développer 69
Diaporama 132
Dossier
Copier...64
de courrier électronique 228
Déplacer 67
Renommer 61
Supprimer 83
Dossier compressé
Créer...77
Débloquer 216
Extraire des fichiers 79
Mot de passe 78
Protection par mot de passe 80
Double-cliquer 12
DVD...148

E

Écouter de la musique 141
Écran de veille 176
Edonkey 220
Émoticônes 123
Emule 220
Enregistrer 39
Envoyer un message 96
État de présence...............................124
Étiquettes pour CD ou DVD 214
ETrust EZ Antivirus 190
Euro..38
Exploiter une pièce jointe 104
Extension de fichier 73
Extraire des fichiers d'un dossier compressé 79

F

Faire-part 214
Favoris
d'Internet Explorer 94
réseau...70
Fenêtre 25
Activer 31
Ajuster la taille 30
Cascade 33
Déplacer..29
Dimensions.....................................30
Fermer 28
Mosaïque horizontale....................33
Mosaïque verticale 33
Réduire..27
Réorganiser 33
Restaurer 27
Feuille contact 136
Fichier
Copier...64
Déplacer..67
Internet Explorer 233
joint 99
Supprimer 83
temporaire...................................232
Fil de discussion 110
Firewall 188
Fond d'écran
Changer l'image 175

G-H

Google 91
Groupes de discussion
Abonnements 115
Configuration 212
Lire 109
Poser une question 111
Répondre 113
Synchronisation 117
Heure
Régler..174

I

Icône 20

Image
envoyée par courrier électronique ..101
dans un dossier 135
Imprimante
IEEE-1394 224
Infrarouge 224
USB 224
Imprimer
Vos photos 134
Installer un programme.....................216
Internet Explorer 88

J-K-L

JPEG..102
Kazaa 220
Lire ses messages 103

M

Ma musique 69
Menu Démarrer 21
Configuration 182
Mes documents 69
Mes images...69
Mes vidéos 70
Messagerie électronique 96
Fichier joint 99
Répondre 106
Messages...103
Mise en forme de texte 43
Mises à jour Windows 195
Mot de passe
Création 199
oublié 203
Moteur de recherche 91
MP3 141

N

Narration 168
Navigation 88
Netiquette 106
Nombre de couleurs..........................181
Numériser 128

O

Objet 97
Outlook Express
Configuration 210
Groupes de discussion...................212
Ouvrir 41

P

P2P...220
Paint 47
Aérographe 55
Courbe 53
Ellipse 51
Ovale 51
Rectangle 52
Remplissage 50
Sélection...54
Trait 49
Pare-feu Windows 188
Partager des informations avec d'autres
utilisateurs 81
Passport..119
Peer to Peer 220
Personnaliser un dossier 135
Photos
Commander par Internet 137
Développement............................139
Diaporama 132
Imprimer 134
Scanner...128
Transférer depuis un appareil 130
Pièce jointe 99, 103
Pilote 208
Point
d'insertion 57
par pouce......................................129
Pointer 12

Portrait
Changer 200
Poste de travail....................................70
PrintPratic 214
Profil 81

Q-R

Quoter 106
Raccourci
Créer..71
Radio
Écouter par Internet 146
Recherche sur Internet........................91
Rechercher des fichiers 75
Rectangle 52
Récupérer des éléments dans la
Corbeille 84
Réduire 69
Règles de message 229
Remplir 50
Renommer un dossier 61
Répondre à un message 106
Résolution...180
optique...129

S

Scandisk 233
Scanner 128
Sélectionner
des dossiers ou des fichiers............63
du texte 42
Serveur 89
Souris
Cliquer 11
Clic du bouton droit 13
Cliquer-glisser 14
Double-cliquer..............................12
Pointer 12
Spam 212
Statut de présence 124
Supprimer
Dossier 83
Fichier...83

T

Télécharger.......................................214
Trait 49

V

Vidéo numérique
Caméscope..................................150
Créer la vidéo finale 170
Définir des effets.........................163
Effet de fondu 160
Enregistrer la narration 168
Générique 165
Importer la vidéo.........................155
Importer les images.....................156
Importer sons..............................157
Montage 159
Son 167
Titre 165
Transitions 161
Zone de montage 159
Vidéoconférence 126
Vider la Corbeille 85
Virus 190

W-Z

Web 88
Windows Messenger 120
WMA 144
Wordpad 36
ZIP 216
Zone de montage..............................159

Mise en page : Euronumérique, Ligugé

Imprimerie CHIRAT, 42540 Saint-Just-la-Pendue - Dépôt légal avril 2005 N° 5670

IMPRIMÉ EN FRANCE